THE LEAN BRAND
린 브랜드

지은이

제레마이어 가드너

제레마이어 가드너는 작가, 연설가이며 린 브랜드 실천가다. 그리고 불독을 좋아한다. 그는 스타트업, 기업, 그리고 포춘지가 선정한 500개의 기관에 브랜드 혁신, 문화, 그리고 리더십에 관한 사고방식을 변화시키는 데 도움을 주고 있다. 린 원칙을 브랜드에 적용한 첫 번째 책 《린 브랜드》의 저자이고, 인기 있는 연설가로서 전 세계의 기업들에 자문 활동을 한다. 제레마이어는 캘리포니아주 샌디에이고에 아내 제시와 불독인 해밀턴 씨와 함께 살고 있다.

Twitter: @JeremiahGardner
Homepage: http://jeremiahgardner.com

Entrepreneur's Guide to the Lean Brand by Jeremiah Gardner with Brant Cooper
Copyright © 2014 by Jeremiah Gardner
All rights reserved.
Korean translation rights © 2019 by TXT Publishing Co., Ltd.
Korean translation rights are arranged with the author through Amo Agency Korea.

이 책의 한국어판 저작권은 AMO 에이전시를 통해 저작권자와 독점 계약한 티엑스티퍼블리싱에 있습니다.
저작권법에 의해 한국 내에서 보호를 받는 저작물이므로 무단 전재와 무단 복제를 금합니다.

스타트업에서 대기업까지, 새로운 시대의 브랜딩

THE LEAN BRAND
린 브랜드

제레마이어 가드너 지음 / 우승우, 차상우 옮김

서문 ··· 010

1부 : 전환

1장 - 브랜드란

벽돌 모양 맥주병 ··· 017
흩어진 브랜드 요소를 다시 모으다 ··································· 018
브랜드란 무엇인가 ·· 021
브랜드 용어 생태계 ··· 024
만들어졌지만 소유되지 않는 ··· 025
구체화된, 발전하는, 감정적인 ·· 027
관계는 정말로 중요하다 ··· 027
다트를 던지다 ·· 028

2장 - 브랜드 '천재'라는 허상

브랜드 '천재'라는 허상 ·· 031
브랜디즘: 브랜드 천재들의 믿음 체계 ······························ 034
거대 공룡 기업 ··· 041
더 이상 쓸모없는 브랜드 프로세스 ··································· 043
현대적인 관점 ·· 046
유연하게 생각하기 ·· 047
전략적인 접근에서 관계적인 접근으로 ······························ 049

3장 - 브랜드, 린을 만나다

브랜드, 린을 만나다 ·· 052
브랜드 VS. 제품, 제품 VS. 브랜드 ··································· 054
<케이스 스터디>
버퍼 - 린 스타트업 + 린 브랜드: 성공사례 ························ 057
가장 중요한 부분에 집중하기 ·· 063
밖으로 나가라 ·· 063

성장을 위한 토대······065
가치 생태계: 모든 것은 상호 연결되어 있다······066
혁신 스펙트럼: 지속적 혁신 VS. 파괴적 혁신······072

4장 - 린 브랜드 프레임워크

린 브랜드 프레임워크······078
간극 1: 가설의 간극······079
감성적 가치 가설······083
간극 2: 검증의 간극······087
최소 실행 가능 브랜드······088
개발-측정-학습 피드백 루프······093
제품-시장-브랜드 적합성······095
간극 3: 성장의 간극······098
프레임워크 VS. 프로세스······100

2부 : 개발 - MVB

5장 - 스토리

4대 샌드위치 백작, 존 몬태규······105
내가 처음 시작할 때는: 옛날 옛적에······107
최초 스토리는 무엇인가······108
창업가 스토리······109
스타트업 스토리······111
비전은 과대평가되었다······117
기능적 거품 터트리기······122

〈케이스 스터디〉

제스티 - 모래놀이 장난감, 제품 특징, 그리고 콜라보레이션: 기능적 거품을 터트리다······127
기업과 고객의 접점······135
집중, 집중, 그리고 또 집중······139

6장 - 상징요소

선구자들··142
브랜드 상징요소··144
어디에서 시작해야 하는가: 가설에 기반한 개발····················146
<케이스 스터디>
베타브랜드 - 비행선, 패션쇼, 디스코 재킷: 스토리를 전달하는 상징요소······151
효과적인 상징요소란···161
로고는 어떻게 해야 할까··162
정적이지 않고 역동적인···165
만반의 준비를 하라··169

7장 - 연결고리

'꿈의 구장'이라는 허상··172
연결하고, 연결하고, 연결하라···174
고객 리스트··177
하나로 구성된 코호트, 다수로 구성된 하나의 코호트, 다수의 코호트······181
방송 VS. 상호 작용···183
<케이스 스터디>
셰어스루 - 네이티브 광고: 가치 있는 고객과의 연결 방법 배우기······186
무엇을 말할 것인가···193
어떻게 말할 것인가···195
어디에서 말할 것인가··199
파괴적인 제품과 파괴적인 미디어······································201
지속적인 제품과 차별화된 연결···204
다 함께 묶는 것··206

3부 : 측정

8장 - 감성적 가치 흐름

가치가 모든 것을 말한다 ·· 211

가치란 무엇인가 ·· 213

기능적 가치 ··· 214

감성적 가치 ··· 216

가치 렌즈 확대하기 ·· 219

가치 흐름 발견하기 ·· 221

공감을 위한 경로 ·· 227

학습 성과 검증 ··· 229

감성적인 가치 측정: 상호 작용, 공감, 참여 ··· 230

감성적 가치를 측정하는 방법 ··· 238

9장 - 뛰어들어라

낡은 방식의 시장 조사는 이제 그만 ·· 241

생존 가능성 실험 ·· 244

랜딩 페이지 효과의 오해, 브랜드 교정 ··· 247

크라우드 펀딩 실험 ·· 252

<케이스 스터디>

준토 - 사회적으로 선한 영향을 미치는 커뮤니티에서의 생존 가능성 실험 ············ 255

거짓 판단 유도 실험 ·· 261

스모크 실험 ··· 263

실험하고, 실험하고, 또 실험하라 ··· 264

<케이스 스터디>

코드 포 아메리카 - 시행 착오를 통한 정부의 붕괴 ···························· 266

4부 : 지속적 반복

10장 - 린으로 시작하고, 린으로 성장하라

넷플릭스의 성장, 퇴보, 그리고 복귀 · 273
제품-시장-브랜드 적합성 · 276
성장 가설 · 279
고객 성장시키기 · 280

<케이스 스터디>

소울팬케이크: 당신의 스토리를 성장시키고 성장시켜라 · · · · · · · · · · · · 285
영향력을 성장시켜라 · 294
문화를 키워라 · 296

11장 - 영속하는 브랜드

대기업, 린을 품다 · 302
혁신을 향한 의지 · 304
고객의 참여를 유도하라 · 307
병렬적인 혁신 · 309
고객과의 핵심 관계를 보호하라 · 311
독립된 브랜드 실행 조직의 필요성 · 313
리-브랜드: 규모가 큰 기업에서 린의 적용 · 317

12장 - 린 브랜드 스택

이론과 도구, 도구와 이론 · 320
린 브랜드 스택 · 321
페르소나 그리드 · 323
최소 실행 가능 브랜드(MVB) 캔버스 · 326
실험 맵 · 330
가치 흐름 매트릭스 · 334

그게 아니라 이것, 이게 아니라 그것 ·· 337
린 스타트업 운동 ··· 338
린 브랜드 활동 ·· 339
마지막 한마디: 선의를 위해 옳은 일을 하자 ····························· 341

후기

역자 후기 ·· 344
참고 문헌 ·· 348

서문

기존의 브랜딩 방식은 소수의 광고 전문가, 크리에이티브 전문가, 마케팅 천재만을 위한 것이다.

- 브랜트 쿠퍼

투자 대비 수익률(ROI)을 측정하지 못하는 마케팅은 무의미하다.

투자 대비 수익률을 측정하지 못하는 마케팅은 단지 마케터의 감에 의존해 성공률이 낮은 광고와 브랜딩을 실행하던, 인터넷 이전 시대로 되돌아가는 것이다. 검은색 터틀넥을 입은 크리에이티브가 넘치는 천재들이 뭔가 대단해 보이는 블랙박스 속에서 일상의 소모품을 클래식으로, 고등학교 중퇴생을 엄청난 부호로, 레몬을 레몬 머랭으로 탈 바꾸는 브랜드들에 관해 노닥거리는 시절 말이다.

물론 그들은 여전히 존재한다. 혁신을 위해 무엇인가를 파괴하는 데는 오랜 시간이 걸리기 때문이다. 동화 '아기 돼지 삼형제'를 떠올려보자. '아기 돼지 삼형제'의 새끼 돼지들은 늑대의 온갖 방해로 카드로 만든 집(House of Cards)이 곧 무너질 것을 알면서도 집을 지킬 수 있다면 무엇이든 할 것이다. 하지만 안타깝게도 카드로 만든 그 집은 곧 무너질 것이다.

디자이너들은 이미 온라인에서 렌즈가 없는 패션 안경을 구매한다. 그리고 마케터는 이 사실을 알고 있다. 고객의 행동을 측정할 수 있다면 광고비는 수익을 내는 곳에 정확히 쓰일 것이다. 무슨 말이 더 필요할까?

전통적인 브랜딩은 과거의 유물처럼 낡았다.

"5년 후에 당신은 어디에 있을 것 같나?
비전-미션-조직문화는 무엇으로 정의하는가?
동물이 된다면 무엇이 되고 싶은가?
당신이 개라면 어떤 품종이고 싶은가?
당신이 앰프라면 얼마나 소리를 크게 낼 수 있는가?"

세상은 이미 변하고 있다. 아니 변했다.

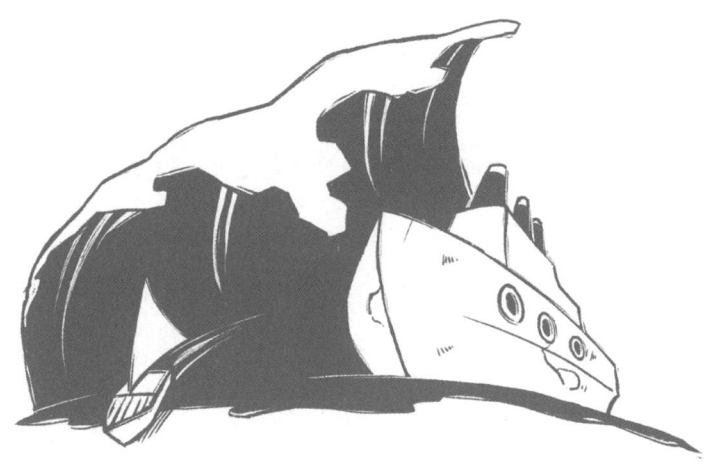

이 책의 저자인 제레마이어 가드너가 "브랜드는 고객과의 관계다.", "브랜딩은 항상 관계에 대한 것이다."라고 말하듯이, 나도 고객들의 목소리를 듣는다. 하지만 이것이 단지 고객과 브랜드와의 관계를 의미하지는 않는다. 관계 그 자체가 바로 브랜드이며, 당신의 사업이 직간접적으로 행하는 모든 것이 관계를 이룬다.

과거의 기업은 고객과 일방적인 관계를 맺어왔고, 구매나 비구매 결정은 시간의 차이를 두고 이루어졌다. 《린 창업가(Lean Entrepreneur)》의 저자 패트릭 블라스코비츠(Patrick Vlaskovits)의 말처럼, 매체는 곧 메시지였다. 관계는 (아마도 무의식적으로) 매체(TV, 라디오, 신문)나 구매 채널(고급 소매점, 할인 판매점, 온라인, 늦은 밤 TV 홈쇼핑) 혹은 볼륨(무음, 괴성, 조용한 소리, 속삭임)에 의해 크게 영향을 받아 왔다. 그러나 이런 특수한 상관관계는 기술 후발 기업의 경우를 제외하고는 더 이상 존재하지 않는다.

채널이 일방향에서 다방향으로 변화하면서 브랜드와 고객과의 관계 또한 급격하게 변화했다. 그러한 관계는 동시적이거나 비동시적이기도 하고, 실시간나 시차를 두고 발생하기도 하며, 일대일, 일대다, 다대일, 다대다이기도 하다. 브랜드는 다양한 채널에 존재해야 하며, 다음에 등장할 채널에 대비해야 한다. 나아가 당신이 찾고 있는 시장이 원하는 형태에 맞춰져 있어야 한다.

이 모든 것을 이해하고 해결할 수 있는 크리에이티브 천재는 어디에 있을까?

브랜딩은 새로운 현실을 아우를 수 있도록 재정의되어야 한다. 브랜드 충성도는 단순히 로고나 태그 라인 및 일관된 메시지를 기반으로 하지 않는다. 브랜드 전문가들은 "우리도 그렇게 생각하지 않아요."라고 말하지만, 안타깝게도 실제 그들의 제안 역시 기존의 방식과 크게 다르지 않다. 소셜 미디어를 관리하고 일방적인 관계를 맺으려는 활동을 제안하면서, 아무렇지 않게 브랜드에서 관계가 항상 중요하다고 말할 것이다.

고객들은 우리의 예상보다 훨씬 강력하며 권력에 민감하다. 당신은 주위에서 추앙받는 만큼이나 빠르게 추락할 것이다. 미국 스타트업 전문지인 <테크 크런치(Tech Crunch)>에서 비중 있게 소개될 것이고 그만큼이나 빠르게 <테크 크런치>에서 부정적으로 다뤄질 것이다.

그렇다면 '브랜드'란 정확히 무엇인가? 그리고 어떻게 목적이 뚜렷한 '브랜딩'을 만들어 갈 것인가?

나는 저자 제레마이어 가드너와 함께 이 책 《린 브랜드》를 통해 위의 질문들에 대해 답하고자 한다.

스타트업의 경우 목적이 뚜렷한 브랜딩을 위해 고객에게 제공하는 가치를 기반으로 지속적인 관계를 구축하려는 신중한 노력이 필요하다. 브랜드는 기업이 제품 혹은 서비스를 통해 고객에게 전달하는 약속과, 변화를 이루기 위해 고객과 공유하는 열망을 드러내야 한다. 달리 말하자면, 브랜드는 약속을 지키려는 노력으로 구성된 여정이며, 문제를 해결하고 열정을 성취하려는 희망은 당신과 고객 모두에게 있다.

이러한 사실은 매우 자극적이다. 만약 당신이 "한 알만 먹어도 놀라운 효과가 있는" 제품을 만들고 있다면 그것은 브랜딩이 아니다. 하지만 진정한 가치를 토대로 하거나 이를 염원하는 기업들이라면, 스타트업이

건, 작은 기업이건, 라이프 스타일 기업이건, 혹은 포춘지가 선정한 1000대 기업이건 이러한 린 브랜드 모델에 적합할 것이다.

당신도 이런 기업 중 하나인가?

그리고 심지어, 다이어트 식단부터 자아 성찰까지 '린(Lean)' 개념을 적용하고자 하는 시대에는, 단지 그렇게 말한다고 해서 '린'이 되는 것도 '최소 구현 가능한' 무엇이 되는 것도 아니다. 즉, 당신이 과거의 방식을 유지하면서 '린'의 '최소 구현 가능한 기능'을 선보인다면 어떠한 가치도 얻지 못할 것이다.

즉 '린'은 쓸모없는 요소를 제거하는 것이다. 제품을 만들 때 '린 스타트업'을 적용해 쓸모없는 요소를 제거하는 것처럼, '린 브랜딩'은 브랜드를 수립할 때 아무도 관계 맺기를 원하지 않는 브랜드에서 쓸모 없는 요소를 제거한다. 오늘날 산 정상에 올라 브랜드 비전을 크게 외치는 것은 스타트업이 아무도 듣지 않는 허공에 대고 새로 출시될 앱의 장점을 외치는 것과 마찬가지로 효과를 기대하기 어렵다.

기존 브랜드를 점진적으로 개선하든, 성공적이고 오래 지속되는 기업을 리브랜딩하든, 엄청난 차세대 스타트업을 만들든, 고객과의 우호적이고 성공적인 관계는 린 개념을 적용하면서 답을 찾아가는 과정에서 비롯될 것이다. 그리고 이 책에서 소개하는 프레임워크를 통해 공부하고, 실천하며, 반복한다면, 결국 당신 자신의 브랜드를 만들게 될 것이다.

1부 : 전환
THE SHIFT

1장 브랜드란
2장 브랜드 '천재'라는 허상
3장 브랜드, 린을 만나다
4장 린 브랜드 프레임워크

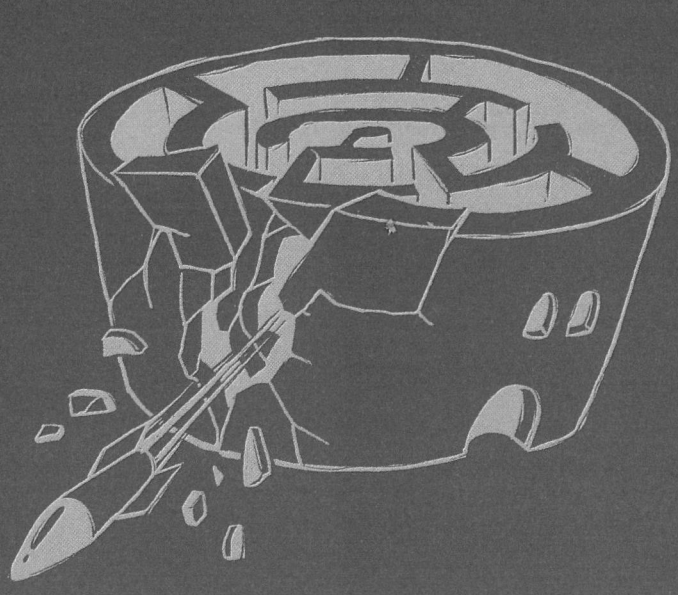

1장

브랜드란

벽돌 모양 맥주병

하이네켄은 글로벌 브랜드인가? 이의를 제기하는 사람은 많지 않을 것이다. 그렇다면 브랜드 관점에서 하이네켄 하면 무엇이 떠오르는가? 세계적인 유통망, 인상적인 로고, 하지만 조금은 식상한 인쇄 광고, 제임스 본드를 연상케 하는 굿즈, 초록색 병, 그리고 고가(高價) 정책을 지지하는 든든한 고객 등이 있을 것이다. 그리고 많은 브랜딩 전문가들 역시 하이네켄을 설명할 때 위 요소들을 사용할 것이다.

하지만 하이네켄을 브랜드 관점에서 다르게 보는 시각도 있다.

50여 년 전, 하이네켄은 맥주병에 재미있는 시도를 했다. 한쪽 면에는 돌기가 있고 다른 한쪽은 움푹 들어간 네모난 벽돌 모양(레고 블록 형태와 유사한)의 병을 만든 것이다.

네덜란드의 유명 건축가인 존 하브라켄(N. John Habraken)과 함께 디자인한 이 맥주병은 하이네켄 우보(Heineken Wobo, Heineken

World Bottle)라고 불렸다. 그렇다면 왜 벽돌 모양의 병일까?

1. 선반에 진열하고 보기 좋아서?

2. 하이네켄의 브랜드 정체성(Brand Essence)을 더 많이 보여줄 수 있어서?

3. 젊은 세대가 곡선보다 네모난 맥주병을 선호한다는 시장 조사 결과 때문에?

정답은 모두 '아니요'다. 하이네켄 CEO인 프레디 하이네켄(Freddy Heineken)은 카리브해 국가들을 방문하던 중, 여러 빈곤국에서 두 가지 공통점을 발견했다. 해변은 버려진 빈 맥주병으로 가득했고, 이들에게 집 만드는 재료를 살 여유가 없다는 것이었다. 그래서 그는 벽돌로 사용할 수 있는 맥주병을 만들었다.

결과적으로는 하이네켄이 의도한 대로 실현되지는 못했다. 벽돌 모양의 맥주병으로 지어진 건물은 몇 채 되지 않았던 것이다. 그래도 잠깐이나마 하이네켄은 사람들이 맥주병을 활용해 원하는 대로 집을 짓고 그 안에서 살 방법을 제공했다. 시간이 흘러 고객들이 이 아이디어에 시들해지자, 하이네켄은 새로운 것으로 넘어갔다.

흩어진 브랜드 요소를 다시 모으다

간단하게 시작해보자. 첫 단계는 '용어의 정의'다. 브랜드 개발에 대한 모든 논의는 '브랜드를 명확하게 정의하는 것'에서 출발한다. 이 단계를 건너뛰면 브랜드의 존재 이유에 대해 동문서답하게 된다. 주변 정보를 잘못 이해할 뿐더러, 잘못된 결론에 도달하기 쉽다. 중요한 발표를 앞두고 입안에 음식이 가득한 꼴이다. 많은 의미를 담은 강력한 말을 하려고 하더라도 누구도 이해하지 못할 것이다.

'브랜드란 무엇인가'를 정의하기 위해 끊임없는 시도가 있었다. 아래 브랜드 정의들이 본질적으로 틀렸다고 할 수는 없다. 그렇다고 '완벽한 정의다'라고 하기도 어렵다. 지금까지 나온 브랜드에 대한 수많은 정의 중 일부다.

[짧은 표현]

"브랜드는 약속(Promise)이다."

"브랜드는 상표(Trademark)다."

"브랜드는 나만의 포지셔닝(Positioning)이다."

"브랜드는 직감(Gut-feeling)다."

"브랜드는 브랜드 네임(Brand Name), 그 자체다."

"브랜드는 인식(Perception)이다."

"브랜드는 나만의 개성(Personality)이다."

"브랜드는 나에 대한 기대치의 합이다."

"브랜드는 나만이 가진 고유한 스토리를 말한다."[1)]

[긴 표현]

"브랜드는 내가 없을 때 다른 이들이 나에 대해 말하는 것이다."

"브랜드는 나의 이름을 들었을 때 고객이 생각하는 모든 요소다."
"브랜드는 고객들이 나에 대해 말하는 것이다." [2]
"브랜드는 사람들이 나에 대해 보고 듣고 느끼는 모든 것이다."
"브랜드는 이름, 용어, 디자인, 기호와 같이 상품이나 서비스를 차별화하는 요소다." [3]
"브랜드는 나만이 가진 독특한 아이디어나 콘셉트다." [4]
"브랜드는 사람들이 우리 회사 또는 제품에 대해 가진 이미지다." [5]
"브랜드는 제품의 이름, 포장, 가격, 역사, 평판, 광고하는 방식 등 제품이 가진 무형적 자산의 합이다." [6]

브랜드가 무엇인지 잘 모르는 사람들은 물론이고 브랜드를 개발하는 방법을 배우고, 이해하려는 사람들조차도 위에서 언급한 정의는 단번에 이해하기 어렵다. 기업, 제품, 서비스 등 어떤 부분을 브랜드라 지칭해야 하는지에 대한 서로의 눈높이조차 맞춰지지 않았기 때문에 브랜드 정의에 대한 이해가 더욱더 어려운 것이다.

브랜드는 로고, 제품, 비주얼 아이덴티티 시스템, 광고 캠페인 등과 같이 겉으로 드러나는 것들을 지칭하는 명사로 사용된다. "최고의 안전 등급을 가진 브랜드", "가장 광고를 잘하는 브랜드"에서의 '브랜드'는 '기업'과 동일한 의미로 사용된다. 또한 "브랜딩을 해야 해", "우리 자신을 브랜딩 한다면"에서처럼 브랜드 개발의 필요성을 말할 때는 활동을 의미한다. 그리고 "우리 브랜드", "그들의 브랜드", "너의 브랜드"와 같이 기업을 비교할 때는 기업의 대명사로 사용되기도 한다.

핵심경쟁력, 수익성, 시너지 같은 단어들이 브랜드의 의미로 잘못 사용되어 왔는데, 브랜드가 무엇인지 명확하기 알지 못했기 때문이었다. 이 때문에 브랜드를 통해 다양한 가치를 창출할 기회가 줄었고 잠재력이 약화됐다.

미국 자동차 회사 제너럴 모터스(GM)의 점화 스위치 결함으로 열세 명이 사망한 사건이 있었다. 이후 수백만 건의 리콜이 발생하고 소송이 진행되었으며, 이에 GM은 벌금을 물고 정부 조사까지 이뤄졌다. 이러한 상황에서 GM은 내부적으로 특정 단어나 문구를 69개나 정해, 사용을 피해야 한다고 밝혔다. "불량" 대신 "사양 이하"로, "결함" 또는 "안전 문제" 대신 "잠재적 문제"로 대체해서 표기할 것을 권고했다.[7]

브랜드를 개발하는 작업에서 가치를 창출하는 어려운 일 대신, 말장난이나 주의를 분산시키는 기술, 연예인 홍보, 백만 달러를 들인 광고 캠페인 활동이 브랜드 활동이라 불려온 것이다.

브랜드란 무엇인가

이제 브랜드라는 단어의 의미를 제대로 찾아내자. 그리고 강력하고, 잠재력 있는 가치를 창출해 보자.

브랜드는 기업과 고객 사이의 관계다.

본질적으로 우리가 브랜드와 반응하고 상호작용하는 방식을 생각하면 브랜드는 '관계(Relationship)'로 정의할 수 있다. 이는 좋은 관계, 나쁜 관계, 열정적인 관계, 또는 무관심한 관계일 수도 있다. 우리가 하는 일은 제품, 조직, 아이디어 등과 직관적으로 관련되어 있으므로 어떠한 형태든지 브랜드는 하나의 관계라고 말할 수 있다.

'관계'는 우리를 둘러싼 세상과 자연스럽게 어울리는 방식이다. 매일 우리는 자신도 모르게 다양한 제품이나 서비스를 선택하는 의사 결정을 내린다. 그러한 일상의 선택 과정을 거치며 스스로 선택한 제품과 서비스에 깊은 교감, 애정 또는 편견 등을 키워나간다. 이러한 감정, 애정, 편견, 유대감 등은 관계의 맥락에서 가장 잘 이해된다.

그동안 당신이 브랜드를 어떻게 정의했는지와 상관없이, 우리가 진짜로 원하는 부분은 '관계'다. 앞에서 언급된 다양한 브랜드의 정의를 떠올려 보자. 이름, 인식 그리고 성격과 같이 '약속(Promise)'은 관계의 한 부분이다. 또한 관계는 제품을 직접 사용하지 않을 때에도 제품에 관해 이야기하는 것을 포함한, 제품이 갖고 있는 무형자산의 합이기도 하다. '기대(Expectation)'는 사람들이 당신에 대해 보고, 듣고, 느끼는 모든 것을 통해 만들어진다. 이 또한 관계의 일부분이다. 이야기의 본질은 관계의 일부이고 관계는 사람들이 가진 당신 이미지의 일부다. 이러한 정의들은 모두 '관계'로 귀결된다.

관계는 소유가 아니라 공유되는 것이기에 브랜드는 기업과 고객 사이에 존재한다. 당신과 관계를 형성하는 모든 사람, 집단, 기업은 모두 당신의 고객이다. 하이네켄의 예와 마찬가지로 누군가는 브랜드를 만들어야 하겠지만, 만드는 사람뿐만 아니라 모든 구성원도 브랜드를 깊이 이해하고 있어야 한다. 모든 고객, 임직원, 공급업체, 파트너, 후원자, 서포터즈 그리고 경쟁업체까지 모두 브랜드 형성에 연계된 대상이다.

브랜드는 관계를 형성할 때에야 비로소 그 의미가 있다. 당신이 누구이며, 고객(소비자, 임직원, 이해관계자를 모두 포함하는)이 되고자 하는 대상이 누구인지 파악했을 때 비로소 관계가 시작된다. 고객과 기업 모두 관계에 의미를 부여하고자 하는 노력에 함께하고 있다. 브랜드로 가치를 창출하려면, 기업이 되고 싶은 것과 고객이 원하는 것의 관계를 동시에 들여다봐야 한다.

브랜드를 관계라고 생각하면 브랜드의 정의를 둘러싼 모호한 문제를 명확하게 할 수 있다. 우리는 일상 속에서 브랜드와의 상호작용에 많은 시간을 보내고 있기에 브랜드와 관계를 맺는다는 게 이상한 일이 아니다. 우리는 브랜드와 만나고, 사랑에 빠지고, 삶 속에 브랜드를 정착시킨다.

브랜드 용어 생태계

브랜드를 관계로 정의하는 것은 브랜드의 정의를 둘러싼 용어를 브랜드 용어 생태계로 편입시키는 것이다. 예를 들어, 브랜딩이라는 단어를 사용할 때 우리라 진짜로 말하고자 하는 것은 관계 형성이며, 브랜드 개발에 관해 이야기할 때에는 우리는 상호 관계의 성숙을 말한다. 브랜드를 관계로 받아들이면 브랜드의 정의에서 파생되는 여러 용어의 의미가 명확해진다.

브랜드 용어 생태계

브랜딩(Branding)은 기업과 고객이 관계를 구축하고 유지할 때 발생하는 의도적이거나 비의도적인 모든 활동의 집합적 결과다.

의도적 브랜딩(Intentional Branding)은 고객과의 관계를 구축하려는 목적으로 기업이 수행하는 의도적이고 의식적인 활동이다.

비의도적 브랜딩(Unintentional Branding)은 특정 목적이나 결과를 의도하지 않으나 자연스럽게 고객과의 관계에 영향을 끼치는 활동이다.

브랜드 개발(Brand Development)은 기업과 고객 사이의 관계를 성숙시키는 사이클이다. 브랜드 개발에는 브랜드 형성, 브랜드 성장, 그리고 브랜드 관리의 세 단계가 존재한다.

브랜드 형성(Brand-formation)은 브랜드 생성 초기 단계에서 관계를 구축하는 것이다.

브랜드 성장(Brand-growth)이란 시장의 니즈를 충족시키는 제품 등을 통해 관계를 확장하는 것이다.

브랜드 관리(Brand-management)는 이미 형성된 브랜드에 균형 잡힌 관계를 유지하는 것이다.

린 브랜드(Lean Brand)란, 기업과 고객 사이에 아주 작은 것에서라도 상호 공유할 수 있는 가치를 발견하여 유의미한 관계를 형성한 브랜드라고 볼 수 있다.

우리는 브랜드를 로고, 비주얼 아이덴티티 시스템, 제품 또는 광고 캠페인의 의미를 표현하기 위해 사용하지만 실제로 브랜드는 훨씬 더 크고, 깊고, 중요한, 거시적 의미의 관계를 맺는다. 예를 들어, 로고는 관계의 요약적 표현이다. 비주얼 아이덴티티 시스템은 관계를 일관되게 전송하기 위한 도구가 된다. 제품 및 서비스는 관계의 직접적인 표현이다. 그리고 광고 캠페인은 일시적이고 특정한 상황에서 관계를 형성하기 위한 표현이 된다. 브랜드 용어 생태계는 당신이 의도한 브랜드 가치를 창출하고 브랜드에 대한 잠재력, 이해력, 그리고 소통 능력에 다시 한번 의미를 부여할 수 있는 토대를 제공한다.

만들어졌지만 소유되지 않는

브랜드를 관계로 정의하면 브랜드 외부를 둘러싼 다양한 맥락을 이해하기 쉬워진다. 관계는 동사가 아니기에, "나는 꼭 관계를 맺어야 해.", 또는 "우리 스스로 관계해."라고 말하지 않는다. 대신에 브랜드를 강력하고 더 의미 있는 명사로 사용할 수 있다.

관계는 본질적으로 독점적일 수 없다. 관계는 두 당사자(이 경우에 고객과 기업) 사이의 관계이기 때문에 누구도 관계를 소유할 수 없다고 말하는 것이다. 브랜드를 관계라고 생각한다면, 브랜드를 온전히 소유할 수 있다고 말할 수는 없다. 대신, 브랜드는 상호 공감하는 의미를 공유하는 실체라고 표현할 수 있다. 다시 한번 말하자면, 브랜드는 누군가가 소유하는 것이 아니다.

관계에 내재한 공감과 공유의 특성은 방향 감각을 제공해준다. 엔지니어든 개발자든, 우익 또는 좌익이든, 혹은 과학자 또는 예술가든 그 누구든지 관계의 개념에 연결될 수 있다.

이는 어떠한 각도에서 접근해도 브랜드를 이해할 수 있는 공통된 기반을 제공한다. 모든 사람은 관계를 맺고 있다. 따라서 브랜드를 관계의 개념으로 다시 연관시킬 수 있다면, 공통된 논점을 가질 수 있다.

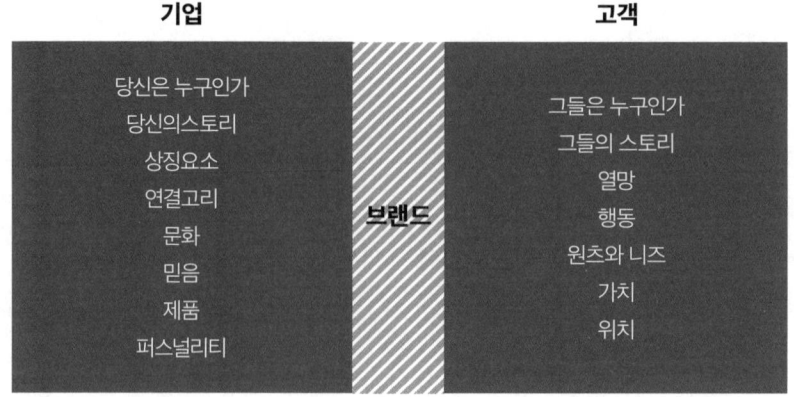

구체화된, 발전하는, 감정적인

관계로 정의된 브랜드는 브랜드의 특성을 이해할 수 있게 도와준다. 브랜드는 고객과 기업이 함께 만들기 때문에 고객과 기업 모두 서로의 '관계'에 책임이 있다. 따라서 브랜드는 고객과 기업 간의 모든 상호 작용에서 서로의 깊은 관계를 보편적으로 보여주는 표현이다.

이로써 브랜드의 진화하는 속성을 이해할 수 있다. 관계는 상호 작용을 통해 항상 정의와 재정의, 전송 및 수신 상태에 있다. 이것은 기업과 브랜드의 인간적인 특성이며 브랜드의 정서적 특성을 이해할 수 있게 해 준다. 관계는 사람들과 맺는 것이다. 사람들은 당신이 누구이고 왜 중요한지에 대해 깊은 감정을 형성하는 예민하고 통찰력 있는 존재다.

관계는 정말로 중요하다

단지 전화번호를 교환했다고 우정을 나눈 친구가 되는 게 아니듯, 브랜드는 더 이상 로고만을 의미하지 않는다.

브랜드는 비주얼 아이덴티티 시스템, 제품, 광고, 홈페이지 주소 등 어느 하나만이 아니며, 브랜드 자체가 어떤 브랜드인지 말하는 것이 전부이거나 사람들이 브랜드에 대해 말하는 것이 전부인 것도, 어느 일방적인 하나를 의미하는 것도 아니다. 브랜드 개발에 있어 중요하지 않은 것들을 중요하다고 생각하는 경우가 놀라울 정도로 많다. 논리적인 사고, 화려한 표현, 매력이 넘치는 모습이 중요한 것이 아니다. 가장 중요한 것은 당신이 관계를 맺고 있는, 진짜로 살아 숨 쉬는 사람들이다. 브랜드를 고객과의 관계로 이해해야 한다. 그제야 중요하지 않은 것들에 들이는 불필요한 노력을 멈추고, 당신의 존재와 이유에 대해 신경 쓰는 사람들에게 훨씬 더 많은 관심을 기울이게 된다. 브랜드가 무엇인지를, 브랜드의 실제 영향력과 힘을 되찾기 위해, 우리는 브랜드를 관계로 생각해야 한다.

관계는 우리를 둘러싼 세상을 이해하는 방법이다. 관계는 우리가 일상에서 매일 구입하는 제품과 그것을 만드는 기업에 연결되는 방식이다.

관계는 정말로 중요하다.

다트를 던지다

이 책에서 우리는 관계를 만들고 이해하고 강화하는 새로운 접근 방식을 함께 알아볼 것이다. 이 접근 방식은 일반적으로 알려진, 브랜드 생성 방식과는 반대되는, 새로운 것이다.

10만 명 트위터 팔로워 만들기, 로고 리뉴얼, 유명인을 통한 홍보, 기억하기 쉬운 태그 라인, 브랜드 정체성 가이드, 아름다운 패키지, 파트너십, 잘 쓰인 포지셔닝 문구, 광고, 홍보, 배너, 블로그 운영과 같은 방법은 이 책에서 찾을 수 없다.

이런 방법들이 아니라면, 도대체 어떠한 브랜드 개발 방법이 남아 있을까? 답은 '전부'다. 그중 일부는 완벽하게 효과적일 수 있다. 그러나 여기서 가장 중요한 것은 당신의 브랜드에 가장 열광적인 고객들이 무엇을 원하는지 발견하는 것이다. 아울러 당신의 생각이 옳은지 확인하기 위해 계획한 브랜딩의 모든 방법들을 아무리 사소하더라도 하나씩 검증해야 한다는 것이다.

'우리 브랜드가 이러할 것이다.'라는 생각이 아직 추측에 불과하다면, 이는 다트판조차 없는데 다트를 던지려는 것과 같다.

1단계는 타깃 고객을 설정하고 그들을 알아 가는 것이다. 천재가 아니어도 누구나 이 1단계가 중요하다는 걸 안다.

2장

브랜드 '천재'라는 허상

브랜드 '천재'라는 허상

대부분의 사람은 '비전을 실현한 창업가'는 만들어진 게 아니라 타고난다고 믿는다.

미디어는 제프 베조스(Jeff Bezos), 리처드 브랜슨(Richard Branson), 빌 게이츠(Bill Gates), 스티브 잡스(Steve Jobs)와 같은 비즈니스 거물들을 미래를 예측하고 제품이나 경험의 완성된 상태를 상상하여 자신의 비전을 쉽게 실현하는 영웅으로 묘사한다. 《린 창업가》의 공동 저자인 브랜트 쿠퍼와 패트릭 블라스코비츠는 이를 '비전을 실현한 창업가의 허상'이라고 지칭했다.

이러한 허상 안에서 '비전을 실현한 창업가'의 스토리란 의구심, 굴욕감, 천재성, 그리고 그를 둘러싼 무지한 자들로 인해 고통을 겪으며 고군분투했다는 창업가에 대해 미디어가 만들어낸 이야기를 의미한다. 이들은 성공의 영감을 얻는 순간까지 차고에서 끊임없이 궁리하고, 세상은 처음부터 그의 비전을 지지한다고 착각하게 만든다.

브랜드 개발에서도 이들과 유사한 사례가 있는데 이것이 바로 브랜드 천재(Brand Genius)에 대한 허상이다. 여기서 말하는 '천재'는 매디슨 애비뉴(Madison Avenue, 역주: 미국의 광고회사 밀집 지역) 고층 빌딩 꼭대기에 영감을 주는 환경과 천문학적인 비용만 있다면 주말 동안 세계적인 수준의 브랜드를 만들 수 있는 사람들을 말한다. 결국 그의 경험, 지식, 그리고 명석함이 클라이언트와 동료들로부터 찬사와 큰 보상을 받는다는 내용이다.

브랜드 천재는 모든 사람이 사랑하는 메시지, 그것과 연계된 아이덴티티 그리고 흔들림 없는 명확한 전략을 줄 것이라 약속한다. 그 후, 그 결

과물을 세계 각지에 널리 알리기만 하면 되는 것이다.

미국 콘텐츠 제작사인 AMC의 프로그램인 <매드맨(Mad Men, 역주: 매디슨 애비뉴에 있는 가상의 광고회사를 배경으로 한 드라마)>의 주인공 돈 드레이퍼(Don Draper)는 "당신이 말하는 사랑은 나 같은 남자들이 스타킹을 팔기 위해 만들어낸 겁니다. 사람들이 자신에 대해 말하는 것을 우리는 쉽게 무시해버려요. 우리가 원하는 대로만 보려 하기 때문이죠."라는 인상적인 대사에 천재성을 담아냈다.[8]

이러한 잘못된 믿음은 비즈니스 문화에 깊이 자리 잡고 있다. 유명한 광고 간행물인 <애드위크(Ad Week)>는 "이 시대의 가장 예리하고 똑똑한 마케팅 마인드"를 지닌 이들에게 매년 '브랜드 지니어스 어워드(Brand Genius Awards)'를 수여한다.[9] 하지만 고립된 천재가 모두를 열광시키는 인사이트를 만들어낸다는 고정관념과는 달리, 현실 세계는 그렇게 낭만적으로 흘러가지 않는다.

전통적인 의미의 브랜드 전문가들은 다르게 생각할 수도 있겠지만 위대한 브랜드는 더 이상 '상아탑' 같은 에이전시 회의실에서 만들어지지 않는다. 영업 목표를 달성하려고 일방적인 메시지만 전달하는 사내 마케팅 부서에서 시작되지도 않는다. 고객과 관계를 중요하게 여기는 기업들은 우수한 결과를 얻는다는 명분으로 브랜드 개발을 외부에 맡기지 않는다.

대신에, 다른 누군가의 '천재성'에 의존하기보다 당신 자신이 가진 최고의 생각, 빈틈없는 아이디어 그리고 예리한 가설을 실행에 옮기는 것이다. 브랜드 혁신을 이뤄내기 위해서는, 미지의 것에 대해 열린 마음으로 실패를 빨리 수용하고 이를 개선하는, 민첩한 움직임에 가치를 두어야 한다. 혁신을 목적으로 하는 요즘 환경에서는 소수 천재 집단의 '명령과 통제'가 작동하지 않는다.

브랜디즘: 브랜드 천재들의 믿음 체계

창업가의 초창기 지하실에서부터 글로벌 에이전시의 회의실에 이르기까지 브랜드 천재에 대한 허상은 브랜드 개발에 대한 잘못된 믿음에서 시작된다. 우리가 '브랜디즘(Brandism)'의 근본적인 원인을 다루기 전에 브랜드 개발에 대해 잘못 알고 있는 뿌리 깊은 고정관념(Belief)부터 제거해야 한다.

제품에 대한 고정관념

고정관념: 제품과 브랜드는 하나다. 둘 사이에 차이점은 없다. 좋은 제품은 좋은 브랜드를 만든다. 최고의 제품을 만드는 데에만 집중한다면, 최고의 브랜드를 가질 수 있다.

현실: 제품에 브랜드가 내재할 수 있지만, 그 자체로는 브랜드가 아니다. 제품은 훨씬 더 큰 스토리의 결과물이다. 제품의 이면에는 개발팀이 있고, 제품이 해결하고자 하는 문제와 어떻게 존재하게 되었는지에 대한 스토리가 있다. 제품에 대한 잠재 고객의 지지, 새로운 기능이나 액세서리, 그리고 회사의 전반적인 방향에 대해서는 말할 것도 없다. 제품은 제품 그 이상의 많은 것을 내포한다.

우수한 제품을 만들기 위해 노력해야 한다. 이 제품이 고객의 불편함을 해소한다는 고객과의 약속을 지켜야 한다. 하지만 제품에만 집착하면 그 안에 담긴 스토리를 놓치게 된다. 기업과 고객이 잠재적인 관계를 형성하지도 못한다. 또한 제품 자체의 잠재적 가치를 한정시킨다. 브랜드는 제품이 아닌 제품과 관련한 모든 것이다.

제품은 브랜드가 될 수 있다. 트윙키(Twinkies, 역주: 커스터드가 들어있는 유명한 과자)는 브랜드다. 와퍼(Whopper) 또한 브랜드다. 그러나 이는 더 큰 형태로 나타날 수도 있다. 트윙키는 호스티스(Hostess, 역주: 트윙키의 제조사), 와퍼는 버거킹을 연상케 한다. 제품 그 자체보다 더 큰 무언가에 연결될 때 그 가치는 기하급수적으로 커진다.

적용 시점에 대한 고정관념

고정관념: 브랜드 개발은 사업이 '성장'할 때를 위한 것이다. 지금은 중요하지 않다. 사업이 어느 정도 성장하기 시작할 때 브랜드를 다룰 것이다.

현실: 자신도 모르게 이미 창업 초기부터 브랜드를 만들어 가고 있다. 창업하고 성취하고 싶은 것을 세상에 말하는 순간부터 브랜드가 만들어진 것이다. 잠재 고객 혹은 유료 고객들과 이루어 온 모든 상호작용을 통해 브랜드를 형성한다. 이러한 상황에서 별도로 적용해야 하는 시점은 없다.

훗날 브랜드 개발에 투입할 수 있는 더 많은 자원(시간, 자본, 지식)을 가지게 될지도 모른다. 그러나 이는 그때까지 기다려야 한다는 의미가 아니다. 준비되었다고 느낄 때까지 기다리면 직면한 문제가 더 복잡해진다. 오히려 많은 것들을 비싸게 만든다. 목적을 갖고 빨리 시작할수록 성장의 기본이 될 가치를 곧바로 만들어 낼 수 있다.

사일로에 대한 고정관념

고정관념: 브랜딩은 광고 전략의 일부다. 브랜딩은 마케팅 사일로(Silo) 혹은 비즈니스 모델 캔버스의 '고객 관계' 항목에 안에만 존재한다. 브랜딩은 마케팅 전략이며, 마케팅팀이 브랜딩을 관리한다.

현실: 브랜드는 모든 곳에 있다. 일반적으로 이를 마케팅이라는 큰 우산 아래 두려고 할 수도 있지만, 브랜드는 그 우산의 범주를 넘어선다.

영업팀은 브랜드를 소개한다. 개발팀은 브랜드를 구축하는 데 도움이 되기도, 되지 않기도 하는 제품을 만든다. C레벨팀(Chief Level Team, 역주: 조직 내의 고위 임원팀)은 브랜드를 변화시키려 한다. 모금 활동 역시 브랜드를 표현하는 것이다.

브랜드는 기업의 모든 활동에 연계되며 기업의 모든 측면에 존재한다. 이는 마케팅 사일로로 간주할 수 없으며 훨씬 더 큰 가치를 창출할 수 있다. 브랜드 개발, 성장 그리고 관리에 적합한 많은 구체적인 마케팅 캠페인이 존재할지라도 브랜드는 단지 하나의 마케팅 전략 그 이상의 것이다. 이는 기업을 위한 삶의 한 방식이며, 고객과 관계를 맺는 연결고리다.

크리에이티브에 대한 고정관념

고정관념: 크리에이티브는 브랜드 개발에 가장 중요한 요소다. 나는 그렇게 창의적인 사람이 아니기 때문에 브랜드 개발 과정에 그 어떠한 가치도 더할 수 없다. 나는 단지 엔지니어, MBA 출신, 재무 전문가, 세일즈

담당 직원 또는 인턴일 뿐이다.

현실: 크리에이티브는 브랜드 개발의 일부분이지만 필수 요소는 아니다. 크리에이티브 관점에서 자신의 능력을 어떻게 생각하는지와 상관없이 당신은 이미 브랜드 개발 과정에 참여하고 있다. 당신의 브랜드는 당신에 대한 것이다. 당신의 이야기가 담긴 특별한 스토리는 오직 당신만이 말할 수 있다.

스토리를 이야기하는 데 시간을 투자해야 한다. 브랜드에 관한 모든 크리에이티브한 표현들은 당신이 누구인지, 왜 존재하는지 그리고 왜 중요한지에 대한 내용으로 시작한다. 많은 사람이 브랜딩을 기억하기 쉬운 슬로건이나 아름다운 이미지라고 생각하지만 그렇지 않다. 가장 크리에이티브하고 재미있는 슈퍼볼 광고도 이류 제품이나 악명 높은 고객 서비스를 해결하지 못한다. 심지어 브랜드와 관련 없어 보이는 재무회계, 영업, 개발 담당 직원일지라도 브랜드 스토리와 연관되어 있다.

영향력에 대한 고정관념

고정관념: 내가 나의 브랜드를 정의한다. 나의 브랜드는 내가 말하는 것이며 내가 마음속에 그리는 것처럼 시장에서 받아들여질 것이다.

현실: 믿을 수 없겠지만 현실에서 당신을 사람들이 어떻게 받아들이는지에 대한 당신의 영향력은 기껏해야 50%라는 점을 그대로 인정해야 한다. 브랜드는 관계의 영역이다. 그리고 관계는 쌍방향이다. 만약 당신에게 어울리는 색깔이 빨간색이라고 목청껏 외쳐도 사람들이 파란색이라고 본다면, 아마 당신은 약간의 보라색, 사실상 파란색을 띠고 있을 것이다.

브랜드는 당신 그리고 당신과의 공감대를 형성하고자 하는 사람 사이에서 공유된 경험이다. 브랜드는 당신 혼자가 아니라 당신, 고객, 팀, 기업 사이의 전체적인 맥락에서 정의되어야 한다. 브랜드를 현실에서 떼어놓고 생각할 수 없으며, 브랜드가 의미하는 바를 임의대로 규정할 수 없다.

그렇다고 해서 당신에게 영향력이 없다는 뜻은 아니다. 스토리를 표현하는 방식이나 고객 관계에서의 행동 방식은 당신이 어떻게 인식되는지에 상당한 영향력을 미칠 것이다. 하지만 영향력을 확산의 척도로 오해하면 안 된다.

브랜드 로또에 대한 고정관념

고정관념: 훌륭한 브랜드를 갖기 위해서는 로또에 당첨될 만큼 운이 좋아야 한다. 가끔 운이 좋을 수 있지만 그렇지 않을 때도 있다. 어찌 되었든 결과는 정해져 있다.

현실: 브랜드 개발은 쉽지 않다. 또한 명확한 목적과 지적인 노력이 필요하다. 만약 브랜드 로또가 있다면 그 대가는 피, 땀, 눈물일 것이다. 브랜딩에 있어서 그냥 주어지는 로또 같은 것은 없다. 몇몇 기업은 운이 좋았다고 이야기할 수 있지만 성공의 이면에는 노력이 있다.

성공적인 브랜드는 기획, 반복, 시간 그리고 환경이 합쳐서 만들어진다. 하룻밤 사이에 성공하는 브랜드는 없으며 어떤 브랜드도 고된 작업을 거치지 않고서 성공을 거둘 수 없다. 만약 브랜드 로또를 기대한다면 지금까지 만들어 온 가치들을 잃게 될 것이다.

경쟁에 대한 고정관념

고정관념: 브랜드는 경쟁사 또는 되고 싶은 회사와 비슷해져야 한다. 내가 대단하게 받아들여지길 바란다면, 나의 브랜드는 나보다 앞선 사람들 혹은 성공한 사람들을 모방해야 한다.

현실: 두 개의 브랜드 여정이 같을 수 없다. 불가능하다. 다른 브랜드를 모방하면 당신의 독특한 스토리가 훼손된다. 스토리가 공허하다면, 당신은 브랜드를 갖지 못할 것이다. 훌륭한 창업가는 제대로 인정받기를 원하고, 이는 경쟁으로 나타난다. 하지만 모방은 시장에서의 가치와 위치 구축에 대한 부족함을 나타낼 뿐이다.

더욱이, 보통 경쟁은 불안과 불신으로 이어진다. 사람들은 거짓임에도 그렇지 않은 것처럼 행동하려는 기업에 배신감을 느끼고, 가짜라고 생각되는 것들을 거부한다.

브랜드는 당신을 표현한다. 이는 기업으로서 그리고 시장과 유일하게 공유하는 관계로서 당신에게 특별하다. 타인의 성공을 좇으면 당신이 실

제로 이뤄낼 기회를 깎아내릴 수 있다.

디자인에 대한 고정관념

고정관념: 그래픽 디자이너나 웹디자이너가 브랜드를 만들 것이다. 무엇보다 웹사이트에 '브랜딩'이라는 말이 언급되어 있고, 끝내주게 멋진 로고가 있으니 브랜드를 이미 가지고 있는 것이다.

현실: 그래픽 디자이너, UX/UI 디자이너 그리고 웹디자이너는 브랜드를 나타내는 시각적 결과물을 만드는 데는 큰 역할을 할 수 있다. 그러나 그들은 브랜드를 구축하는 것이 아니라 그저 반영할 뿐이다. 브랜드에 투자할 준비가 되어 있고, 가치 있는 디자인이 브랜드 개발에 끼치는 영향력을 알고 있을 때, 훌륭한 디자인에 전적으로 투자해야 한다.

디자이너의 업무는 훨씬 깊이 있는 스토리를 표현하는 것뿐이다. 훌륭한 디자이너는 이 콘셉트를 이해하고 시장 가치를 전달하는 데 공헌할 수 있다. 실력 없는 디자이너는 자신의 작업을 '브랜딩'이라고 부르면서 실제 만드는 것들을 왜곡한다.

브랜드는 고객과 다면적인 관계를 형성한다. 시각적인 심벌은 전체 브랜드의 일부분에 불과하다. 로고와 레터헤드만이 브랜드를 구성하지는 않는다.

거대 공룡 기업

브랜드 천재성에 대한 허상은 평범하고 쓸모없는 브랜드를 만들어낸다. 더 나아가 이러한 믿음은 브랜드가 창출할 수 있는 잠재적인 가치를 감소시킨다. 앞서 이야기한 고정관념과 마찬가지로 브랜드는 허공에서 뚝 떨어진 것이 아니라, 훨씬 더 크고 보편적인 무언가를 통해 만들어진다. 잘못된 고정관념 체계의 근본적인 원인을 규명하기 위해서는 그 뿌리인 거대 공룡 기업(Industrial Dinosaur)을 들여다봐야 한다.

오늘날 세계는 GM(General Motors)보다 구글에 더 많은 영향을 받는다. 우리가 사는 시대는 산업적 사고방식보다 훨씬 복잡하게 연결된 사회적 사고방식으로 옮겨 가는 특징을 보인다. 일반적인 상품 교환보다 정보의 교환이 더 가치 있으며, 기술, 정보 그리고 사회적 연결은 우리가 산업적 한계를 넘어 새로운 사고를 하도록 이끌어 왔다.

의심할 여지없이 탈산업화된 것이다.[10]

《노하우? 뉴 하우!》의 작가 닐로퍼 머천트(Nilofer Merchant)는 "산업 시대의 가치는 IBM, GM, GE와 같은 대기업에 의해 만들어졌다. 그들은 제품과 서비스를 생산하며, 비즈니스 시장을 장악했다. SNS 시대의 가치는 연결된 개인들이 창출한다. 열정적인 개인들은 결과적으로 신뢰, 진정성 및 목적에 기반하여 새로운 사업을 구축하는 아이디어를 연결한다."라고 말한다.

차이점은 명확하다.

산업화는 광범위하고 복잡한 작업을 단순하고 반복 가능하며 자동화된 일련의 단계로 전환하는 데 중점을 둔다. 대기업은 산업용 기계의 엔진을 가동할 수 있는 자본과 인력을 모두 소유하고 있다. 프로세스와 일관성을 통해, 그들은 대량 생산을 통한 가치 창출에 우위를 점할 수 있었다.

산업화는 공장에 비유할 수 있다. 공장이 가동되기 위해서는 획일화가 필요하다. 생산 라인을 따라 작업을 단순화하고 가속화하기 위해 원자재는 규격화되어 있거나 빠르게 규격화되어야 한다. 공장은 최대 생산량과 균일성, 그리고 간소화된 프로세스를 그 기반으로 한다.

공장의 중요한 점은 모양, 크기, 구성요소 및 미적인 요소에 있어 일관된 제품을 생산하는 것이다. 가공식품과 가공공장 그리고 프로세싱 소프트웨어는 불완전한 것과 날 것을 세련되고 통일된 것으로 만들기 위해 고안되었다.

하지만 모든 것이 바뀌었다. 지금 세계는 개인이 모여 이끄는 거대한 혁명적 움직임에 중점을 둔다. 우리의 가속화된 연결 안에서 개개인은 그들의 연결에 기초한 의사 결정, 의미 부여 그리고 가치를 결정하는 집합적인 힘을 스스로 부여하면서, 광범위한 네트워크에 걸친 수백만 개의 접점을 통해 즉각적으로 연결되어 있다. 개인과 소수 집단이 전 세계 가치 생산을 지배한다.

검은색 자동차만 생산되던 포드의 T모델 시절, 제조업은 매우 단순했다. 이제는 정반대의 상황이다. 고객의 요구는 훨씬 더 세분화되고, 맞춤형 해결책을 필요로 한다. 제품이 필요한 순간에 바로 생산하는 디지털 제조 방식이 대표적인 예다. 산업 시대의 가치를 생산과 생산량이 정의한다면, 오늘날 세계의 가치는 혁신과 적응력이 정의한다.

영국의 교육가인 켄 로빈슨 경(Sir Ken Robinson)은 이러한 상황을 "새로운 기술은 모든 곳에서 노동 방식의 본질에 혁명을 일으키고 있다. 과거의 산업 경제에서 노동집약적이었던 산업과 해당 산업 종사자들을 대폭 줄이고 있다. 새로운 형태의 작업은 높은 수준의 전문 지식, 창의성 그리고 혁신에 점점 더 많이 의존하고 있다."고 말한다.[11]

이러한 변화는 의심할 여지가 없다. 과거의 산업적인 사고방식은 이제는 지구상에 사라진 거대 공룡과 같다.

더 이상 쓸모없는 브랜드 프로세스

무엇이 브랜드 개발을 이끄는가. 지금까지의 브랜드 개발은 대체로 산업적인 사고방식에 대해 생각하고 가르치고 연습하는 것이었다. 이 연관성이 얼마나 깊은지 이해하기 위해 우리는 유타주, 프로몬터리 서밋(Promontory Summit)으로 거슬러 올라가야 한다. 1869년 유니언 퍼시픽 철도(Union Pacific Railroad)와 센트럴 퍼시픽 철도(Central Pacific Railroad)는 프로몬터리 서밋에서 최종적으로 금, 은, 동으로 된 세 개의 못을 박으며 미국 최초의 대륙횡단철도 연결을 기념했다. "철도의 결혼(Wedding of the Rails)"은 미국의 주(州) 간 무역의 시작을 알렸다.

몇 년 지나지 않아 소비자들은 더 이상 지역 경제 안에서만 생산된 상품과 제품을 구매할 필요가 없어졌다. 타 지역에서 생산된 광범위한 상품들을 선택할 수 있게 된 것이다. 통조림, 자동차, 전기다리미, 진공청소기,

그리고 축음기와 같은 신제품이 혁신적으로 소비자의 삶을 변화시키며 놀라운 파장을 일으켰다.

산업화에 따라 소비자의 선택폭은 넓어졌다. 이에 대응하기 위해 기업은 원산지를 알리고, 제품의 품질을 나타내는 식별 마크(고대 그리스와 이집트 문명에서 양치기가 사용했던 방식을 차용)를 사용하기 시작했다. 결과적으로, 경영 활동으로서의 브랜딩이 현대식 구조로 탄생하였다. (브랜드가 무엇인지, 어떻게 기능하는지, 가장 중요하게는 그것을 어떻게 만드는지에 대한 개념을 공장, 조립 라인 및 제조 상품에 대입해보자.)

프로몬터리 서밋은 "철도의 결혼"뿐만이 아니라 '브랜딩의 탄생'이기도 했다. 브랜드 개발이 그 당시에 유행했던 메타포, 즉 공장이라는 정체성을 가진 것은 자연스러운 일이었다.

은유적으로 사용된 '브랜드 공장'에서 브랜드 개발은 특정 결과물을 생산하기 위해 기존에 정의된 원칙, 수단, 절차를 따라 진행되었고, 그 결과물을 브랜드라고 불렀다. 오늘날 더 이상 '브랜드 공장'이라 부르지 않지만 이 일련의 원칙은 '브랜드 프로세스'로 더 잘 알려지게 됐다.

공장과 마찬가지로 브랜드 프로세스 역시 일련의 실행 과정을 기반으로 정해진 사이클과 단계별 절차를 따른다. 이러한 브랜드 프로세스를 통해 얻어지는 공식은 브랜드에도 적용될 수 있을 것이다. 요약하면, 다음과 같다.

$$A + B + C = BRAND$$

브랜드 프로세스를 실행하는 수많은 에이전시가 있다. 과정상의 특허를 보유한 것처럼 보이는 곳도 있다. 이를 다른 말로도 표현하긴 하지만, 브랜드 프로세스의 핵심은 거의 동일하다. 브랜드에 대한 개념은 물론이고 브랜드 포지셔닝, 브랜드 약속, 비전과 미션, 브랜드 가치, 브랜드 체계, 브랜드 아이덴티티 시스템 등의 결과로 요약할 수 있다.

이런 프로세스는 당신뿐 아니라 많은 사람에게 익숙할 것이다. 이러한 일방적인 프로세스는 우리가 만들어 낸 가치를 확실히 이해하지 못한 채 맹목적으로 우수 사례를 따르는 공장의 사고방식과 크게 다르지 않다. 브랜드 프로세스는 기업과 고객 사이의 강력하고 고유한 관계를 다음과 같은 체크리스트로 정리했다:

브랜드 약속, 체크!

비전과 미션, 체크!

브랜드 가치, 체크!

로고, 체크!

결과적으로…… 브랜드, 체크!

이러한 프로세스가 실제 어떻게 작동하는지 한발 물러서서 확인해 본다면, 다음과 같은 '브랜드 방정식'에 맞춰진 사고를 하게 될 것이다.

[브랜드 약속] + [미션] + [비전] + [포지셔닝] +

[가치] + [퍼스널리티] + [로고] + [아이덴티티 시스템] = 브랜드

이러한 접근 방식은 고객의 브랜드에 대한 반응 결과를 반영하지 못한다. 이는 브랜드를 좋아하는 사람과 사랑하는 사람을 구별하지 않는다.

이는 우리 브랜드가 모두를 위한 게 아니라 핵심 고객을 위해야 한다는 사실을 인정하지 않는 것이다.

가치 창조 경제에서, 브랜드 개발은 하나의 과정이 될 수도 공장에 의존할 수도 없다. 우리가 매일 목격하는 것처럼 빈 체크박스는 단순 복사, 상상력 부족, 대량 생산, 과잉 처리와 같이 솔직히 말하면 쓸모가 없다.

브랜드를 만들 때 프로세스를 너무 당연시하는 경향이 있다. 단계별 체크리스트의 중요성이 과장되며, 프로세스를 따르는 것이 실제 브랜드 제작보다 중요하다고 생각한다. 하지만 더 이상 생각은 무의미하다.

현대적인 관점

산업 시대가 끝나면서 권력이 소비자에게로 이동했다. 이제 소비자는 컬러, 스타일, 특징, 배달 시간을 선택한다. 디지털 도구를 통해 개인이 직접 제작할 수 있게 되자 소비자가 모든 것을 거의 완벽하게 통제할 수 있게 되었다. 대부분 제품이 이런 방식으로 생산되지 않지만 사실상 모든 제품이 그러한 방향으로 변화했다. 이는 적시 생산(Just in Time), 주문형 제조(On-demand)를 시행하는 린 접근법(실패의 부담을 낮출 수 있는 접근법)의 전형적인 예다.

그렇다면, 기업과 고객 사이에 형성된 관계 또한 위와 같이 변화해야 한다는 주장은 설득력 있다. 이는 공장 사고방식에서 더욱 유연하고 민첩하며 융통성 있는 사고방식으로 나아간다.

사전에 전략적으로 생각하거나 공장에서처럼 신중하게 생산한다고 해서 우수한 브랜드를 만들 수 있는 것은 아니다. 브랜드 개발 과정, 특히나 스타트업의 초기 단계에서는 제대로 알지 못하는 아이디어가, 시장에서 한 번도 검증되지 않은 불분명한 아이디어가 너무 많이 존재하기 때문이다. 같은 브랜드는 없지만, 그들이 겪게 되는 문제 — 가치를 제공할 수 있을 것인가, 아닌가 — 는 동일하다. 가치는 실험, 반복 그리고 혁신을 통해서만 발견될 수 있다.

당신이 무엇을 말하고, 읽고, 보았는지와 관계없이 매력적인 브랜드를 구축할 수 있는 마법 같은 절차와 묘책, 기적적인 프로세스는 없다. 프로세스는 공장에서 만들어지는, 개인화되지 않고, 예측 가능한 일정한 결과를 생산하는 부분에 매우 유용하다. 그러나 실질적인 가치와 관계를 형성하고 싶다면 이러한 프로세스에서 벗어나야 한다.

우리는 변화가 필요하다.

유연하게 생각하기

첫 번째 변화는 정해진 프로세스에서 벗어나 유연하게 생각하는 것이다. 브랜드를 개발할 때 기존 프로세스를 따르면 과거 어느 때보다도 실행력이 떨어진다. 기존 프로세스와 방법을 통해서 브랜드를 개발하는 경우 시장 변화, 조직 내부 요인 또는 불분명한 이유에 의해 압도될 수 있다.

모든 브랜드는 관계와 같이 사람들에 의해 생성되며 사람들에 의해 의미를 부여받는다. 브랜드는 생존하기 위해 지속적으로 새로워질 필요가 있다. 적용하고 반복하는 능력은 사치가 아니라 필수다. 오늘날 성공적인 브랜드의 가장 중요한 요소는 혁신을 일으키는 능력이다. 혁신은 당신이 쌓아가는 관계에 깊이, 타당성, 힘을 불어넣는 유연한 사고방식을 통해서만 발생할 수 있다.

이는 오늘날 고객들과의 관계에서 사용할 수 있는 해결책(혹은 문제를 해결하기 위한 '올바른 방법')이 없기 때문이다. 브랜드는 다양한 방향으로 확장되고 탐구되는 과정에서 개발된다. 경직된 사고는 훌륭한 브랜딩을 방해하는 적이라고 할 수 있다. 브랜드에 접근하는 방식을 일차원적인 방식으로 제한하면 탐색, 성장 그리고 발견의 가능성이 사라진다. 폭넓게 사고할수록 브랜드는 더 강해질 것이다.

스티브 잡스는 애플이라는 브랜드를 만들면서 "우리 IT업계의 많은 사람이 다양한 경험을 하지 못했다. 그래서 그들은 각각의 요소를 연관 지을 만한 충분한 연결고리가 없었고, 문제에 대해 폭넓은 관점을 갖지 못한 채 일차원적인 솔루션만을 내놓았다. 인간의 경험을 보다 명확하게 이해하면, 우리는 더 훌륭한 디자인을 선보일 수 있다."라고 이야기했다.

유연한 사고는 훨씬 더 개방적이다. 다양한 생각들과 발견되지 않은 것들 사이를 이리저리 돌아다닌다. 브랜드가 발전하면서 사고의 필요성도 함께 발전한다. 사전에 결정된 단계를 고수하는 대신에, 유연한 사고는 브랜드 개발 전반에 걸쳐 좌에서 우로, 발견에서 발견으로, 시작점에서 시작점으로 옮겨 가며 생각하게 만든다. 이로써 탐색, 발견 그리고 학습을 통해 브랜드 가치를 창출할 가능성이 높아진다.

전략적인 접근에서 관계적인 접근으로

두 번째 변화는 전략적 접근이 아니라 관계적 접근이다. 전통적인 브랜딩 모델에서는 브랜드가 기업이 고객에게 제품과 서비스에 대해 말할 수 있는 일방적인 전달 수단이라고 여겨졌다. 여기서 브랜딩은 주로 정보를 효율적으로 사용하는 데 이용된 전략 수단이었다. 기업에서는 일방적인 대화를 통해 그들의 제품과 서비스를 전달하는 로고, 비전과 미션, 컬러 조합, 브랜드 약속, 캠페인 등의 정보를 만들었다.

전략적인 사고에서는 '4개(혹은 5개, 7개…)의 P들(Product(제품), Promotion(프로모션), Price(가격), Placement(유통))'이 브랜드가 고객에게 전달하는 정보를 결정한다. 그러나 사람들은 이제 비슷한 제품들의 특징, 가격 그리고 프로모션을 즉각적으로 비교할 수 있으며, 이는 그들이 필요로 하는 정보를 기업에 의존하지 않고 얻을 수 있다. 고객에게 힘이 넘어가고, 고객의 목소리가 커질수록 정보의 전략적인 전개에 기반한 브랜딩을 무관하게 만든다. 4P에 대한 결정은 여전히 사람들이 브랜드를 인식하는 방식에 영향을 미칠 수 있지만, 더 이상 브랜드 개발에서 가장 중요한 결정은 아니다. 과거 방식에 따를수록 효과는 더욱 떨어진다.

오늘날 정보는 비교적 어디에서든지 접할 수 있기 때문에 고객들이 가치를 결정하는 데 기업의 도움은 필요하지 않다. 전략적 접근은 고객과의 대화, 의견, 평점을 즉각적으로 접하는 환경에서 효력을 발휘할 수 없다. 기업이 전달하는 정보는 고객에게 유일한 정보의 원천이 아니다. 이제 상황이 바뀌었다.

그렇기에 우리는 전략적인 접근에서 관계적인 접근으로 다가갈 필요가 있다. 브랜딩은 전략적 천재성을 말하는 게 아니다. '브랜드 공장' 생산라인을 통해 실행되는 며칠 동안의 기발한 생각이 아닌 것이다.

오늘날 브랜딩은 고객과의 진실하고 일관되며, 의도적인 관계 속에서 공유된 가치를 발견하는 것이다. 성공적인 브랜딩은 주주, 직원, 고객 그리고 커뮤니티를 위한 상호 번영, 가치 및 존경으로 재정의되었다. 단지 우리만을 위한 관계 구축의 결과물에 의존하지 말고, 공동의 가치를 발견하려는 노력을 해야 한다. 결과물은 전략에 관한 것이며, 관계는 가치에 관한 것이다.

새로운 사고, 새로운 언어 그리고 브랜드 개발에 있어 새로운 프레임워크가 필요하다. 우리는 새로운 시장에서 우리의 브랜드를 시험하고, 측정하고, 검증하고, 성장시키며, 가치를 창출하는 방법을 배워야 한다. 우리는 사람들과 관계를 형성하는 방식으로 에너지와 삶을 바꾸어야 한다. 결론적으로 브랜드 혁신이 필요하다. 그렇기에 우리는 이렇게 주장한다.

브랜드, 린(Lean)을 만나라.

3장

브랜드, 린을 만나다

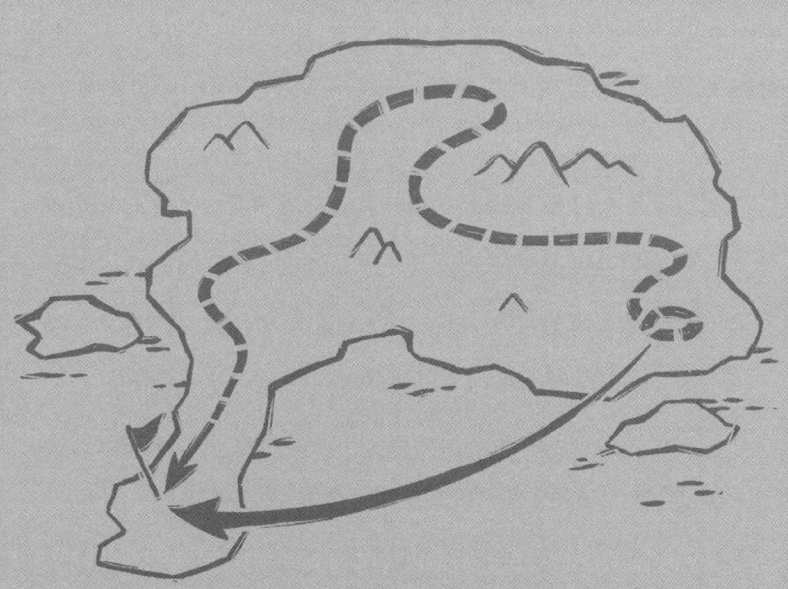

브랜드, 린을 만나다

'린 스타트업(Lean startup)'은 에릭 리스(Eric Ries)를 비롯한 다양한 사람들이 개발한 경영기법으로, 민첩성(Agility), 검증된 학습(Validated learning), 반복(Iteration)에 초점을 맞춰 성공적인 창업을 이끌어내는 것을 목적으로 한다. 이 방법론은 다섯 가지 핵심 원칙을 중심으로 한다.

1. 창업가는 어디에나 있다: 창업가란 극도의 불확실성과 최대의 리스크에 직면하여 새로운 제품 및 서비스를 만들어 내는 사람이다.
2. 창업가 정신은 관리다: 스타트업은 단순히 제품 그 자체가 아니라 하나의 기업이기 때문에, 사업의 맥락에 맞는 관리가 필요하다.
3. 검증된 학습(Validated Learning): 스타트업은 물건을 만들거나, 돈을 벌거나, 고객에게 서비스를 제공하기 위해 존재하는 것이 아니다. 스타트업이 있음으로써 사람들은 스타트업을 지속 가능한 사

업으로 만들어가는 방법을 배운다.

4. 혁신의 수치화(Innovation Accounting): 창업가는 진행 상황을 측정하고, 단계별 목표를 설정하고, 작업의 우선순위를 정하는 방법에 초점을 맞추어야 한다.

5. 개발-측정-학습(Build-Measure-Learn): 시장에서 어떠한 사업(제품, 유통, 배송, 마케팅 및 판매를 포함하지만 이에 국한되지는 않음)이 유효한 활동인지 검증하는 데 '개발-측정-학습'의 피드백 루프가 활용된다.

린 스타트업 방법론 [12]은 창업가의 창업 접근 방식에 큰 영향을 미쳤다. 가장 주목할 만한 것은 린 스타트업이 스타트업의 학습·사고·접근 방식을 재구성했다는 점이다. 이는 경험이 많은 기업가들이 초기 창업가와 함께 제품 혁신에 발 맞추고 시장에 가치를 창출하게 하는 방식이다.

린 스타트업의 개념이 완벽하게 새롭지는 않지만, 이 경영기법을 적용하면서 혁신과 제품 개발에 새로운 길을 열어주었다. 린 스타트업은 린 생산(Lean Manufacturing)에서 도입된 방식으로, 토요타의 생산방식[13]이 대표적이다. 간단히 말해, 린 생산은 고객에게 가치를 제공하는 활동의 효율성을 최적화하고, 고객에게 가치를 제공하지 못하는 쓸모없는 모든 활동을 제거하는 방식이다.

분명히 하자면, 린의 의미는 '작다, 저렴하다, 제한적이다, 소량이다'가 아니다. 대신에, 제품의 최종 사용자 그리고 제품 개발 및 제공 전반에 걸친 활동을 연결해 주는 내부 구성원 모두를 위한 간소화된

(Streamlined) 가치 창출에 중점을 둔다. 린 방법론이 제품의 혁신을 통해 사업에 놀랍고도 실질적인 영향을 미쳤지만, 이 과정에서 브랜드의 역할은 거의 눈에 띄지 않았다.

브랜드 VS. 제품, 제품 VS. 브랜드

제품은 시장에 전달하고자 하는 가치의 일부분에 불과하다. 고객들은 제품을 만들기 위해 거쳐 간 개발 과정에 대해 별로 신경 쓰지 않는다. 그러므로 진짜 문제를 해결할 최고의 제품을 만들어야 한다. 그리고 제품은 실제 시장에서 검증되어야 하며, 더 나은 제품 경험을 제공해야 한다.

그러나 고객이 브랜드와 소통하지 않고 제품 경험을 쌓을 수는 없다. 화살의 화살촉이 가장 먼저 목표물에 닿는 것처럼 제품은 고객과 브랜드 사이에 첫 상호작용을 만들어 낸다. 의도적인 브랜딩을 하지 않는다면 제품을 통해 생기는 가치 외에 고객과의 상호작용에서 발생할 가치 창출의 기회를 없애는 것이다. 결과적으로, 높은 성장에 필요한 열망을 고객과 공유할 기회를 놓치게 된다.

제품을 문제 해결의 도구로만 한정한다면 당신에게 어떤 의미가 남는가? 사람들과 어떻게 연결될 수 있을까? 어떻게 사람들이 당신에게 열광하게 할 수 있을까? 이 질문은 소수의 창업가만이 스스로 하는 질문이다.

제품이 발전하고, 팀이 바뀌고, 시장이 변화하지만, 모든 기업의 성공은 고객과의 관계에 기반한다. 고객과의 관계가 바로 브랜드다. 가치를 만들어내는 브랜드가 없으면 어떠한 관계도 존재할 수 없다.

사업 개발과 기술 개발은 무척 어려운 과정이다. 좋은 소식은 브랜드가 이미 존재한다는 것이다. 여느 관계와 마찬가지로, 브랜드는 삶의 활력이다. 브랜드는 고객들을 학습시키고, 참여시키고, 기쁘게 할 필요가 있다. 고객과 브랜드 사이에 도로는 이미 놓여 있지만 가벼운 먼지 아래 보이지 않게 숨어 있어 서로 연결되기만을 기다리고 있다. 즉, 먼지만 제거하면 관계를 형성할 수 있다는 것이다.

하지만 다른 누구도 제공하지 못하는 고유한 가치가 무엇인지 명확히 말하지 못한다면, 당신의 브랜드가 무엇인지, 어떤 잠재력을 가졌는지 알 수 없을 것이다. 따라서 두 가지의 도전과제를 수행해야 한다.

첫 번째, 브랜드 개발이 천재적인 브랜드 전문가나 일부 실버 불릿 프로세스(Silver-bullet process, 역주: 한 방에 해결하는 대단한 방법)에 의해 통제되거나 좌우되지는 않는다는 사실을 깨닫는 것이다. 이는 2장에서 설명한 '브랜드 공장' 프로세스에서 발생하는 잘못된 브랜드에 대한 고정관념을 더 이상 받아들이지 않는다는 뜻이다.

두 번째는 좀 더 어렵다. 브랜드에 대한 영향력을 되찾고 브랜드의 개발, 성장, 그리고 지속 가능성을 의도대로 만드는 것이다. 브랜드의 영향력을 되찾기 위해서는 사업의 잠재적 가치를 발견하기 위한 노력의 일환으로 제품과 브랜드를 함께 개발해야 한다.

린 브랜드 프레임워크를 적용하라

린 스타트업 원칙을 브랜드 개발에 적용함으로써 공유 가치를 기반으로 지속 가능하고, 검증된, 열정적인 고객과의 관계를 구축하기 위한 새로운 프레임워크를 만들 수 있다. 린 브랜드 프레임워크는 실험을 통해 가설을 검증하고 고객과 장기적인 관계를 구축하고자 하는 스타트업이나 기업에 브랜드 개발의 새로운 패러다임을 제시한다.

— 케이스 스터디 —

buffer

린 스타트업 + 린 브랜드: 성공사례
조엘 가스코인(Joel Gascoigne, 공동창업가 겸 CEO)과의 인터뷰

버퍼(Buffer)는 당신이 원할 때 언제든 소셜 미디어 콘텐츠를 생성하고 플랫폼 간에 공유할 수 있게 해주는 앱이다. 아무 웹사이트에서나 버퍼 버튼을 클릭하면 트위터, 페이스북, 그리고 다른 소셜 사이트에서 가장 적절한 시간에 콘텐츠가 업로드된다. 실제 린 스타트업의 성공 사례로 평가되는 버퍼는 3년이라는 짧은 기간 동안 MVP(Minimum Viable Product, 최소 구현 가능 제품)에서 150만 명의 사용자와 360만 달러의 매출을 달성한 앱으로 발전했다.

Q. 버퍼 이야기를 해달라. 아이디어는 어디에서 시작됐나?
A. 영국에서 버퍼를 구상했다. 버퍼 사업을 시작하기 전에 원페이지(OnePage)라는 스타트업에서 1년 반을 보냈다. 원페이지와 버퍼 두 사례 모두, 내 개인적인 요구사항과 문제점을 해결하기 위해 구상한 사업이다.

Q. 버퍼를 만들 때 원페이지의 경험은 어떻게 도움이 되었나?

A. 원페이지에서 저지른 가장 큰 실수는 '어떻게든 되겠지'라고 생각한 것이었다. 다른 사람들도 같은 불편함을 겪는지, 그리고 그 불편함이 사업으로 운영될 만큼 큰 문제인지 검증하지 않았다. 그래서 원페이지에서 그리 성공적이지 못한 1년을 보냈다. 하지만 그 경험은 앞으로 나아가기 위한 중요한 교훈을 주었다. 그래서 버퍼에서는 린 방식으로 접근해야겠다고 결심했다. 가장 큰 목표 중 하나는 나의 스타트업, 나의 프로젝트에서 풀타임으로 일할 수 있는 시점에 도달하는 것이었고, 그게 내가 버퍼에서 적용한 목표였다.

Q. 버퍼에서 고객을 만들기 위해 어떻게 '린'을 적용했는지 자세하게 말해달라.

A. 처음에는 제품도 없이 두 가지 다른 MVP를 가진 홈페이지를 운영했다. 첫 번째는 그저 두 페이지짜리 웹사이트였다.

우선 랜딩 페이지(Landing page, 역주: 사용자가 보게 되는 첫 화면)에 접속해 회원가입 버튼을 누르면 "아직 준비되지 않았지만 이메일 주소를 남겨주시면 론칭 준비가 완료되었을 때 알려드리겠습니다."라는 내용의 페이지로 이동하게 했다. 이 방식은 랜딩 페이지에 제품이 실제로 존재하는 것처럼 보이게 해주었다. 두 번째 페이지에 접근하기 위한 유일한 방법이 회원가입 버튼을 누르는 것이었기 때문에 이 페이지를 통해 많은 검증을 할 수 있었다. 첫 번째 테스트 후, 이메일을 통해 사람들과 많은 대화를 나눴고 이후 스카이프(Skype, 역주: 세계 최대 인터넷 전화 서비스)를 통해서도 몇 통의 전화를 받았다. 이를 통해 고객과의 관계도 쌓을 수 있었다.

두 번째 테스트는 사람들이 실제로 돈을 지불할 것인지 아닌지를 확인하는 테스트였다.

나는 랜딩 페이지에 '가격과 계획' 버튼을 만들었고, 버튼을 누르면 무료, 5달러, 20달러로 구성된 서비스와 상품 제공에 대한 세 가지 선택지가 나오도록 수정했다. 그리고 선택지를 고르면 "아직 준비되지 않았습니다."라는 메시지가 나오게 했다.

이 테스트를 통해서도 많은 대화를 나눌 수 있었다. 7주 동안 120통의 이메일을 받았고, 첫날에 약 50명 정도가 가입했다. 그렇게 큰 규모라고 보기 어렵지만, 분명히 효과가 있었다.

Q: 그러면 제품을 만들기 전에 사람들의 관심도를 파악하기 위해 스모크 테스트(Smoke Test, 역주: 장치가 제대로 작동하는지 알아보기 위해 실시하는 테스트)를 실행했다는 것인가?

A: 그렇다. 어떠한 것도 완벽하게 검증될 수는 없다고 생각하지만, "만약 제품이 존재하면 사용하고 싶다." 혹은 "제품이 존재한다면, 돈을 지불할 생각도 있다."라는 사람들의 반응을 확인하는 데 큰 도움이 되었다. 이런 반응을 확인하고 최소한의 기능만 담은 버전의 제품을 출시했다. 사람들은 출시 3일 만에 버퍼를 구매하기 시작했고 나에게 있어 정말로 중요한 순간이었다. 겨우 5달러였지만 마치 100달러처럼 느껴졌다. 첫 판매에 이어 몇 번 더 판매된 이후, 정말 신이 나서 방 안을 방방 뛰어다녔다. 여타의 방식으로 돈을 버는 것과는 전혀 달랐다.

Q: 처음에 받은 120통의 이메일과 초기에 제품을 구매한 고객은 버퍼의 발전에 어떠한 도움을 주었나?

A: 이메일과 얼리어답터 등을 통해 맺은 초기의 관계는 버퍼의 브랜드 형성을 위한 핵심을 알려주었다. 초기에 사람들과 나눈 대화는 우리의 제품을 사용할 것인지, 그리고 우리가 성공할 수 있을 것인지에 대한 정보를 얻는 기반이 되었고, 이를 염두에 두며 고객들에게 개인적으로 접근했다.

사람들은 회사의 공식 계정이 아닌, 내가 개인적으로 발송한 이메일을 받았다. 그리고 나는 제품 개발 중에도 고객들에게 개발 과정과 그것이 어떻게 진행되는지 공유하려고 노력했다. 제품 출시 후 사람들이 버퍼의 유료 버전을 이용하기 시작한 시점에도 회사와의 소통이 아닌 개인적인 의사소통 방식을 지속했다. 그리고 사람들이 이 접근방식을 좋아한다는 것을 바로 확인할 수 있었다.

물론 이러한 접근 방식을 취하기 위해서는 반드시 진정성과 실체가 있어야만 한다. 그것이 우리가 진정으로 지향하는 방식이다. 최초 구매 고객 이후 몇몇 고객들이 버퍼에 돈을 지불하기 시작하자, 나는 이 사람들이 누구이고 그들이 버퍼에서 찾은 핵심 가치가 무엇이며, 왜 버퍼에 돈을 지불하는지 알고 싶었다. 그래서 트위터나 이메일 주소, 그리고 그들의 웹사이트를 클릭해서 고객에 대한 정보를 확인해 보곤 했다.

그분들 중 사진작가였던 한 남성이 있었다. 내가 그분의 사진을 클릭했을 때, 그의 멋진 사진이 올려진 웹사이트를 발견했다. 그의 사이트에서 정말 멋진 사진 한 장을 발견했는데 그 사진은 풍경이나 일몰이었던 것으로 기억한다. 그에게 이메일을 보내면서 무심코 그 사진에 대한 이야기를 꺼냈다. "버퍼의 서비스를 이용하게 된 것을 환영합니다. 당신의 사진을 보게 되었는데 굉장히 인상 깊더군요."라고 말이다.

우리는 누군가가 가지고 있는 어떤 것에 관심을 표한다면, 그것을 가지고 있는 사람 또한 우리에게 관심을 가지지 않을 수 없다. 버퍼가 성장함에 따라 개인에 대한 관심은 우리 브랜드의 핵심적인 부분이 되었다.

Q: 이러한 경험이 현재 고객을 만드는 방법에 어떤 영향을 끼쳤는가?
A: 현재 우리는 120만 명의 실사용자와 320만 달러의 연 매출, 그리고 1만7천 명의 고객이 있다. 여러 면에서 운이 좋았고 성장하는 과정에서 많은 것을 알아냈다. 우리가 좋은 상태에 있고 빠르게 성장하고 있다는 것을 느끼게 해준다. 우리에게는 서비스 수준 향상이라는 야심 찬 목표가 있다. 현재는 받은 이메일의 약 80%를 1시간 이내에 처리하고 95%는 6시간 이내에 처리하고 있지만, 시간당 이메일 응답률 95%를 달성하기 위해 노력하고 있다.

버퍼에 신속한 소통은 굉장히 중요하다. 버퍼를 성장하게, 많은 피드백을 받을 수 있게 했다. 또한 버퍼의 고객이 굉장히 좋아하는 점이기도 하다.

트위터에서 버퍼를 검색하면, 우리 브랜드에 열광하고 행복해 하는 사람들을 쉽게 발견할 수 있다. 피드백과 소통은 버퍼라는 브랜드의 성장 전반에 있어 큰 도움이 되었다고 생각한다.

이렇듯 소통의 중요성을 알기에 우리는 이메일을 발송할 때마다 "PS. 당신은 이메일에 답장하실 수 있습니다."라는 문장을 넣어 고객과의 관계를 강화하려고 노력했다. 대개 사람들은 "본 메일은 발신 전용입니다. 본 계정으로는 수신할 수 없으니 회신하지 마세요."라는 메시지가 담긴 이메일을 받지만 우리는 어떤 이메일에도 그런 문구를 쓰지 않았다. 고객은 버퍼에 관한 것이라면 어떤 메일도 보낼 수 있었으며, 그들이 "안녕하세요."라고만 보내도 우리는 신속하게 응답했다.

가끔 우리의 메일에 답장하는 고객도 있었는데, 실제로 사람이 답장을 보내는지 시험해보고 싶어서였다고 했다.

Q: 왜 린 방식이 브랜드 개발에 있어 그토록 중요하다고 생각하는가?
A: 브랜드를 알리는 요소는 각각 다를 수 있으며, 실제로 좋은 브랜드는 다양한 요소들로 알려져 왔다고 생각한다. 고객서비스는 가장 공들여온 요소다. 다른 하나는 우리가 초기 단계부터 그랬듯이 훌륭한 콘텐츠를 만들어 내는 것이다. 공동 창업가인 레오(Leo)는 출시 첫해부터 좋은 아티클을 썼고 이를 통해 버퍼가 유명해졌다. 이러한 것들이 우리가 고객을 만들어가는 방식이다. 버퍼는 지속 가능한 린 방식으로 고객을 만들기 위한 노력의 결과다.

가장 중요한 부분에 집중하기

첫 번째로, 린 브랜드 프레임워크는 가장 중요한 요소들을 추출하는 방법을 제시해준다. 기존의 브랜딩 프로세스에서의 불필요한 요소를 제거하여 성공에 필요한 시간과 리소스를 최소화할 수 있다. 속도, 민첩성, 그리고 적응력은 오늘날 브랜드를 성공으로 이끌기 위한 핵심 요소다.

브랜딩할 때 불필요한 부분에 집중해서 발생하는 기회비용은 매우 크다. 가치가 낮은 업무에 초점을 두면, 궁극적으로 고객을 위해 가치를 창출하는 일에는 집중하지 못하게 된다.

개발 초기 단계에는 브랜드를 세상에 알리기 위한 모든 명확하고 최선의 방법을 찾는 데 크게 걱정할 필요는 없다. 그보다는 오히려 당신이 의도한 브랜딩에 대해 고객들이 어떻게 반응하는지, 어떻게 고객이 브랜드와 관계를 맺는지에 대해서 고민해야 한다. 이런 반응들을 파악하고 측정하고 이해하는 것이 브랜드 개발을 통해 가치를 발견하고 만들어가는 기초가 된다.

밖으로 나가라

두 번째로 린 방식은 사무실 책상에 앉아 있지만 말고 밖으로 나가도록 요구한다. 린 방식 이전에는 계획, 전략, 구상, 개요, 미팅, 그리고 계산과 같은 활동에 집중했다. 하지만 이러한 활동은 사무실 안에 갇히게 할

뿐만 아니라 심지어 가장 중요한 고객들로부터 멀어지게 했다.

린 브랜드 프레임워크는 당신을 사무실 밖으로 인도해 고객과 만나게 하여 관계를 발전시킬 수 있게 도와준다. 오늘날 급변하는 시장 환경 속에서 고객의 말에 귀 기울이는 기업은 그렇지 못한 기업보다 훨씬 유리한 위치를 차지할 수 있다.

성장을 위한 토대

세 번째로, 린 방식은 성장의 강력한 기반을 제공한다. 린 프레임워크 내의 모든 일은 측정 가능하기 때문에 무엇이 효과가 있고 무엇이 불필요한지 빠르게 파악할 수 있다. 이러한 과정은 강력한 원동력이 되어 확실하게 성공으로 이끌 것이다. 이 방식은 가장 강력한 감성적 가치(Emotional-value) 제공에 최우선으로 집중하도록 설계되었다. 기존 고객에게 제공한 가치를 검증하고 강화하는 과정을 거친다면, 새로운 제품의 성공을 위한 강력하고 지속 가능한 브랜드 플랫폼을 가질 수 있다.

린 방식으로 성장하면 시간이 지남에 따라 고객의 요구 사항에 적응할 수 있게 된다. 이 프레임워크는 브랜드 개발에서 제 기능을 수행하지 못하는 부분을 진단하고 수정할 수 있게 해주며, 충분한 가치를 창출하는 부분을 강화한다. 적응력은 브랜드와 고객과의 소통 방식에 대한 정확하고 직접적인 검증을 제공한다. 또한 성장을 위한 기반을 제공할 뿐만 아니라 이미 시작한 작업을 더욱 가치 있게 만들 수 있다.

린에 기반한 모든 노력의 목적은 당신이 창출하는 가치를 발견하는 것이다. 브랜드는 근본적으로 가치 발견의 일부다. 이미 제품 개발에 린 방법론을 적용하고 있다면, 린 브랜드 방법은 궁극적으로 만들어 내는 가치를 향상하고 극대화할 것이다.

린 브랜드 작업을 시작하기 전에 고려해야 할 두 가지 중요한 특징이 있다. 바로 가치 생태계(Value Ecosystems)와 혁신 스펙트럼이다.

가치 생태계: 모든 것은 상호 연결되어 있다

기업 내의 모든 것은 상호 연관되어 있다. 제품, 고객, 유통 경로, 사업 모델, 생산 주기 등을 고려하지 않고는 브랜드를 개발할 수 없다. 그 반대 또한 사실이다. 브랜드 개발을 고려하지 않고는 훌륭한 제품, 비즈니스 모델, 생산 사이클 등을 구축하는 사업을 계속할 수 없다.

즉, 모든 것은 상호 연결되어 있다.

어렸을 때 젠가를 가지고 놀던 것을 기억하는가? 젠가 블록 하나를 빼내는 행동이 다른 모든 블록에 영향을 미친다. 마찬가지로, 가치를 창출하는 기업 형성에는 제품, 문화, 브랜드라는 세 가지 필수적이고 상호 연관된 요소들이 함께 작동한다.

요소 하나만 제거해도 기업 전체의 힘과 가치 창출 능력은 약화된다. 즉, 기업은 제품, 문화 및 브랜드가 상호 협력 및 보완 작용을 하며 고객에게 가치를 제공하는 가치 생태계를 유지하기 어려워진다.

전체 생태계를 건강하게 유지하는 것은 어린아이 장난이 아닌 기업의 생존이 달린 아주 중요한 부분이다. 특정 요소에 너무 집중하거나 특정 요소를 너무 무시하면 건강한 가치 생태계를 유지할 수 없다.

개미 집단은 자연에서 가치 생태계의 상호 연결 관계를 보여주는 좋은 예시다. 음식을 모으는 일개미(Product)와 적과 싸우는 병정개미, 어느 개미가 더 중요할까? 언덕 위의 모든 개미가 일개미라면, 그 서식지는 얼마나 발전할까? 더 많은 알(Culture)을 돌볼 수 있는 간호사 개미가 가장 중요할까? 만약 모든 개미가 간호사 개미라면 음식과 천적으로부터의 보호 없이 얼마나 생존할 수 있을까?

알을 낳고 개미 집단(Brand)을 만들어 내는 날개 달린 여왕개미가 개미 생태계에서 가장 중요한 존재일까? 물론 집단을 만들어내는 능력은 개미들의 성공에 있어 가장 중요한 부분이다. 하지만 '사공이 많으면 배가 산으로 간다.'라는 속담과 같이, 여왕개미가 많으면 그 서식지는 온전하지 못할 것이다. 일개미나 알을 돌보는 개미, 여왕개미 중 특정 개미를 가장 중요하다고 할 수 없다. 개미 집단이 생존하고 성장하고 번창하는 능력은 세 개미 모두에게서 나온다.

자원, 능력, 그리고 관계는 서로 연결되어 조직의 가치 창출능력을 좌우한다. 제품은 기능적 가치를 창출하고 브랜딩은 감성적 가치를 만들어 낸다. 그리고 문화는 제품과 브랜드 모두에 자극을 준다. 세 요소는 근본적으로 불가분의 관계다.

따라서 기업의 사업모델은 반드시 자원, 능력, 그리고 관계의 상호연결성을 인지하고 수용해야 한다.

생태계에서 특정 요소를 축소하거나 무시하면 전체에 영향을 미친다. 기업 생태계가 발전하고 진화하기 위해서는 세 영역 모두의 성장이 필요하며, 한 영역이라도 무시한다면 전체의 균형이 깨지게 된다. 가치 있는 생태계로 나아가는 과정은 혼자 달리는 마라톤이나 이어달리기가 아니다. 포대 하나에 함께 들어가 모두 한마음으로 힘껏 뛰는 포대 뛰기 경기(Sack Race)와 같다.

앞서 개미 예시를 통해 한 가지 특정 요소에만 초점을 맞춰서는 안 된다는 것을 살펴보았다. 그럼에도 불구하고 사업 모델(또는 책, 아티클, 자신의 견해, 방법론 등)의 관점에서 제품, 문화, 브랜드 중 하나에 초점을 맞추는 경우는 각 요소가 전체에 미치는 영향을 알아보기 위해서다. 다시 말해, 기업이 성공하기 위해 고객으로부터 얻은 정보의 한쪽 면만이 아닌 세 요소 전체를 보아야 하며, 각각의 요소가 전체에 끼치는 영향을 파악해야 한다. 한 요소가 어떻게 가치를 창출해 내는지 이해하는 활동을 나무를 보는 것에 비유한다면, 다른 요소에 어떤 영향을 미쳤는지 파악하는 것은 숲을 보는 것으로 비유할 수 있다. 즉, 나무와 숲 모두를 보아야만 성공할 수 있다. 브랜드에 있어서 기업과 고객 사이의 관계가 고객에게 가져다주는 고유한 가치를 이해하기 위해 숲에서 나무를 살피는 과정 또한 필요한 부분이다.

브랜드는 사업의 존재 이유, 사업 목표의 달성에 조력자 역할을 한다. 브랜드는 전체 조직의 최종 목적이 아니기 때문에 기업과 동의어로 보아서는 안 되지만, 브랜드가 사업과 별개로 존재한다는 것을 의미하지는 않는다.

'코닥 모멘트(Kodak Moment, 역주: 코닥을 통해 사진으로 남기고 싶은, 오랫동안 간직하고 싶은 소중한 순간)'라는 유명한 문구를 만들어 낸 코닥은 '너바나(Nirvana, 열반)'라는 상표를 만들었지만 디지털 시대에 적응하지 못하고 결국 몰락했다. 팬 아메리칸 항공(Pan American Airlines)은 처음으로 제트기를 이용한 여행의 가능성을 보여주면서 '현실에서 해방시켜 주겠다'라는 상징적인 브랜드 아이덴티티가 있었다. 하지만 팬 아메리칸 항공은 서비스를 발전시키는 데 실패했고 특히 비행 노선과 서비스 축소 문제로 인해 파산에 이르게 되었다. 코닥과 팬 아메리칸 항공이 문화적인 면에서 여전히 상징적일 수 있지만, 현재까지 가치를 창출한다고 보기는 어렵다.

브랜드가 아무리 기발하고 강력해도 전체 사업의 원대한 목적과 연관되지 않고서는 장기적인 가치를 창출해낼 수 없다. 브랜드는 항상 브랜드 자체뿐만 아니라 사업 전체에 영향을 끼칠 수 있어야 한다. (고객 서비스와 유통 네트워크는 사업에 필수 요소라 볼 수 있지만, 그 자체로 사업이라고 할 수는 없다.[14]) 마찬가지로 브랜드는 사업 자체는 아니지만, 사업의 중요한 부분이라 할 수 있다.

제품도 마찬가지다. 문제를 해결하는 제품은 훌륭하지만, 감성적인 영향을 고려하지 않은 제품은 결국 선택받지 못하고 사라지게 된다. 예를 들어, 1990년대에 애플의 매킨토시 제품들은 다른 브랜드의 PC보다 더 우아하고, 안정적이며, 사용자 친화적이었지만 최종 사용자(End user)의 만족도가 구매 결정에 영향을 미치지 않았기 때문에 제품의 절대적 우월

함을 인정받지 못했다. 이 당시 IT 관리자의 주된 관심사는 조직의 생산성과 장비 비용의 상승이었지 최종 사용자의 만족도가 아니었다.

문화 또한 마찬가지다. 문화는 조직이 그 자신에게 어떻게 연결되는지에 대한 것이다. 다시 말해, 직원들이 서로 어떻게 대화하고 서로 협력하고 있는지, 그들 각자가 가치를 두는 곳은 어디인지, 그들이 일을 어떻게 완성하는지에 대한 것이다. 브랜드 관점에서 문화는 CEO에서부터 배송 트럭 운전사에 이르기까지 모든 직원이 기업과 함께 형성하는 관계에서 만들어진다.

문화는 제품과 브랜드 가치를 모두 창출하는 원동력이기 때문에 결국 고객의 가치를 창출하게 된다. 문화가 고객을 위한 가치를 창출하는 이유는 그것이 제품과 브랜드의 가치를 모두 높이기 때문이다. 문화는 생산성 향상, 직원의 행복, 경쟁자의 부러움, 또는 최고 인재 영입을 위해 존재하는 것은 아니다. 앞서 나열한 것들도 중요한 요소이지만, 결국은 궁극적인 목적인 고객을 위한 가치 제공을 측정하는 간접적 도구로서 존재한다고 볼 수 있다. 열정적인 직원은 열정적인 고객을 만들어 낼 가능성이 매우 높다. 내부적으로 형성된 문화가 뒤처져 있거나, 조직 내 내분이 많거나, 영업팀이 지향하는 가치가 서비스팀과 일치하지 않으면, 고객에게 전달되는 가치에 부정적인 영향을 미칠 것이다. 반면에, 문화가 강력하다면 고객에게 전달하는 가치도 강력해져서 제품 및 브랜드의 잠재력을 향상시킬 수 있다.

자포스(Zappos, 역주: 미국 최대의 온라인 신발 쇼핑몰)를 예로 들어 보자. 자포스는 마음에 드는 신발을 온라인상에서도 원하는 사이즈로 선택할 수 있도록 해준다. 그들의 브랜드는 수준 높은 고객서비스, 랜덤으로 제공하는 배송 업그레이드, 그리고 고객 맞춤형 관리를 통해 행복을 제공(Delivering Happiness)한다. 그들의 문화는 양쪽 모두에게 긍정적인 자극을 준다. 직원들은 자포스에서 일하는 것을 좋아한다. 직원들이 자신만의 방식으로 고객 만족을 위해 노력할 수 있고, 성과 평가보다는 '문화적 평가'를 사용하는 등 여러 이유가 있다. 제품, 브랜드, 문화 세 요소는 자포스가 고객에게 가치를 제공하는 방식으로 서로 연결되어 있다.

사실 세 가지 요소(제품, 브랜드, 문화)와 더불어 핵심적인 부분이 하나 더 존재하지만, 이에 대해서는 5장에서 자세히 논의하겠다. 그 핵심적인 요소는 《나는 왜 이 일을 하는가》의 저자 사이먼 사이넥(Simon Sinek)이 언급한 '왜(WHY)?'에 대한 것이다.[15]

당신의 사업은 왜 존재하는가? 창립멤버들이 이 사업을 위해 모인 이유는 무엇인가? 어떤 위대한 기업 또는 일도 돈을 벌겠다는 욕망만으로 시작되지는 않았다. 성공한 기업 또는 일은 세상에 획을 긋는 흔적을 남기겠다는 욕망, 필요, 열정에 근거한다.

왜 사업을 시작했는가? 이 사업은 어떤 목적 때문에 존재하는가? 직원들이 회사에서 일하는 이유는 무엇인가(문화)? 해결하고자 하는 문제는 무엇인가(제품)? 이러한 것들은 고객에게 어떤 영향을 미치게 되는가(브랜드)?

엔지니어와 제품 관리자들이 제품이 가장 중요하다고 믿고 싶어 하는 것처럼, 소위 브랜드 에이전시와 브랜드 전문가는 브랜드가 가장 중요하다고 믿고 싶어 한다. 그러나 두 관점 모두 틀렸다.

고객은 브랜드와 제품, 문화 중 어느 하나로만 기업을 경험하지 않는다. 대신 고객은 기업이 고객에게 가치를 제공하기 위해 수행하는 모든 행위의 집합체를 통해 기업의 가치를 경험한다. 모든 것은 상호 연결되어 있다.

혁신 스펙트럼: 지속적 혁신 VS. 파괴적 혁신

하버드 경영 대학원의 클레이튼 크리스텐슨(Clayton Christensen) 교수는 다양한 산업 분야의 혁신 패턴을 만들면서 지속 가능하고 파괴적인 기술에 관한 개념을 소개했다. 브랜트 쿠퍼는 《린 창업가》에서 혁신 스펙트럼(Innovation Spectrum)의 양쪽 끝을 지속적 혁신과 파괴적 혁신이라고 설명한다.

파괴적 혁신은 새로운 시장을 창출해 결국에는 기존 시장을 파괴하는 혁신을 의미한다. 파괴적 혁신을 통해 창출될 가치와 시장은 불명확하다. 파괴적인 혁신의 예로 포드의 T모델을 들 수 있다. 대량 생산된 자동차는 운송 시장에 큰 변화를 가져왔지만 자동차 시장 그 자체에는 큰 영향을 끼치지는 않았다.

반면 지속적 혁신은 새로운 시장을 창출하는 것이 아니라 기존 시장을 발전시켜 동종 영역 내 상호 경쟁을 유발해 점진적인 발전을 도모한다. 지속적 혁신을 통해 창출되는 가치는 명확하게 파악하고 측정하기 어렵지만 시장 안에서 자주 활용되고 있다. 삼성이 갤럭시 스마트폰의 배터리

지속적 혁신							파괴적 혁신

브랜드를 통한 혁신 　　　　　　　　　　　제품을 통한 혁신
문제가 명확히 이해된 상태 　　　　　문제가 명확히 이해되지 않은 상태
이미 존재하는 시장 　　　　　　　　　　　미지의 새로운 시장
차별화를 촉진하는 혁신 　　　　　　　　　　극단적인 혁신
점증적 변화 　　　　　　　　　　　　　　　급진적 변화

수명이 아이폰보다 훨씬 길다고 직접 주장하는 것이 지속적 혁신의 예다.

일반적으로, 크고 성공한 기업들은 지속적 혁신의 형태를 취한다. 이에 비해서 대학 프로그램, 연구소, 연구개발(R&D) 센터들은 파괴적 혁신의 형태를 취한다. 스타트업은 더 파괴적인 경향이 있지만 파괴적인 혁신부터 지속적인 혁신까지의 전체 혁신 스펙트럼이 모두 필요하다. 단일 제품이나 서비스의 성공만이 아니라, 기업으로서 성공하기 위해서는 지속적인 목표를 향해야 한다. 지속 가능하다는 것은 어딘가에 큰 시장이 있다는 것이다.

일반적인 경험으로 볼 때, 다음과 같은 차이점을 이해해야 한다. 지속적 혁신은 기존 시장 고객들의 요구를 경청하고, 그들조차 모르는 니즈(Needs)를 발굴하여 제품으로 만드는 데서 온다. 파괴적 혁신은 기존의 틀에서 벗어난 새로운 시장을 만든다. 이 시장은 제품과 서비스를 막 출시한 창업 초기에는 알 수 없는 시장이며, 기존의 대형 기업들에는 너무 작아 흥미롭지 않을 시장이다.

혁신 스펙트럼은 의도적인 브랜드 형성(Intentional Brand-formation)을 포함하여 모든 종류의 혁신을 위한 중요한 기반을 제공한다. 파괴적 혁신에서 지속적 혁신 쪽으로 이동함에 따라 제품과 서비스를 알리는 외부의 의도적인 브랜딩 양이 증가한다. 반면에 파괴적 혁신의 경우, 초기 브랜드 형성은 주로 제품과 서비스 자체에서 발전한다. 예를 들어 페이스북이 초기에 제대로 된 로고를 가지고 있지 않은 것, 구글과 같은 회사 이름 등의 요소들은 그들이 보여준 파괴적 혁신의 제품에 비하면 중요도가 낮다. 반면, 지속적 혁신의 경우에는 단순히 제품의 기능과 강점 향상을 넘어선 차별화를 통해 기존 시장에서 자신을 위치시킬 수 있어야 한다. 이렇게 구분해서 보면 당신이 만들어내는 가치를 고객의 눈으로 다시 돌아볼 수 있다. 진정으로 파괴적인 혁신을 추구하는 제품은 본질적으로 파괴적인 이야기를 가지고 있기 때문에 파괴적인 관계를 구축할 수 있다.

더 파괴적인 혁신의 방식을 취할수록, 기업과 고객 간의 초기 관계는 제품 생산과 서비스 형성 과정에서 얻게 되는 인사이트, 사람, 추진력 등을 통해 형성된다.

제록스(Xerox)는 최초의 종이 복사기를 만든 회사지만, 이후 소프트웨어, 문서 관리, 스캐너 및 정보 기술 외주 분야로 사업을 확장했다. 그러나 파괴적 혁신 방법을 따른 그들의 첫 번째 복사기인 제록스 914가 만들어 낸 시장은 그들과 고객 사이의 깊은 유대관계를 만들어냈다. 오늘날까지도 사람들은 복사를 요청할 때 "제록스 해줄 수 있니?"라고 말한다.

반면에, 지속적 혁신의 입장을 취할수록, 고객과의 관계는 의도적인 브랜딩을 통해 만들어지게 될 것이다. 만약 제품 자체만으로 차별화가 주기 어려운 시리얼, 안경 또는 미투(Me-too) 제품을 중심으로 사업을 한다면 제품과 직접 연관되지 않은 브랜드 형성이 브랜드 차별화 요소가 될 것이다. 지속적 혁신은 잘 확립된 산업이나 범주에 동참하는 것이다. 고객은 이미 해당 사업에 대한 관계와 기대를 형성했기 때문에, 경쟁 업체와의 차별화가 브랜드 형성의 토대가 된다. 당신의 사업 그리고 브랜드를 기꺼이 받아들이고자 하는 고객의 의지는 고객과 당신의 관계에 달려 있다.

사업 초기에는 자신이 파괴적 혁신과 지속적 혁신 중 어디에 속하는지 정확히 알기는 어렵다. 사실, 혁신 스펙트럼에서 지속적 측면과 파괴적 측면 중 어느 영역에 속하는가에 대한 생각은 그저 직감일 수 있다. 만약 경쟁업체가 보유하지 않은 부서가 있다면, 아마도 파괴적 혁신을 추구하고 있을 것이다. 만약 당신이 새로운 시장을 만들고 있다면, 아마 파괴적 혁신을 추구하고 있을 것이다. 만약 혁신이 현재 시장에 존재하는 어떤 것과도 같지 않다면, 파괴적 혁신을 선호하고 있을 것이다.

만약 제품을 유사제품(우리가 더 빠르고, 싸고, 새롭고, 좋은 고객서비스와 흥미로운 디자인을 가지고 있다고 경쟁업체와의 차별점을 강조하는 방식을 취함)으로 정의한다면 지속적 혁신을 선호할지도 모른다.

그러나 파괴와 지속 중 어떤 방식을 취하든, 얼마나 가치 생태계가 확고하든 간에, 단기적 브랜드 성공과 장기적 성공을 혼동해서는 안 된다. 단기적으로 브랜드가 살아남기 위해서는 파괴적인 혁신을 통한 제품이나 차별화된 관계가 필요하다. 새로운 분야에서나 기존 분야에서 우리는 고도로 차별화될 필요가 있다. 하지만 장기적 관점에서, 이러한 파괴적인 측면이 지속적 측면을 향해 빠르게 진행됨에 따라 제품의 차별점을 식별하는 게 더욱 어려워지고 있다. 남은 것은 결국 당신의 브랜드와 경쟁사 브랜드 간의 브랜드 차별화 지점이다.

가치 생태계와 혁신 스펙트럼, 이 두 가지 구별은 린 브랜드 작업에 접근할 때 중요한 역할을 수행한다. 이 책의 나머지 부분에서는 린 브랜드 프레임워크 내에서의 원칙과 개념, 작업에서 위 두 아이디어를 지속적으로 다룰 것이다.

자, 이제 시작할 준비가 되었는가?

4장

린 브랜드 프레임워크

린 브랜드 프레임워크

린 브랜드 프레임워크는 린 스타트업 방법론에 따라 설계되었다. 이는 린 기법을 통해 구축하고 진행하는 활동들을 최대한 활용할 수 있도록 전략적으로 최적화되었다. 린 브랜드 프레임워크는 그 자체로 브랜드 혁신 도구다. 린 스타트업과 린 브랜드는 가치 창출, 사업 모델 발굴, 뛰어나고 지속 가능한 비즈니스 개발을 위한 역동적인 플랫폼을 제공한다.

린 브랜드 프레임워크의 각 작업 단계를 통해서 브랜드는 더욱 현실화될 것이며, 기업 내부의 전반적인 잠재력 또한 향상될 것이다. 하지만 이러한 단계 사이에는 스타트업이 극복해야 하는 큰 간극(Gap)이 있다. 가치 창출을 위한 브랜드 개발에 보다 나은 방향으로 나아가기 위해서는 이러한 간극을 극복해야 한다.

간극을 좀 더 명확하게 이해하기 위해 벤(Ben)과 브룩(Brooke)이 그래픽 디자인 소프트웨어의 전환을 꿈꾸며 공동으로 창업한 가상의 스타트업인 픽셀리픽(Pixelriffic.co)을 만나보자. 그들은 사람들이 웹용 디자인이나 블로그 디자인, 프레젠테이션, 트위터 커버, 전단지, 포스터, 초대장과 같은 인쇄물을 만들 수 있는 클라우드 기반 디자인 소프트웨어를 만들었다. 이 장에서는 픽셀리픽을 따라 가상의 린 브랜드 여정을 함께하면서 프레임워크가 실제 상황에서 어떻게 적용되는지 알아보자.

간극 1: 가설의 간극

첫 번째 간극은 가설의 간극이다. 모든 기업은 한 줄의 코드나 사업계획을 쓰기에 앞서 일련의 가정들로 시작한다. 이러한 가정은 스타트업이 가설을 검증하고 이를 통해 학습할 것이라는 기본적인 믿음을 만들어낸다. 이렇게 얻은 지식은 미래 성장의 기초가 된다. 브랜드도 같은 맥락으로 작동한다. 브랜드 개발은 당신이 누구인지, 왜 당신이 중요한지, 사람들이 무엇을 갈망하고, 좋아하고, 생각하고, 믿고, 원하는지, 그리고 궁극적으로 우리 브랜드에 대해 열정적이게 될 것인지에 대한 가정에서 시작한다.

가설의 간극을 넘기 위해서는 아이디어, 추측 및 예감이 포함된 가정을 만들고 그 가정을 평가한 후 감성적 가치의 가설을 수립하여 테스트해야 한다. 피드백을 받을 수 있는 초기 고객들에게 아이디어를 테스트할 수 있게 되었을 때 그 가설의 간극을 극복했다는 것을 알게 될 것이다. 가정은 잘 형성된 아이디어에 기반해야 하며, 업계 지식, 전문성 및 직감에

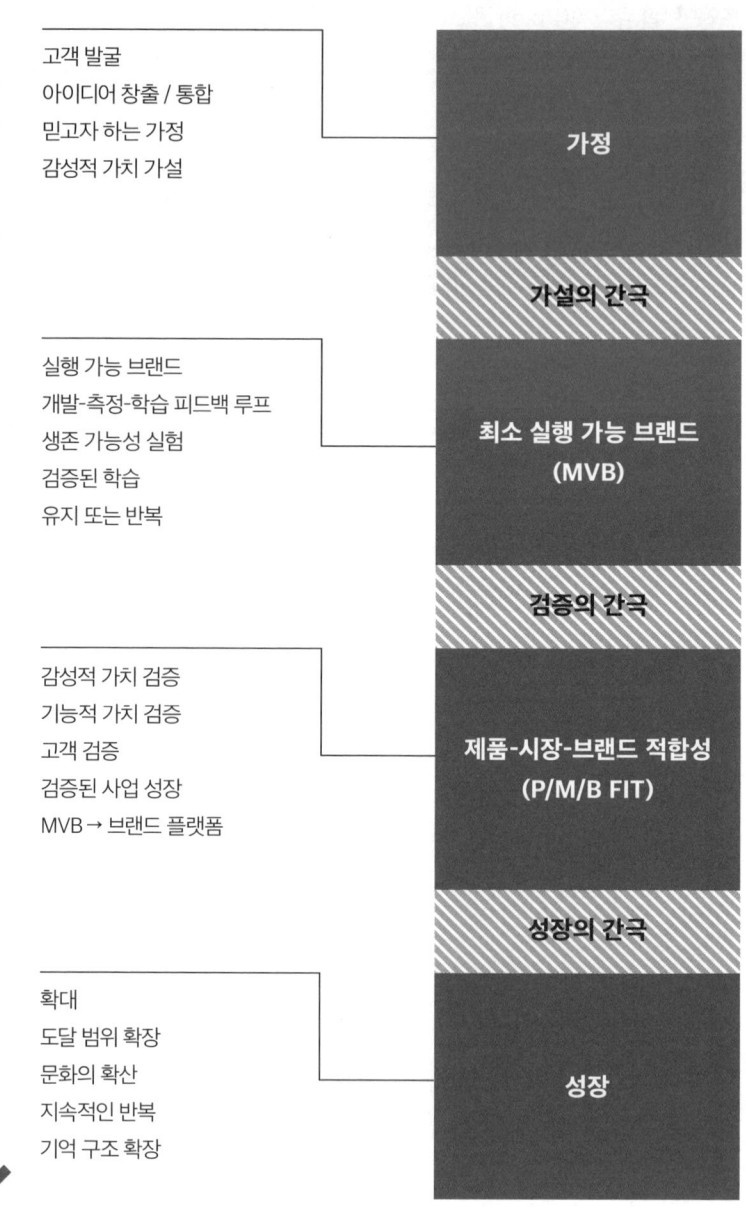

린 브랜드 프레임워크

서 개발되어야 한다. 이 가정은 아이디어 창출과 아이디어 통합의 두 부분으로 나눌 수 있다.

아이디어 창출을 위한 가정은 수많은 아이디어를 만들 때 어떤 제약도 받지 않는 접근 방식이다. 실행 가능한 장소를 제공하기 위한 가정을 위해 그들은 존재하는 기회를 개념적으로 탐구해야 한다. 아이디어를 창출하는 동안 스타트업은 초기 가정을 평가하고 구성하기 위해 디자인 씽킹, 구조화된 연습, 관찰 세션 또는 마인드 매핑과 같은 다양한 수준의 아이디어 기법을 활용할 수 있다.

아이디어 창출에 활력을 불어넣기 위해 다음과 같은 간단하고 강력한 질문을 사용할 수 있다.

1) 어떤 사업을 하고 있나? 어떤 사업을 하고 싶나?
2) 왜 중요하다고 생각하나? 왜 사람들이 관심을 가질 것이라고 생각하나?
3) 당신의 이야기에 대해 누가 가장 열광적일 것이라고 생각하나?

가능한 한 많은 아이디어를 만들어 냈다면 아이디어 통합 단계로 넘어가면 된다. 아이디어 통합이란 일련의 가정을 형성하기 위해 아이디어들을 서로 비교하는 것이다. 어떤 것이 가장 중요한지 아닌지 결정하려면 아이디어들을 비교하고 대조해야 한다. 스타트업은 의미 있는 가정을 만들어내기 위해서 아이디어를 자세히 검토한 후 테스트할 가정을 결정해야 한다. 가장 중요한 가정부터 먼저 테스트하는 것이 이상적이다. 가장 중요한 가정은 가장 잘 알려지지 않은 가정(예를 들어, 시장 내 유사 제품이나 서비스가 없는 경우)이며, 그 가정이 틀렸다면 아이디어를 추가로 검증할 필요는 없다. 《린 스타트업》 저자인 에릭 리스는 이러한 가정을 당신이 믿고자 하는 가정(Leap of faith assumptions)이라고 말한다.

모든 스타트업이 가정을 수립할 때 반드시 고려해야 할 두 가지 가설이 있다. 가치 가설(Value hypothesis)과 성장 가설(Growth hypothesis)이다. 리스는 "이 두 개의 가설이 스타트업의 성장을 좌우하는 중요한 변수가 될 것이다. 스타트업은 이를 각각 반복하며 엔진이 돌아가고 있는지 확인하며 속도를 올린다. 한번 돌기 시작하면, 프로세스는 반복되고, 기어는 더 높이 올라간다."고 이야기한다.

감성적 가치 가설

린 브랜드를 형성하기 위해서, 가치 가설은 당신이 만들어 낼 감성적 가치에 대해 당신이 믿고자 하는 가정을 포함하는 데까지 확장되어야 한다. 이러한 가정은 탐구하고 배워야 하는 감성적 가치 가설의 전제를 형성한다.

8장에서 감성적 가치와 기능적 가치의 차이에 대해 좀 더 광범위하게 이야기하겠지만, 현재 상황에서 그것들이 가설에 미치는 영향을 이해해야 한다. 기능적 가치 가설은 고객의 문제를 해결하는 부분에서 창출되는 가치를 의미한다. 감성적 가치 가설은 고객이 당신과의 관계에서 창출되는 가치, 예를 들어 고객이 자신의 열망에 도달하도록 돕는 것, 고객이 당신에게 열정을 갖게 하는 것, 문제 해결이 고객의 삶에 미치는 영향 등을 의미한다.

[기능적 가치 가설] + [감성적 가치 가설] = [실제 가치 가설]

이들을 서로 독립적으로 처리하거나 하나로 통합하는 선택을 할 수 있다. 당신이 만들고자 하는 것과 끌어들이고자 하는 고객이 결국 가치 가설을 다루는 방법을 결정할 것이다. 이러한 결정 대부분은 혁신 스펙트럼의 어디에 있는지에 따라 달라진다. 명심해야 할 것은 만약 지속적 혁신을 추구한다면 브랜딩 노력은 시장에서의 차별화에 초점을 맞추어야 한다. 반면, 파괴적 혁신을 지향한다면 제품의 특성을 따라가야 한다.

예를 들어 지속적 혁신을 통해 물리적 제품을 제공할 때에는, 이를 하나로 통합하는 것이 가장 적절하다. 지속적 혁신 관점에서 물리적 제품은 알려진 시장에서 제품을 사용하는 고객에게 직접 소구한다. 포장, 진열, 물리적 외관과 느낌, 그리고 제품 색상은 모두 제품 경험과 브랜드 경험의 일부다. 스타트업은 제품들을 서로 독립적인 가치 가설들로 테스트하도록 노력해야 한다.

반면, 제품이 완전히 디지털 기반이고 파괴적 혁신을 지향하는 경우, 기능적 가치 가설과는 별개로 감성적 가치 가설을 테스트하는 것이 더 이치에 맞을 수 있다. 두 가지 요소 사이에 중복되는 부분이 존재하지만, 제품의 기능성과 브랜딩 요소는 정확성을 유지하고 개선할 방법을 학습하기 위해 독립적으로 측정할 필요가 있다.

테스트를 어떤 방식으로 하든, 스타트업은 높은 기준으로 측정해야 한다. 즉, 그들의 제품과 브랜드를 통해 지속 가능한 사업이 만들어질 수 있다는 검증된 증거를 확보해야 한다. 이 기준에 대한 평가는 빠르게 명확하고 확실한 가설을 미리 세웠을 경우에만 가능하다. 이와 같은 첫 번째 시도가 없다면, 제품 및 브랜드 개발 결정은 훨씬 어렵고 시간이 오래 걸리며, 정확성도 떨어질 것이다.

가장 좋은 방법은 가설을 실제로 기록해서 개발 라인에서 가설을 참조해 반복할 수 있도록 하는 것이다. 다음과 같은 구조를 사용할 수 있다.

우리는 [이러한 사람들]이 [이 이유] 때문에
[우리에게 관심을 가질 것 / 열광적일 것]이라고 믿는다.

픽셀리픽에서 벤과 브룩은 디자인 씽킹 기술을 사용하여 많은 아이디어를 만들었다. 그들의 초기 아이디어는 오늘날 디자인이 어떻게 중요해지고 있는지에 대한 논의로부터 시작되었다. 모든 사람들은 블로그, 포스터, 웹사이트의 디자인이 전문적으로 보이기 원한다. 하지만 대부분은 디자이너가 사용하는 비싸고 복잡한 소프트웨어를 사용할 기술이나 돈이 없다. 이는 모두 훌륭한 기능적 가치 가정이다. 만약 전문적으로 보이는 디자인을 만들 수 있는 더 쉽고 저렴한 방법을 개발할 수 있다면 제품은 고객이 원하는 기능적 필요를 충족시킨다. 그러나 이는 감성적 가치 가정이 아니다. 왜 사람들이 픽셀리픽에 애정을 갖게 되는지를 이해하기 위해 벤과 브룩은 더 깊게 파고들어야 한다.

일반인들이 더 쉽고 저렴하게 디자인을 할 수 있다는 점에서 감성적 혜택은 무엇인가? 그 누구도 할 수 없는 픽셀리픽만이 고객들에게 제공하는 가치는 무엇인가? 사람들이 그들의 서비스에 대해 알게 될 때 어느 지점에서 가장 만족할 것인가? 그들은 이러한 유형의 질문에 대한 아이디어를 하나의 핵심적인 가정으로 요약했다. 즉, 모든 디자인을 간단하고, 접근이 쉽고, 합리적인 가격으로 만들기 위한 그들의 노력은 모든 아이디어가 아름답게 표현될 수 있고 사람들이 각자의 예술성과 더 밀접하게 연결될 수 있는 세상을 의미한다는 것이다. 만약 이러한 가정이 고객들과 연결되지 않는다면 개발을 지속할 필요가 없다.

그들의 가설은 다음과 같은 결과로 나타난다.

**우리는 훌륭한 디자인을 가치 있게 여기는 사람들이
픽셀리픽을 좋아할 것이라고 생각한다. 왜냐하면 디자인을 쉽고 편리하게
만드는 것은 고객이 자신의 예술성을 반영하여 아이디어를
아름다운 디자인으로 바꿀 수 있는 능력을 주기 때문이다.**

이 가설은 픽셀리픽의 기능적 가치를 넘어설 뿐만 아니라, 픽셀리픽을 특별하게 만드는 핵심이다. 그들은 사람들이 디자인을 통해 자신의 예술적인 열망을 현실화하는 데 도움을 줄 수 있다. 만약 이 시점에서 사람들이 픽셀리픽과 연결된다면 그들은 핵심 고객과 끈끈한 관계를 구축하는 좋은 기회를 얻게 된 것이다. 그렇지 않다면, 그들은 다음 가설을 만들어 내기 위해 원점으로 돌아가야 한다.

가정은 탐구와 실험을 위한 발판이다. 가정은 시장에서 테스트하기 위한 출발점이다. 시장에서 실제로 제공하게 될 가치를 테스트하려면 최상의 가치 가설을 개발해야 한다. 가설의 퀄리티가 테스트에서 얻을 수 있는 잠재적인 학습의 정도를 결정할 것이다.

간극 2: 검증의 간극

다음 간극은 검증의 간극이다. 가치 발견 과정에서의 낭비를 최소화하려면 스타트업은 단순한 가정에 근거하여 브랜드의 최종 버전을 만들려는 유혹을 피해야 한다. 대신, 무엇이 효과가 있고 효과가 없는지를 발견하기 위해 감성적 가치 가설에서 학습과 검증 단계로 움직여야 한다. 검증의 간극을 극복하려면 검증된 학습을 통해 만들어진 전략적인 브랜드 개발 노력의 가치를 경험적으로 입증해야 한다. 그러기 위해서도 반드시 실험이 필요하다.

린 브랜드 프레임워크에서는 최소 실행 가능 브랜드(MVB)를 반복적으로 테스트하는 개발-측정-학습 피드백 루프를 통해 실험이 진행된다. MVB 속 요소가 작동하는 경우 해당 요소를 유지하고 규모에 맞게 준비한다. 실패하면 실험을 반복한다. 검증 간극의 극복 여부는 비즈니스 성장과 열광적인 고객 그룹의 형성으로 나타난다. MVB는 검증의 간극을 극복하는 수단이며, 제품-시장-브랜드 적합성을 찾을 때까지 작동하는 것은 쌓아가고 작동하지 않는 것은 반복해서 테스트한다.

최소 실행 가능 브랜드

최소 실행 가능 브랜드(MVB)는 브랜드를 가장 중요한 요소(스토리, 상징요소, 연결고리)로 구분하는 것으로 브랜드 개발의 출발점을 제시한다. 스토리를 전달하고, 첫 번째 상징요소를 만들고, 어떻게 고객과 연결고리를 만드는지를 배움으로써 브랜딩의 첫 단추를 끼운다. 시간이 지나면서 다른 요소의 중요성이 커질 수 있지만 초기 단계에서는 이 세 가지 요소가 고객들에게 정말 중요하다.

첫 번째 MVB 개발을 시작할 때는, 각 구성 요소가 전체적인 관계의 발전을 위한 것임을 명심해야 한다. 완성을 위한 체크 박스가 아니라, 구성을 새롭게 시작하기 위한 착수점이다. (그 목적을 달성하기 위해서, 우리는 최소 실행 가능 브랜드 캔버스(Minimum Viable Brand Canvas)라고 불리는 MVB 작업을 돕는 도구를 고안했다. 12장에서 캔버스 사용 방법에 대해 자세히 설명하겠다.) MVB의 독특한 점은 최소한의 노력과 최소한의 개발시간으로 개발-측정-학습 루프를 완전히 진행하는 데 필요한 필수 요소에 브랜드 개발 과정을 집중시킨다는 것이다. MVB는 민첩(Agile)해야 하지만 테스트를 성공적으로 시작하려면 최대한 빨리 개발-측정-학습 루프 전체를 통과하기 위해 각 구성 요소의 최소한 실행 가능한 방법을 모두 찾아야 한다.

지나치게 일찍 과도하게 투자하지 마라. 과도한 투자는 무엇이 어떤 영향을 미치는지 이해하지 못한 채 낭비로 이어질 위험이 있다. 마찬가지로 MVB 개발에 너무 적게 투자하지 마라. 과소하게 투자한다면 검증된 학습에 적합한 수준의 데이터를 얻지 못할 수도 있다. 모든 스타트업은 그들이 무엇을 만들고, 누구를 위해 만들고, 어디에서 테스트할 것인가의 맥락에서 이 둘 사이의 균형을 찾아야 한다.

스토리

스토리는 고객과의 관계를 맺기 위한 발판이다. 사람들은 스토리를 듣고 스토리의 일부가 되고, 깊은 감성적인 관계를 갖고, 스토리를 마치 그들 자신의 것처럼 공유하기를 원한다. 이러한 스토리를 통해 창업가로서 당신이 누구인지, 스타트업으로서 어떤 회사인지, 그게 왜 중요한지, 그리고 어떤 가업을 만들고 싶은지에 대해 말할 기회를 얻는다. 당신의 스토리를 상세하게 알고, 당신 자신을 믿고, 고객을 만들기 위해서 간결하고 설득력 있게 소통할 수 있어야 한다. 5장에서는 스토리의 힘을 탐구하고

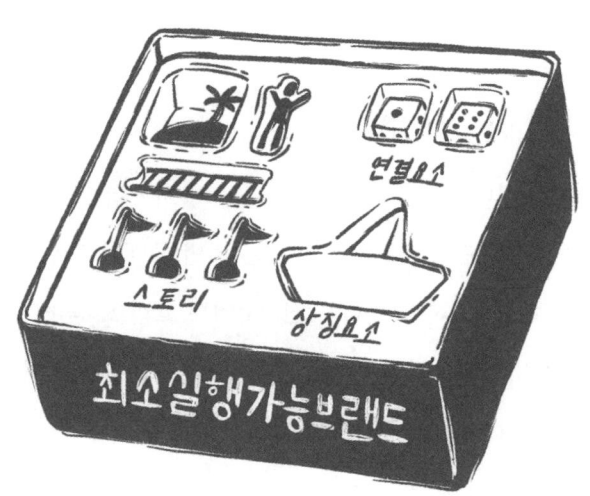

어떻게 진정성 있는 스토리를 형성하는지에 관해 이야기할 것이다.

상징요소

상징요소(Artifact)는 스토리를 표현한다. 리프트(Lyft)의 자동차 앞부분에 있는 분홍색 콧수염이든, 맥도날드(McDonald's)의 건물 밖 황금색 아치이든, 스토리를 투영하고 기억에 남을 만한 방식으로 사람들을 끌어들이는 상징요소를 찾는 것이 목표다. 상징요소는 단순 경험이나 이벤트같이 일시적인 것일 수도, 구글 캠퍼스(역주: 창업가가 회사 운영에 필요한 다양한 지원을 받으며 배우고 교류할 수 있도록 구글이 만든 물리적인 공간) 또는 팔에 새긴 스타트업의 모토에 관한 문신처럼 영구적인 것일 수도 있다. 상징요소는 고객과의 관계를 반영하고 스토리를 종합적으로 투영하며 고객을 위한 강한 기억 구조를 구축한다. 6장에서는 참여와 상호 작용을 유발하는 상징물을 개발하는 방법에 대해 자세히 살펴보겠다.

연결고리

연결고리(Invitation)는 사람들에게 공유된 가치를 향한 여정에 함께하자고 요청하는 메커니즘이다. 연결고리는 단순한 마케팅 메시지, 그 이상이다. 다른 누군가를 동참하도록 연결 짓는 방법의 맥락, 미디어, 콘텐츠 및 구조 모든 것이 중요하다. 올바른 연결고리는 고객으로부터 만족과 열정을 얻는가, 얻지 못하는가의 차이점일 수 있다. 7장에서는 매력적인 연결고리를 만드는 방법과 관계가 성장하는 전반에 걸친 연결고리의 발전 방법에 대해 알아보자.

영향력 측정

단순하긴 하지만 MVB를 만들기 위해서는 추가 작업이 필요하며 그 영향을 측정할 수 있어야만 한다. 디자인, 외관 및 느낌 또는 주관적인 판단에 따른 팀 내부 선호도에만 기반해 평가한 수준의 MVB를 만드는 것은 부족하다. 잠재 고객의 반응을 측정하기 위해 고객이 MVB를 경험할 필요가 있다. 테스트를 수행하려면 건물 밖으로 나가야 하며 실제 환경에서 가정을 검증해야 한다. 이는 가정과 현실 사이의 간극을 좁혀준다.

마케팅 대행사, 경영진 또는 팀원의 주관적인 의견만을 바탕으로 한 브랜드 개발 작업은 충분하지 않다. 스타트업과 사람들이 형성하는 관계는 최소한 그들이 경험하게 될 현실에 근접해야 한다. 그렇지 않으면 얼리어답터 및 고객과의 관계가 틀어져 성장에 악영향을 끼친다. 고객과의 관계를 검증하기 위해 연속적인 MVB를 사용하는 것이 브랜드 개발에 중요하다.

검증의 간극을 극복하기 위해서는 실험을 통해 학습해야 한다. 처음부터 수백, 수천 명의 고객이나 통계적 결과에 대해 걱정할 필요가 없다. 먼저 핵심이고 열정적인 고객들과 만드는 관계를 확인해야 한다. 브랜드를 위해 선택하는 모든 활동은 많이, 빠르게 학습하는 데 초점을 맞추어야 한다. 대량의 '시장 조사'로 시작해서 탄탄한 결과물을 만들고, 광범위한 브랜드 전략을 결합해서 대중에게 어필하려는 전통적인 브랜딩 방식과는 달리 린 브랜드의 계획은 역순으로 진행된다.

1) 무엇을 학습해야 하는가?
2) 검증된 학습 결과를 얻고 있는지를 어떻게 측정할 것인가?

3) 실험을 실행하고 측정하려면 무엇이 필요한가?

최소 실행 가능 브랜드를 실험 수단으로 사용하라. 되돌아보면, 첫 번째 MVB에 훨씬 당황하게 될 것이다. 세부 사항에 집착하지 마라. 완성되고, 깔끔하고, 잘 다듬어진 브랜딩 노력이 중요한 시점은 아니다. 다듬는 것보다 고객들로 하여금 당신이 그들을 이해하고 있고, 그들과의 관계에 관심이 있다는 것을 믿도록 하는 데 초점을 맞춰야 한다.

MVB를 통해 확보하고 싶은 고객과의 관계를 시작하고 고객들에게 최초의 상호 작용 기회를 제공할 것이다. 실험을 통해 MVB는 궁극적으로 브랜드의 전략적 토대가 될 것이다.

픽셀리픽의 공동 창립자들로 다시 돌아가 보자. 벤과 브룩은 가치 가설을 바탕으로(5, 6, 7장 참고) 첫 번째 MVB를 개발했다. 그들 스토리는 고객이 자신의 예술적인 성향과 연결하는 것이 가치 있다는 디자이너로서의 공통된 믿음에서 시작된다. 그들은 단순하고 쉽게 접근할 수 있는 방식으로 아이디어를 아름다운 디자인으로 바꿀 수 있게 해서 고객이 열망을 성취할 수 있게 도왔다. 그들은 훌륭한 디자인은 복잡하거나 비쌀 필요가 없다고 믿는 사람들을 위해 사업하고 있다는 것을 알게 되었다.

그들은 실험할 첫 번째 상징요소를 선택했다. 그들이 선택한 컬러, 타이포그래피, 형태로 자신들의 스토리를 전달하는 간단한 랜딩 페이지다.

그들은 사람들을 동참시키기 위해 '픽셀리픽 매니페스토(Manifesto)' (픽셀리픽을 활용해 "나, _____ 는 디자인을 통해 내 아이디어를 구현할 것이다. 디자인을 통해 아이디어를 실현할 것이다. 나의 본능을 믿고, 호기심을 따르며, 디자인이 나의 스토리를 말하게 할 것이다."라고 디자인된 포스터)'를 다운로드하라는 요청을 포함한 연결고리를 반영했다. 사실, 그들의 첫 번째 실험은 얼마나 많은 사람이 포스터를 내려받고, 인쇄하고, 그들의 이름을 적고, 페이스북에 공유하기 위해 사진을 찍는지를 추적하기 위한 것이다.

벤과 브룩은 MVB를 간단하고 재빠른 방식으로 통합하여 고객들을 테스트할 수 있도록 했다. 그리고 첫 실험을 시작했다.

개발-측정-학습 피드백 루프

스타트업 실험의 핵심에는 린 스타트업의 개발-측정-학습 피드백 루프가 있다. 비록 피드백 루프는 초기에 제품 혁신을 위한 도구로 도입되었지만, 브랜드 혁신을 위한 놀라운 방법이기도 하다. 개발-측정-학습 루프에서 핵심은 기업이 학습된 지식을 바탕으로 의사결정, 행동 및 책임 여부를 판단하는 근거를 찾기 위해 시장을 통해 배울 수 있는 검증된 학습 방법을 생성하는 것이다.

고객이 MVB와 상호 작용함으로써 정성적 피드백(예: 연결된 지점과 연결되지 않는 지점)과 정량적 피드백(예: 참여한 사람 수 또는 콘텐츠 공유 인원)을 모두 생성한다. 두 가지 모두 브랜드 개발 전반의 인사이트를 발견하는 데 중요하다. 도움이 되는 피드백을 위해서는 이미 수립된 관계에 있거나 새로운 관계를 구축해 나가고 있더라도 먼저 기업을 학습 조직으로 생각해야 한다. 즉, 팀의 주된 기능은 브랜드 요소의 완성된 버전을 개발하는 것보다 고객과의 상호 작용을 통한 학습에 있다.

    루프의 구조는 간단하다. 첫 번째 작업은 테스트할 MVB를 사용하여 가능한 한 빨리 구축 단계로 들어가는 것이다. 두 번째 작업은 실행 가능성 실험과 노력을 측정하여 MVB가 만들어 낸 관계의 정도를 측정하는 것이다. 루프의 마지막 작업은 생성된 데이터를 통해 학습하고, 효과가 있는 브랜드 요소를 활용해 감성적 가설을 검증하거나 무효화하는 작업을 반복하는 것이다.

    MVB에 대한 모든 반복은 새로운 고객에게 피드백을 받을 필요가 있다. 연속적인 개발-측정-학습 루프를 통해 MVB를 실험할 때, 특정 시장에서 만들어낼 가치를 발견하는 실험에서 얻어진 학습 결과를 기반으로 해야 한다.

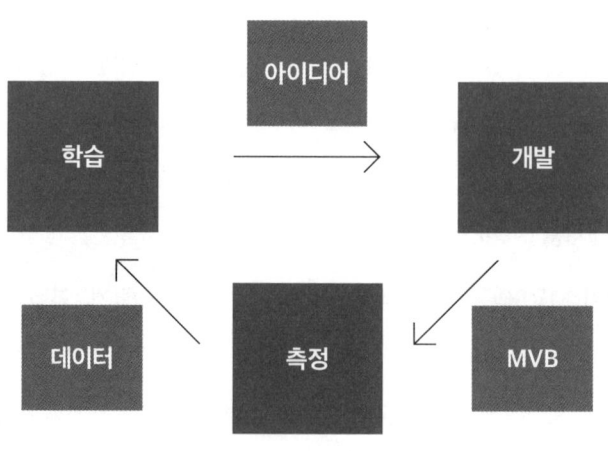

개발-측정-학습 피드백 루프

잘못된 것을 만들면 브랜드의 상징요소를 최적화해도 의미 있는 결과로 연결되지 않으며 채널이나 메시지를 최적화해도 마찬가지다. 대신 지금 만들어가고 있는 고객과의 관계를 검증할 수 있다면 이러한 최적화는 의미 있는 성장과 연결될 것이다.

8장과 9장에서는 개발-측정-학습 피드백 루프 내에서 측정하는 방법을 이해하기 위해 감성적 가치 지표의 상호 작용, 공감 및 참여에 대해 살펴볼 것이다. 개발-측정-학습 피드백 루프는 학습을 생성하고 고객과의 제품-시장-브랜드 적합성을 발견하는 과정을 쉽게 하도록 설계되었다.

제품-시장-브랜드 적합성

제품-시장 적합성이란 시장 내에서 해당 시장이 요구하는 기능적 가치를 충족시키는 제품을 갖춘 것을 의미한다. 그러나 단순히 시장의 요구를 충족시키는 것만으로는 충분하지 않다. 지속 가능한 사업을 구축하기 위해서는, 스타트업은 브랜딩이 감성적 가치를 창출하는 적합성을 찾아야 한다. 이를 우리는 제품-시장-브랜드 적합성(PMBF)이라고 한다. 린 브랜드 프레임워크에서는 사람들과 형성하는 관계를 통해 생성하는 감성적 가치를 포함하도록 제품-시장 적합성에 대한 사고를 확장해야 한다.

시장과 제품, 시장과 브랜드 모두의 적합성을 찾는 것은 스타트업 성장에 필수적이다. 그 중심에서 제품-시장-브랜드 적합성은 당신이 누구인지, 제품이 어떠한 문제를 해결하려는 니즈를 다루려고 약속하는지, 그리고 고객이 당신과 감성적으로 어떻게 관계 맺는지의 합을 찾는 것이다.

이상적으로, 제품-시장-브랜드 적합성을 찾는 것은 서로 연결되거나 교차되는 지점에서 검증될 수 있는 통일된 노력이 필요할 것이다. 하지만 모든 경우에 그런 것은 아니다. 제품은 단기적 가치지만 브랜드는 장기적 가치다. 명확하게 브랜드를 정의하고 브랜드가 전체적인 가치 창출과 어떻게 관련되어 있는지를 알면 스타트업의 성장 속도를 높일 수 있다.

통합된 사고방식으로 운영을 지속하는 것이 중요하다. 브랜드를 제품으로부터 혹은 제품을 브랜드로부터 분리하려는 유혹에 굴복하지 마라. 대신 이들을 더 가깝게 유지할수록 동기화되는 양이 많아지고 더욱 큰 가치를 만들 것이다. 다시 말해 서로 멀리 떨어져 있을수록 동기화되는 양이 줄어들고 더 적은 가치를 만들어낼 것이다. 가장 좋은 전략은 성장에 앞서 제품, 시장, 브랜드 간의 동기화를 찾는 것이다.

픽셀리픽의 첫 번째 실험을 기억하는가? 벤과 브룩은 그 실험으로부터 많은 것을 배웠다. 그들은 매일 활동하는 블로거들이 벤과 브룩의 스토리에 잘 연결되었고, 픽셀리픽이 제공한 합리적 비용으로 빠르고 멋지게 디자인하는 능력을 사랑한다는 것을 확인했다. 놀랍게도, 전문 디자이너들은 그들에게 관심 없는 것처럼 보였는데 이것은 그들이 어도비(Adobe), 애플(Apple), 마이크로소프트(Microsoft)와 같은 업체와의 경쟁에 시간을 낭비할 필요가 없다는 의미에서 귀중한 발견이었다. 제품-시장-브랜드 적합성을 찾는 과정에서의 첫 발견을 이뤄냈다.

우리는 11장에서 PMBF에 대해 좀 더 광범위하게 다루겠지만, 제품-시장-브랜드 적합성은 실질적이고 측정 가능한 성장을 위한 비즈니스 개

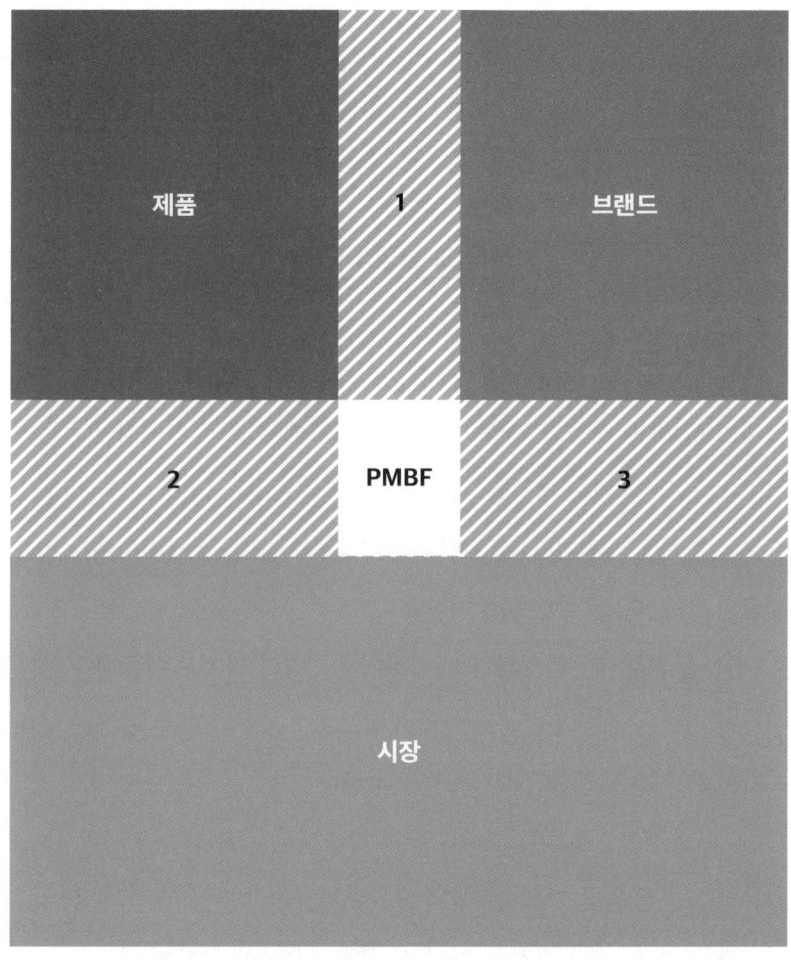

제품-시장-브랜드 적합성 (PRODUCT-MARKET-BRAND FIT)

1. **제품-브랜드 적합성** : 당신이 이 제품을 만드는 데 적합한 사람이다.
2. **제품-시장 적합성** : 당신의 제품이 시장이 요구하는 기능적 가치를 충족한다.
3. **브랜드-시장 적합성** : 감성적 가치를 제공할 수 있는 열정을 불러일으키는 고객 관계를 가지고 강력한 시장안에 속해 있다.
가운데 - PMBF(제품-시장-브랜드 적합성) : 제품의 특정 시장에서의 적합성뿐 아니라 브랜드의 해당 시장 적합성을 알 수 있다.

발의 기준점이 된다. 제품-시장-브랜드 적합성을 찾는 것은 항상 기업 핵심 지표의 긍정적 개선으로 입증되며, 성장 단계의 시작을 의미한다.

간극 3: 성장의 간극

마지막 간극은 성장의 간극이다. 린 브랜드 프레임워크에서 이 작업 단계는 MVB를 사용한 개발-측정-학습 피드백 루프의 연속적인 실험에서 제법 규모가 있는 검증된 브랜드 플랫폼(Validated Brand Platform)으로 변화하는 과정이다. 린 브랜드에서 브랜드 플랫폼은 MVB에서 얻은 검증된 학습 자료로부터 만들어진다.

변화를 위해서는 감성적 가치 가설에서 성장의 가설로 이동해야 한다. 성장의 가설은 현재의 가치에 반하지 않으면서 고객과 깊은 관계를 증대시키는 외부 수요 창출법을 테스트해야 한다.

스토리, 상징요소, 연결고리를 통해 창출하는 가치를 알게 되면 이 요소들은 고객을 늘리고, 역량을 키우고, 문화를 넓히면서 기초를 형성한다.

우리는 10장에서 성장의 가설과 브랜드 성장의 형성에 대해 자세히 다룰 것이다. 성장은 새로운 고객을 끌어들이고, 참여시키고, 관계를 맺기 위해 실행하는 전략적인 브랜드 노력에서 비롯된다.

픽셀리픽은 그들의 MVP와 MVB 두 가지 모두에 대한 지속적인 실험, 학습, 반복을 통해 성장을 이뤄 처음으로 직원 10명을 고용하고 더 큰 건물로 이사했다. 제품과 브랜드를 통한 실험에서의 발견이 측정 가능한 긍

정적인 성장으로 이어졌다. 기업의 긍정적인 성장은 시간이 지남에 따라 첫 열광적인 고객 그룹인 음식 블로거들을 통해 제품-시장-브랜드 적합성을 찾았다는 것을 보여주었다.

　린 브랜드 작업을 통해 고객들을 위해 어떤 가치를 창출했는지 알게 되었고, 음식 블로그 커뮤니티에서의 지속적이고 열광적인 반응으로 나타났다. 그들은 브랜드 플랫폼을 성공적으로 구축했다. 이제 어떻게 성장할 것인가를 알아내기 시작해야 한다. 수제 맥주 산업이나 레딧 크라우드(Reddit crowd)처럼 새로운 시장으로 진출할까? 프리미엄(Premium)과 프리미엄(Freemium, 역주: 기본적인 기능은 무료로 제공하고 고급 기능은 돈을 받고 판매하는 가격 전략) 사용자를 만들기 위해 사업 모델을 바꿀까? 어떻게 성장해야 할까? 이러한 질문들은 벤과 브룩이 성장 가설로 넘어갈 준비가 되어 있다는 것을 알려 준다.

비록 초기의 성공을 거뒀지만 큰 꿈을 이루기 위한 길은 여전히 진화하고 있다. 처음부터 마음속에 그려왔던 사업을 구축하려면 팀을 키우고, 도달 범위를 넓히며, 그리고 문화를 확장하는 법을 배워야 한다.

프레임워크 VS. 프로세스

깊이 들어가기 전에 '프레임워크'가 무엇을 의미하는지 명확히 파악해 보자. 프레임워크는 다른 작업 방식이나 아이디어 및 도구를 위한 공간을 제공하는 느슨하고 유연한 구조를 의미한다. 린 브랜드 프레임워크는 브랜드 개발을 지원하거나 안내하기 위한 것으로, 사업이 확장과 성장함에 따라서 브랜드 역시 확장하고 성장한다.

프로세스와 달리, 개발 과정에서는 수정하지 못하거나 중단할 수 없는 것은 없다. 모든 것은 시장에서 확인되기 전까지 가설일 뿐이다.

이는 브랜드 형성의 모든 활동이 가설 중심적이라는 말이다. 브랜드 혁신에 관해서는 프레임워크 내에서 일하는 것이 선형 프로세스(Linear process)보다 훨씬 더 설득력 있다. 만약 현재 수행하는 작업이 효과가 없다면 당신 스스로 결승선을 넘었다고 자신 있게 말할 수 없기 때문이다.

프레임워크를 그 안에서 놀기 위한 샌드박스(Sand box, 역주: 제한된 범위 안에서는 유저의 마음대로 무엇이든 할 수 있는 시스템)라고 생각할 수 있다. 이는 변화하는 환경, 새로운 발견 및 혁신적인 인사이트에 적응할 수 있을 만큼 유연하게 대처하면서 무엇을 찾고 어디에 집중해야 하는

지를 보여준다. 브랜드 개발 전반에 걸친 연구, 가설 및 실험은 샌드박스에서 진행되어 무엇을 측정하고 어떤 유형으로 검증할지 결정한다.

이 과정은 균일하고 객관적이며 예측 가능한 결과를 생산하는 데 탁월하다는 것을 기억하자. 린 브랜드 프레임워크에서 유연성과 민첩성, 검증된 학습은 매우 중요하다. 사실 이는 프레임워크의 기본 원칙이다. 반복이나 성장주기가 있을 때마다 쓸데없이 시간을 낭비할 필요가 없다.

단기적으로 린 브랜드 프레임워크는 바로 시작할 방법을 알려준다. 실제로 린 브랜드 프레임워크는 브랜드 형성의 토대를 만드는 반면, 프레임워크의 구성요소는 반복을 위한 기초를 형성한다. 린 브랜드 프레임워크는 고객과 관련되어 있기 때문에 브랜드의 가치-창출의 개발 작업에 완전히 집중할 수 있도록 하며, 미션과 비전, 브랜드 약속, 컬러 시스템 등과 같이 가치가 크지 않은 작업은 제외한다.

장기적으로 프레임워크는 결과물의 지속성(Durability)을 보장한다. 이는 효과적인 브랜드 유지에 필요한 정보를 식별하게 해주며, 요구 사항 변화와 비즈니스 성장에 따라 반복하고 성장하는 방법에 대한 인사이트를 제공한다.

직접적인 가치를 창출하지 못하거나 전략적으로 고객과의 관계를 구축하지 못하는 모든 것이 낭비다. 목표는 가치의 발견, 창조, 전달에서 낭비를 없애는 것이다.

이 책의 나머지 부분에서는 린 브랜드 프레임워크에 대해 깊이 있게 살펴보겠다.

2부: '개발' 편에서 MVB의 다양한 요소(스토리, 상징요소 및 연결고리)로 가치를 창출하는 방법을 제시한다.

3부: '측정' 편에서는 가치 흐름의 발견, 관계 측정 지표 설정을 포함한 감성적 가치를 상세히 다룰 것이며, 당신이 실행해야 할 브랜드 중심의 실험을 위한 아이디어를 제공할 것이다.

4부: '지속적 반복' 편에서 성장에 관해 이야기한다. 기업 내 존재하는 브랜드에 린 브랜드 원칙을 적용하는 방법과 린 브랜드 스택을 브랜드 개발의 구체적인 도구와 함께 보여줄 것이다.

당신이 구상하고 있는 사업을 성공적으로 수행하기 위해 노력하거나 기존 브랜드를 번창시키기 위해 적합한 잠재고객과 알맞은 관계를 찾아 기꺼이 실험하고 실패할 준비가 되어 있어야 한다. 그러면 적합한 고객과 올바른 관계를 찾아 실험하고 실패해야 한다.

기본을 다졌으니, 이제 더욱 파고들어 보자.

2부 : 개발 - MVB
BUILD: MINIMUM VIABLE BRAND

5장　스토리
6장　상징요소
7장　연결고리

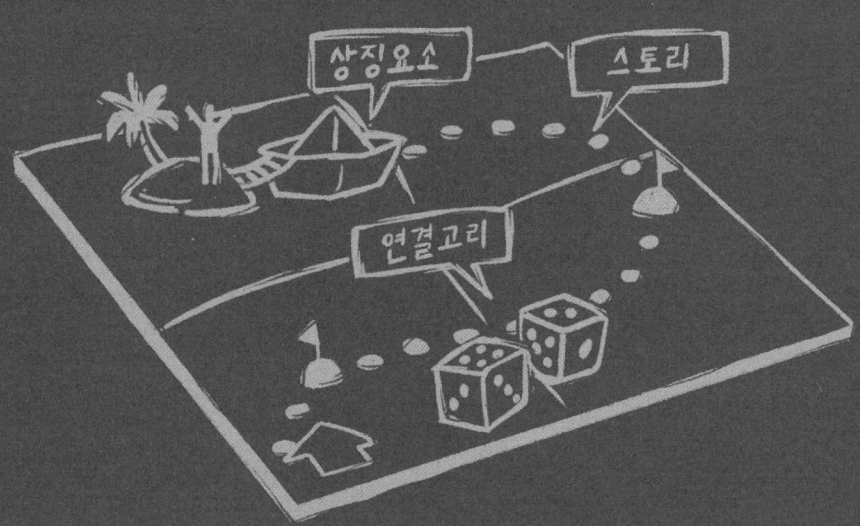

5장

스토리

4대 샌드위치 백작, 존 몬태규

　영국 귀족이자 정치가인 존 몬태규(John Montagu)는 카드 게임을 즐겨 했다. 그는 게임을 시작하면 테이블을 떠날 줄 몰랐다. 1762년 11월 어느 늦은 밤, 백작은 한참 동안 마라톤 포커 게임에 빠져 있었다. 식사 때문에 게임을 멈추고 싶지는 않았던 그는, 하인에게 고기 한 조각과 토스트 두 조각을 가져다 달라고 했는데 카드를 손에서 놓지 않으려고 두 장의 토스트 사이에 고기를 넣었다. 그렇게 4대 샌드위치 가문의 백작 존 몬태규를 통해 우리가 알고 있는 '샌드위치'가 탄생하게 되었다. 물론 빵 사이에 고기가 들어간 샌드위치라는 음식을 그가 처음으로 먹은 건 아닐 수도 있지만 우리는 샌드위치를 주문할 때마다 그의 이름을 부르고 있다.

　샌드위치의 기원에 관한 스토리는 스토리텔링이 중요한 이유를 제시한다. 단순히 1762년에 존 몬태규가 샌드위치를 만들어냈다고 말했다면, 아마도 샌드위치의 유래를 기억하지 못할 것이다. 그러나 일단 스토리 속에 정보가 담기면 샌드위치를 먹을 때마다 그 기원이 떠오르게 된다.

스토리는 강력하다.

아카데미상을 받은 소설가이자 극작가인 래리 맥머티(Larry McMurty)는 말했다. "예를 들어, <라이온 킹>을 39번이나 다시 보고 있는 5살 아이가 있습니다. 당신은 프로 농구팀의 점수를 확인하려고 채널을 돌리죠. 그후 아이가 다시 리모컨의 주도권을 잡으면, 스토리의 작은 요소도 놓치지 않으려 곧바로 방금 전 장면으로 영화를 되감을 겁니다. 어린 아이가 스토리를 흡수하려는 욕구를 보면 스토리의 자체 생존력에 대한 비관론에는 근거가 없음을 알게 됩니다. 스토리에 대한 인간의 욕구는 굉장합니다."

스토리는 최소 실행 가능한 브랜드(MVB)의 첫 번째 조각이다. 스토리는 그 자체의 고유한 방식으로 고객을 사로잡고 기쁘게 하며, 고객과 관계를 맺는 능력이다. 그렇기에 모든 관계의 기본적인 틀을 형성한다. 스토리는 공통된 문화적 전통, 지식, 신화 및 상징에 대한 지속적인 연결고리다. 스토리는 우리와 우리보다 큰 무엇인가를 연결하기 위해 다양한 매체(나무, 대나무, 상아, 뼈, 도자기, 점토판, 돌, 피부, 나무껍질, 종이, 실크, 캔버스, 섬유, 영상, 전자 장치의 하드 드라이브 등)에 다양한 방법으로 기록(조각, 점수가 매겨지고, 긁히고, 색칠, 낙서, 인쇄, 연소, 각인)되어 왔다.

내가 처음 시작할 때는: 옛날 옛적에

열망은 행동의 가장 강력한 원동력이다. 우리의 꿈을 성취하도록 이끌고, 더 값진 인생을 살게 한다. 우리는 열망한다. 어떤 사람은 위대함을, 어떤 이는 아름다움을, 어떤 이는 선행을 열망한다. 열망은 열정을 불러일으킨다. 스토리에 열망을 끌어들임으로써 사람들이 당신에게 열정을 쏟게 할 수 있다. 나이키는 더 나은 운동선수가 되고자 하는 열망에 불을 지피며, 운동선수들은 나이키 제품을 착용해서 열정적인 모습을 보여준다. 파타고니아 역시 모험을 향한 열망을 담고 있으며, 모험가들은 파타고니아를 통해 열정적인 모습을 보여준다.

만약 사람들이 당신에게 만족하지 않는다면, 당신이 성장하기는 쉽지 않을 것이다. 고객이 브랜드에 열정을 가지려면, 고객의 열망을 사로잡을 수 있도록 감성적으로 공감 가는 스토리를 말해야만 한다.

넷플릭스의 목록을 생각해보자. 틈날 때 보려고 찜해 놓은 리스트에는 보고 싶어 하는 영화와 각종 영상이 있다. 목록 하단에는 평점이 좋은 외국 영화나 다큐멘터리의 일부, 혹은 내셔널 지오그래픽 다큐멘터리 등이 있다.

그러나 넷플릭스는 미국 드라마 <하우스 오브 카드(House of Cards, 역주: 넷플릭스 오리지널 콘텐츠)>나 <아처(Archer, 역주: 정보국 요원들의 이야기를 다룬 스파이 코미디 애니메이션)>와 같은 영상을 목록의 최상단에 배치하기 때문에 당신의 리스트에 있는 작품은 목록 하단에 표시되어 잘 보이지 않는다. 보통 새로운 제품을 만들 때 한 번쯤 들어보거나

본 적 있는 제품을 만들고 싶어 한다. 그러나 이러한 제품은 목록 마지막에 위치해 사람들에게 보이지 않는 작품이 되기 쉽다. 누구나 "다음엔 이걸 꼭 사야지!"라고 사람들이 생각하는 제품을 만들기를 원한다. 하지만 넷플릭스 찜 목록에 다음 차례로 바로 보이려면 필요한 감성적인 연결 수준을 만들어야 하고, 주저하지 않고 자신의 스토리를 말해야 한다.[16]

《스토리텔링 애니멀》의 저자인 조너선 갓셜(Jonathan Gottschall)에 따르면 사람들은 데이터 더미나 빽빽한 파워포인트 슬라이드, 숫자로 빼곡하게 채워진 스프레드시트가 아니라 감성에 움직인다. 그리고 사람들과 우리의 관심사를 감성적으로 연결하는 가장 좋은 방법은 '내가 처음 시작할 때는(옛날 옛적에)'으로 시작하는 것이다.

각자의 '내가 처음 시작할 때는(옛날 옛적에)"을 말해보자.

최초 스토리는 무엇인가

새로운 사람을 만났을 때 가장 먼저 무엇을 할까? 보통 그들의 스토리가 무엇인지 묻는다. 그들이 어디서 왔는지, 무엇을 하는지 묻고 가족과 친구들에 관해 묻는다. 또한 무엇이 그들을 웃게 하고 그들이 무엇을 갈망하는지 물어본다. 사람들은 처음 만났을 때 친해지기 위해서 공통된 관심사를 공유하는 과정이 필요하다. 그래서 서로의 스토리를 들려주려고 한다. 우리는 서로의 스토리를 나누는 인간적인 방식으로 접근한다.

브랜드 개발도 마찬가지다. 사람들이 좋아하는 브랜드는 결국 스토리에서 시작된다. 하지만 스토리는 무엇을 말하는 것일까? 창업가의 스토리일까? 스타트업, 기업으로서의 스토리일까? 혹은 직원과 사무실 전체의 스토리일까?

마이크 마이어스(Mike Myers)는 자신이 더빙한 괴물 캐릭터 슈렉을 두고 말한다. "괴물(Ogre)은 양파와 같습니다. 양파는 겹겹이 층으로 쌓여 있죠. 괴물도 마찬가지로 겹겹의 층이 있습니다." 스타트업도 괴물 혹은 양파와 같다. 모든 스타트업에는 고객에게 매력적인 스토리를 들려줄 수 있는 여러 개의 층이 있다.

겹겹의 층은 창업가인 당신의 정체성과 스타트업의 존재 이유, 스타트업의 중요성과 목표에 대한 기초적인 정의를 제공한다. 스토리에 들어가는 수백 개의 층이 있지만, 그중 린 브랜드 작업에는 두 가지 요소가 필수적이다. '창업가 스토리'와 '스타트업, 즉 기업의 스토리'다.

창업가 스토리

구글 뒤에는 세르게이(Sergey)와 래리(Larry)가, 인텔 뒤에는 고든(Gordon)과 로버트(Robert)가, 버진 그룹 뒤에는 브랜슨(Branson)이 있었다. 모든 스타트업의 뒤에는 창업가의 스토리가 있다. 창업가 스토리는 스타트업이 자라나는 시작점이다. 창업가 스토리는 퍼스널 브랜딩이 아니다. 사실 창업가 스토리와 퍼스널 브랜딩은 그 자체로 하나의 신화처럼 여겨진다.

창업가가 초인적이고 세련되고, 완벽한 로봇과 같은 모습으로 포장된 '퍼스널 브랜드'와 같이, 실제 모습과는 다른 또 하나의 자아를 만들어 내는 것이 창업가 스토리의 핵심은 아니다. 핵심은 무엇이 당신의 열정에 기름을 붓고 당신을 움직이게 하는지를 고객에게 진정성 있게 전달해야 하며, 그 스토리를 전달하는 방법에 분명한 목적이 있어야 한다는 것이다.

자신에게 물어보라. 왜 여기 있는가? 무슨 일로 왔는가? 하려는 일을 왜 당신이 해야만 하는가? 세상을 변화시키고 싶은가? 예전 친구들이 질투하게 만들고 싶은가? 일론 머스크(Elon Musk, 역주: 테슬라의 창업가)를 만나고 싶은가? 무엇이 아침에 일어나게 만드는가? 세상에 어떠한 변화를 일으키고 싶은가? 이러한 질문들에 답을 할 수 없다면, 고객들은 당신과 당신이 하려는 일에 관심을 두지 않을 것이다.

**당신에게는 고객들에게 들려줄 스토리가 있고,
그 스토리는 잘 표현되어 전달될 가치가 있다.**

창업 스토리에 열정이 포함되긴 했지만, 그렇다고 열정이 창업 스토리의 전부인 건 아니다. "좋아하는 일을 하면 돈이 따라올 것이다."라고 말한 사람들은 틀렸다. 고객의 요구사항을 만족시키지 못하거나, 시급한 문제를 해결하지 못하면 아무리 열정적이어도 실패할 확률이 높다. 열정만으로 성공을 보장할 수는 없다. 수익성과 지속 가능한 시장이 없는 열정은 막다른 길에 이르게 된다. 어떤 사람이 13세기에 만들어진 깃털 펜에 열정을 가져도, 아무도 그 펜을 사려 하지 않는다면 처음부터 가망 없는 시장이다.

그렇기 때문에 가장 좋은 스토리는 당신을 필요로 하는 고객의 니즈에서 시작한다. 당신의 필요를 채우는 것, 즉 자신의 이익을 채우려는 사람에게서 시작하지 않는다.

필요를 채워 이익을 얻으려는 당신이 아니라, 필요가 있는 고객으로부터 출발한 당신에게서 나온다. "나는 항상 베이글 가게를 운영하고 싶었어요." 혹은 "나는 어렸을 때부터 나만의 기술을 보유한 회사를 설립하는 데 열정을 쏟아 왔어요."라는 말로 충분하지 않다. 이런 종류의 스토리는 누구와도 관련이 없기 때문이다.

무엇에 전념하고 있는지 스스로 물어보라. 어떤 관점(Point of view)에 전념하고 있는가? 이 세상에 어떤 변화를 가져오기 위해 노력하고 있는가? 어떤 문제를 해결하기 위해 전념하고 있는가? 전념은 노력을 의미하고 노력은 성공을 이끄는 중요한 요인이다.

창업 스토리는 전기의 흐름이자, 계속 앞으로 나아가게 하는 연료다. 깊이 전념하고 있는 것, 오직 당신만이 세상에 가져올 수 있는 것, 그리고 회사가 경제적 원동력이 되는 것이 함께 모일 때 일과 삶, 그리고 영향력은 위대해지기 시작한다.

스타트업 스토리

성장에 초점을 맞춘 모든 기업은 결국 창업가를 넘어서 발전한다. 창업가로서 일론 머스크의 스토리는 '스페이스 X'라는 회사에 뿌리를 두고 있지만, 스페이스 X에는 스페이스 X만의 스토리가 있다. 고객이 스타트업과 관계를 맺으면 스토리는 개인의 스토리가 아닌 반드시 집단적인 관점의 스타트업 스토리로 발전해야 한다. 자연스럽게 다양한 관계 맺음의 이벤트가 생겨나고, 목표한 지점을 통과하게 된다. 결국 스타트업이 그 자체의 삶을 가지게 되는 것이다.

당신의 스타트업 스토리는 다윗과 골리앗의 스토리인가? 아니면 더 나은 미래에 대한 이상적인 스토리인가? 고도로 기술이 발달한 세계에서 모험하는 스토리인가, 아니면 새로운 기회가 있는 삶을 열망하는 드라마인가?

고객들과 밀접한 관계를 형성하는 비법은 단 하나로부터 시작한다. 포지셔닝도, 매혹적인 단어로 만든 조합도 아니다. 로고도, 브랜드 정체성(역주: 아이덴티티, 에센스 등으로도 표현)도, 광고, 비전과 미션, 특정 에이전시의 독점적인 프로세스도 아니다. 그것은 당신과 당신이 만든 기업의 열망에서 시작한다.

무엇을 바꾸고, 해결하고자 하는지 그리고 무엇을 하고 싶어 하는지, 그리고 이것이 고객에게 어떤 영향을 왜 미치는지에 대해 명확하게 하는 능력이다. 스타트업의 스토리는 누가, 무엇을, 언제, 어디서 하는가에 관한 것이 아니라 당신과 당신의 회사가 존재하는 이유와 그래서 결국 무엇이 되기를 열망하는지에 관한 것이다. 단순한 시간의 흐름에 따른 연대기보다는 흥미로운 방향으로 전개되는 스토리가 훨씬 더 중요하다. 창업가, 직원, 이해 관계자 및 투자자 들은 스타트업의 독특하고 진정성 있는 스토리를 이해해야 하고, 그것을 잘 표현하고 전달하는 법을 배워야 한다. 만약 지금 그렇지 못하다면 다시 자리에 앉아 되짚고 생각하고 찾아내라. 필요하다면 펜을 꺼내 적어 내려가야 한다.

어떤 세부 사항으로 시작할 것인가? 무엇을 강조해야 할까? 무엇을 더 하고 뺄 것인가? 그것이 무엇을 남겨주는가? 이유는 무엇인가?

지속적으로 성장하는 위대한 기업은 고인 물처럼 정착하지 않는다. 포지셔닝, 제품, 가격이 아닌 자신이 누구인지에 대한 깊은 이해로부터 그들의 목표와 이루고 싶은 열망을 달성한다. 열망은 스타트업 스토리에 반드시 포함되어야 하며, 결국 이 열망은 함께하고자 하는 사람들의 줄을 길게 세울 것이다.

더 중요한 점은 고객이 당신의 열망을 이해하지 못하면 당신이 무엇을 하는지, 또 당신의 일이 고객에게 어떤 혜택을 주는지 전혀 신경 쓸 이유

2부 : 개발 - MVB

가 없다는 것이다. 고객이 당신과 연결될 이유가 없다. 고객과 기업의 관계 형성은 단지 좋은 제품이나 고객 서비스에서 오는 것이 아니다. 오히려 좋은 제품과 고객서비스를 넘어서는 더 큰 무언가를 전달할 때 관계가 형성된다.

스타트업 스토리와 이를 고객 스스로 공감하게 하는 능력이 결국 사람들이 당신에게 관심과 열정을 갖게 되는 이유다. 고객과 긴밀하게 관계를 맺지 않는다면, 스타트업은 곧 백색 소음처럼 잊히고 불필요한 브랜딩 전문 용어에 빠져들어, 결국 고객은 이 브랜드가 자신과는 관계없는 것이라고 여길 것이다. 고객은 기업이 왜 이 일을 하는지와 같은 스토리에 관심을 가질 뿐만 아니라, 자신들이 이 스토리에 얼마나 공감하는지에 깊이 신경 쓴다.

신발 브랜드 탐스(TOMS)는 창업가 블레이크 마이코스키(Blake Mycoskie)가 고객이 신발 한 켤레를 구매하면 한 켤레를 기부하는 일대일 자선의 스토리를 전하면서 시작되었다. 고객의 신발 구매가 기부로 이어지게 만드는 방식으로 고객을 유치했다. 이는 기업으로서 탐스의 스토리로 발전됐고, 사람들이 그 스토리 안에서 이 브랜드를 선택하고 구매해야 하는 명확한 명분을 제시했다.

액션캠 브랜드 고프로(GoPro)는 창업가 니콜라스 우드먼(Nicholas Woodman)이 자신이 서핑하는 멋진 모습을 저렴한 비용을 들여 고품질의 영상으로 촬영할 방법을 찾지 못해서 만들어졌다. 고프로는 새롭게 떠오르는 액션 스포츠 산업을 발전시켰고, 평범한 사람들이 영상의 주인공이 될 수 있도록 도우면서 성공적으로 도약했다.

사회적 기업 채리티워터(Charity:Water)는 창업가 스콧 해리슨(Scott Harrison)이 개발 도상국에서 자원봉사를 하면서 교육, 약, 안전 등을 위한 모든 노력이 깨끗한 물 없이는 불가능하다는 것을 깨달으면서 시작되었다. 기업의 성장 과정에서 스콧의 스토리는 깨끗한 식수에 대한 스토리로 발전했다. 그리고 깨끗한 물이 없어 고통 받는 사람들을 돕기 위해 생일 선물을 받는 대신 채리티워터에 기부할 수 있도록 이끌었다. 지금도 누구나 생일 선물을 받는 대신 깨끗한 식수를 제공하는 프로젝트에 기부할 수 있다.

탐스, 고프로, 채리티워터와 마찬가지로, 창업가를 비롯한 일을 하는 모두가 이 일을 하는 이유를 명확히 이해해야 한다. 그 이유에 자신을 갖고, 사람들이 이 스토리에 공감해 자신의 일부로 느낄 여지를 제공하는 것이 브랜드 형성에 매우 중요하다. 고군분투하고 도전한다. 우여곡절을 겪고 좌충우돌하며 상처 입는다. 그리고 마침내 목표를 성취한다. 이 일련의 과정을 공유하는 것이 이전 어느 때보다 훨씬 더 중요해졌다. 사람들은 자신이 누구를 지지하고, 그에게 왜 관심을 가져야 하는지 알고 싶어 한다.

**사람들에게 진실을 말하고 당신이 왜 이 일을 하는지를,
그리고 일의 목표와 열망을 볼 수 있게 하라.**

'왜 이 일을 하는지 이야기하는 것'의 요점은 화려하고 과장되게 기업을 설명하라는 말이 아니다. '왜 이 일을 하는지'에 대한 스토리는 형편없

는 제품을 좋은 제품으로 바꿔주지 않는다. 뛰어난 마케팅, 광고, 홍보 활동이 형편없는 제품을 좋은 제품으로 만들지 못하는 것처럼 말이다. 따라서 기본적으로 멋진 제품과 서비스를 만들어야 한다. 동시에 당신의 스토리를 설득력 있는 방식으로 전달하는 방법을 배워야 한다.

창업의 이유 또는 이 일을 하는 이유에 대한 스토리를 겉만 반지르르하게 만드는 마케팅용 포장지로 생각하지 마라. 스토리는 고객과 당신을 연결하는 강력한 도구다. 확대 해석하지 말고, 과장하지 말고, 횡설수설하지 마라. 창업 스토리는 진정성을 담아 현실적이고 호감 가는 방법으로 당신이 이 일을 하고자 하는 포부를 전달할 수 있을 때 가치를 창출할 수 있다. 그 접점이 바로 사람들이 서로 연결되고 참여하는 출발점이 된다.

자신을 항상 스토리텔링의 도구라고 생각해야 한다. 크건 작건, 모든 '일'에는 스토리가 있다. 그리고 그 스토리는 당신만의 독특함을 담고 있어, 매우 인간적인 방식으로 사람들을 사로잡을 잠재력이 있다. 스토리는 사람들이 어떻게 생각하고 행동하는지에 대한 현실에 뿌리를 두고 있기 때문이다.

《스토리 브랜딩(Storybranding)》의 저자 짐 시뇨렐리(Jim Signorelli)는 이렇게 말한다. "스토리는 우리의 믿음을 만들지 않는다. 오히려 이미 존재하는 믿음에 자신을 찾아 붙이는 자석과 같다. 덧붙이자면, 최고의 스토리는 기존의 믿음에 감성을 부여함으로써 그 믿음의 중요성을 키운다. '전쟁은 재앙이다'라는 말은 정보에 불과하다. 하지만 전쟁이 무고한 사람들의 희망과 꿈을 어떻게 파괴하는지 보여준다면 정보에 강력한 힘을 담아 전달할 수 있다." [17]

창업가의 스토리와 스타트업 스토리 모두 MVB라는 이론에 힘을 실어 준다. 당신이 하고자 하는 일의 결과물인 제품과 서비스가 사람들과 소통하게 하는 토대가 된다.

이러한 토대를 성공적으로 만들어내려면 일하는 본연의 핵심, 즉 본질을 통해 사람들을 이끌 수 있는 매력적이고 설득력 있는, 실질적인 방법으로 적극적인 소통을 해야만 한다.

그렇기에 스토리는 정형화된 비전 선언문의 한계에서 벗어나야 한다. 기능적 거품을 깨버리고 왜(WHY)에 도달해야 한다. 그리고 고객이 스스로 동질감을 형성할 수 있는 시작점을 제공해야 한다.

비전은 과대평가되었다

스타트업의 수명 주기(Life-cycle)의 어느 시점에 잠재적 투자자나 파트너가 회사의 비전(또는 브랜드 약속, 혹은 미션)에 대해 질문할 가능성이 높다. 다수의 경영 전문가와 브랜드 전문가는 비전이 브랜드 전략의 초석이라고 주장하지만, 비전은 너무 과대평가되어 있다.

많은 창업가가 시장에서 별다른 가치를 만들지 못하면서, 화려하고 이타적이기만 한 비전을 쓰는 데 시간을 낭비하고 있다.

대부분의 스타트업이 비전은 잘 정리해놓고도 현실에서는 대부분 실행에 옮기지 못한다. 시장 상황, 인수합병, 성장률, 트렌드, 생산 관련 이슈와 같은 다양한 요소가 비전을 실현하는 데 직접적인 영향을 미친다. 위험성이 높고 불확실성이 많은 스타트업에, 비전에 기반을 두고 스토리를 만들어가는 것은 데이트도 하지 않고 결혼식을 계획하는 꼴이다. 만약 이뤄낼 수 없는 장대한 비전을 추구한다면, 첫 단추부터 잘못 끼웠다.

대부분의 비전은 정보를 제공하지도, 강력하지도, 영감을 주지도 못한다. 무미건조하고 진부한 비즈니스 용어들로 가득할 뿐이다.

어떤 회사가 "우리의 비전은 세계 최고의 위젯(Widget, 역주: 자주 사용하는 기능, 앱 등을 빠르게 사용할 수 있도록 바탕화면에 모아 놓은 도구 모음)을 만들고, 고객들에게 최고의 서비스를 제공하고, 우리가 위젯 산업에서 글로벌 리더가 되는 것이다."라고 한다면 별로 감흥이 들지 않는다. "무엇을 대척점으로? 2등 서비스를 제공하면서 나쁜 위젯을 만드는 것인가?" 등의 생각이 바로 뒤따라올 것이다. "'글로벌 리더'란 정확히 무엇이고 자신이 그런 사람인지 그걸 어떻게 알 수 있을까?"와 같은 의문들이다. 이처럼 단조롭고 정형화된 선언은 고객에게 진정성도, 깊이도, 방향도 없으며 무엇보다도 당신과 관계를 맺어야 할 어떤 이유도 없다는 걸 말해준다.

반대로 어떤 비전 선언문은 현란하고 고상한 단어로 가득하다. 마이크로소프트의 비전을 보자. "마이크로소프트는 전 세계 사람과 기업 들이 자신의 잠재력을 실현할 수 있도록 돕기 위해 일한다. 이것이 우리의 미션이다. 우리가 하는 모든 것들은 미션과 이를 가능하게 하는 가치를 반영한다." 듣기에는 참 좋지만 무엇을 의미하는 것일까? 이 비전은 사무용 의자 회사, 업무용 도서 출판사, 대형 컨퍼런스 운영사의 비전 선언이 될 수도 있다. 심지어 체육관이나 교회의 비전이라고 해도 믿을 만하다.

일례로 에이본(Avon Products Inc, 역주: 1886년 뉴욕에서 시작한 화장품, 향수 등을 제조·판매하는 회사)의 비전 선언문을 들여다보자. "에이본의 미션은 우리가 지속적으로 얻고자 노력한 여섯 가지의 핵심 가치에 집중하는 것이다."라는 문장으로 시작해서 경쟁 업체를 능가하고, 주주 가치를 높이며 유방암과 싸우는 것과 같은 다양한 주제를 다룬다. 포괄적이지 않은가? 하지만 도대체 왜 고객이 시간을 들여 이걸 읽어야 할까? 이러한 유형의 비전 선언문은 화려하기는 하지만, 깊이 있는 매력적인 언어가 무엇인지 잘못 이해하고 있기 때문에 결과적으로 고객에게 영감을 주지 못한다.

다른 회사들 또한 마찬가지다. 씨티 그룹(Citi group)의 비전 선언문은 다음과 같다. "가장 존경받는 글로벌 금융 서비스 회사가 되기 위해 다른 모든 상장 기업과 마찬가지로 우리는 주주에게 이익과 성장을 제공해야 할 의무가 있다. 즉, 주주들에게 이익을 제공하고 책임 있게 성장을 이루는 것이 목표다."

당신이 이 비전 선언문에 대해서 논하기는 어렵겠지만, 이런 비전 선언문은 대부분의 금융 서비스 회사들, 심지어는 대부분의 상장 기업들의 비전이 아닌가? 고객이 경쟁업체가 아닌 씨티 그룹을 선택하거나 주식에 투자하는 이유는 무엇인가?

대기업뿐 아니라 중소기업도 마찬가지다. 어떤 사무용품 판매점에는 "당신이 필요로 하는 것, 우리가 다 가지고 있습니다."라는 비전 선언문이 걸려 있다. 하지만 어떤 사업이 이 비전 선언문을 모토로 사용하지 못하겠는가? 더군다나 누군가 사무용품점에 들어가서 더블 치즈버거와 감자

튀김을 요구하면 그 비전이 거짓이었다는 게 쉽게 증명되지 않을까? 포춘지 선정 500대 기업부터 기술 분야의 스타트업에 이르기까지, 수많은 기업이 이러한 모호한 비전을 사용하고 있다.

"우리의 일은 고객을 100% 만족시키기 위한 기능을 개발하고 프리미엄을 유지할 수 있는 성장 전략을 개발하는 것이다."

"고객의 주요 비즈니스 요구사항을 기반으로, 장기적인 이익 창출을 돕는 전략 및 서비스 공급자가 되자. 개발된 전략은 경제적이고 효율적이어야 하며, 기업이 시장과 고객 요구에 신속하게 대응할 수 있어야 한다."

"우리는 첨단 기술, 혁신, 리더십 및 협력을 통해 사용자를 위한 우

수한 인터넷 브라우저를 개발하기 위해 노력하고 있다."

"우리는 기업이 더욱 효과적으로 비즈니스 목표를 달성할 수 있도록 고품질의 기술 솔루션을 제공할 것을 약속한다."

"우리의 비전은 고객의 수익성을 극대화하는 소프트웨어 솔루션 및 서비스 식별과 검증, 제공에 있어 최고가 되는 것이다."

위의 5개 회사에 매력을 느끼고 설레는가? 위의 비전과 감성적인 연관성을 느낄 수 있는가? 저 비전을 보고 함께하고 싶은 영감을 받았는가? 그렇진 않을 것이다.

사실, 비전은 고객과의 밀접한 관계를 형성하지 못하고 진짜 모습을 깊이 있게 표현해주지 못하는 그저 좋은 말들의 집합체다. 하지만 이 기업들이 잘못하고 있는 것은 아니다. 그저 모든 생각 자체가 시대착오적이다. 이러한 전통적인 비전 선언문은 현실에서 기업을 차별화시키지 못하는 무미건조한 브랜드 개발 모델의 잔재다. 따라서 비전 선언문을 통한 브랜드 구축은 전혀 의미가 없다.

당신의 스토리를 비전 선언문으로 대신하면 사업을 하는 이유와 들려주고 싶은 스토리를 고객이 접할 기회를 차단하고, 이로써 당신의 가치를 전달하지 못하게 된다. 비전 선언문은 과도하게 가공되었고 흥미롭지 않기에, 이제는 기업에 꼭 필요한 요소는 아니다.

누군가에게는 새로운 소식일 수도 있지만, 사실 아무도 비전에 신경 쓰지 않는다. 누구도 브랜드의 비전과 미션, 브랜드의 약속 또는 다른 전통적인 모델이 만들어 낸 정형화된 문구에 대해서 신경 쓰지 않는다. 사람들은 비전을 통해서 창업가인 당신과 연결되지 않는다. 사람들이 관심을 가지는 것, 그리고 더 중요하게 그들이 관계를 맺는 출발점은 스토리다.

거창한 비전 만들기를 멈추고 스토리를 말하는 방법을 배워라.

스토리를 구조와 과정의 경계에서 자유롭게 만들어라. 스토리가 살아 숨 쉬고, 성장하고, 의미 있는 것으로 재창조되게 하라. 진정한 가치를 고객에게 전달하여 관계를 형성하기 위해서는 전통적인 비전이 아니라 스토리가 필요하다.

기능적 거품 터트리기

모든 스타트업들이 쉽게 빠지는 유혹은 그들 제품의 기능적 특징과 장점을 토대로 스토리를 만들어 내는 것이다. 그렇기에 제품의 기능적 혜택을 완성하고 이를 구현하는 데 많은 시간이 소요된다. 그러나 기능은 전체 가치의 일부에 불과하다. 고객과 소통하는 스토리를 기능에서 시작하게 되면 스토리가 기능적 거품 속에 갇히는 문제점이 생긴다. 기능적 거품은 고객에게 실제로 중요하다고 판단되지 않는 기능을 지나치게 강조하는 것이다.

기능을 먼저 표현하면 빠르고 구체적으로 보인다. 때문에 기능적으로 제품을 보는 방법이 당연하다고 여길 수 있다. 만약 고객과의 소통을 기능적 요소만이 담긴 스토리로 시작한다면, 이 제품을 만든 이유와 같이 최초에 목적했던 정말로 중요한 것을 고객에게 전달할 기회를 놓치게 된다.

《나는 왜 이 일을 하는가》의 저자 사이먼 사이넥은 훌륭한 기업들이 먼저 자신의 존재 이유를(WHY), 그다음에 그들이 어떻게 그 일을 하는지를(HOW), 그리고 마지막으로 그들이 무엇을 하는지를(WHAT) 담아 스토리를 제공함으로써 기업의 근간을 만드는 골든 서클(Golden Circle) 아이디어를 제안했다.[18]

고객 입장에서, 왜(WHY)는 제품과 서비스를 납득하게 만드는 맥락이다. 고객의 마음에는 왜(이 제품을 왜 선택해야 하는지, WHY)가 가장 먼저 떠오르고, 제품의 장점(어떻게 제품이 그들에게 혜택을 주는지, HOW)과 제품의 기능(무엇이 혜택을 주는지, WHAT)은 그 이후에 떠오

2부 : 개발 - MVB

른다. 제품의 기능은 고객이 불편한 부분을 해소해주는 약속(기능적 가치의 약속)을 충족한다. 왜(WHY)는 고객들에게 불편함의 해소가 가치 있으며, 왜 당신이 불편함을 해소해야만 하는지 그리고 왜 당신과 당신의 회사, 브랜드에 관심을 가져야 하는지를 설명해준다.

이 일을 하는 이유, 왜(WHY)는 회사가 개인에게 미치는 감성적인 영향을 나타낸다. 이는 당신과 고객이 감성적 영향을 실현하기 위해 거쳐야 하는 여정이다. 제품은 고객을 만족시키지만, 왜(WHY)는 고객이 당신이 하는 일에 관심과 열정을 기울일 수 있도록 이끈다. 초연결(Hyperconnected)의 세상, 정보가 넘쳐나는 시장에서, 사람들은 단지 특정 기능 모음이 있는 제품 이상의 무언가를 찾아 연결되기를 갈망한다.

창업가로서 당신의 왜(WHY)와 기업의 왜(WHY)는 제품과 서비스, 브랜드, 기업의 문화를 만드는 토대가 된다. 고객과, 더 나아가 사람들과의 관계를 형성할 때 "우리는 왜 존재하는가?"보다 더 좋은 질문은 없다.

아마도 사람들이 여행하는 방식을 바꾸기 위해 존재하는 것 같다….

아마도 연결의 힘을 믿고 모든 사람이 연결의 힘에 접근하도록 하기 위해 존재하는 것일 수도 있다….

아마도 아프리카 잠비아에 신선한 식수를 공급하고 싶어서 존재하는 것 같다….

아마도 아이들이 음악을 좋아하게 하려고 존재하는 것 같다….

아마도 사람들이 그들의 삶을 변화시킬 수 있는 영감을 주기 위해 존재할 수도 있다….

아마도 학생들의 대학 졸업을 돕기 위해 존재하는 것 같다….

진실은 당신이 단지 돈이나 이익만을 위해 존재하지는 않는다는 것이다. 어떤 기업도 그렇지 않다. 단지 제품과 서비스를 생산하기 위해 존재하지 않는다.

이익과 제품은 존재의 결과일 뿐, 존재 이유가 아니다.

가치를 창출하려면 기능적 거품을 터트려야 한다. 제품과 서비스가 얼마나 훌륭한지, 그리고 그 안에 담긴 수백 가지의 멋진 기능은 이제 그만 이야기하라. 덧붙여, 이러한 기능이 사람들에게 가져다주는 이익에 관해서도 이야기하지 마라. 대신에 왜 그것을 만들었는지에, 왜 그것이 중요한지, 왜 사람들이 당신과의 관계에 관심을 가져야 하는지를 이야기하라.

대부분의 스타트업은 그들이 무엇을 하는지(WHAT)에 대해서 커뮤니케이션할 수 있다. 일부 기업은 그들이 어떻게 그것을 해나가는지(HOW)에 대해서도 말한다. 하지만 그들이 왜 이 일을 하는지(WHY)에 대해서 명확하게 소통하는 기업은 드물다.

어떤 창업가는 아이들의 음악 연주 연습을 돕는 아이패드 앱을 만들었다. 우리는 그에게 이유를 물었다.

"이 앱을 통해 아이가 음악을 좀 더 자주 연습할 것이고, 그러면 부모는 아이의 음악 수업료가 아깝지 않다고 느낄 것입니다."

하지만 왜 이 앱을 만드는 데 평생을 바쳤나? 그럴 만한 가치가 있나?

"왜냐하면 내가 음악가이기 때문이죠. 나는 아이들이 음악을 사랑하기를 바랍니다."

그렇다! 그게 바로 부모들이 음악 수업료를 내는 이유다.

이 앱이 아이들의 음악 연습 과정을 긍정적으로 변화시킨다는 것은 이 앱의 기능적 효용이다. 아이들이 음악을 사랑했으면 하는 열망이 이 스타트업의 존재 이유고 부모들이 이 제품을 구매하는 이유다. 창업가가 뮤지션이었고 음악의 즐거움을 알고 있다는 것이 그가 이 특정한 사업에 헌신하게 된 이유이기 때문이다.

사람들은 당신이 무엇(WHAT)을 하는지, 어떻게(HOW) 하는지에 쉽게 연결되지 않는다. 그들은 왜(WHY) 하는지에 연결된다. 그들은 왜(WHY)를 이해하고 싶어 한다. 그들은 왜(WHY)를 사고 싶어 한다. 만약 왜(WHY)를 명확하게 설명하지 못한다면, 고객들은 제품과 서비스를 선택하지 않을 것이다.

―― 케이스 스터디 ――

모래놀이 장난감, 제품 특징, 그리고 콜라보레이션: 기능적 거품을 터트리다

랜디 아푸조(Randy Apuzzo, 공동 창립자 겸 CEO)와
앤디 플레밍(Andy Fleming, 공동 창립자 겸 CTO)과의 인터뷰

2010년 캘리포니아주 샌디에이고에 설립된 제스티(Zesty.io)는 성장 중인 남부 캘리포니아의 스타트업 생태계에서 큰 역할을 하고 있다. 공동 창립자 겸 CEO인 랜디 아푸조와 공동 창립자이자 CTO인 앤디 플레밍은 제품이 잘 팔리게 만드는 지식과 노하우를 보유하고 있다. 그들의 대표적인 제품 제스티는 인터넷을 기반으로 고객, 디자이너, 개발자, 콘텐츠 제작자 및 많은 동영상 제작자 간의 협업을 가능하게 하는 방식으로 콘텐츠를 관리하고 배포하는 인터페이스다.

랜디와 앤디는 그들의 린 브랜드 스토리를 공유하면서 제품 개발의 과정에서 기능적 거품을 어떻게 터트리는지를 알려주었다.

Q: 먼저 제스티를 모르는 분들을 위해 당신의 회사를 설명해달라.
A: 제스티는 클라우드 기반 콘텐츠 플랫폼이다. 처음에는 맞춤형 웹사이트의 제작, 편집, 큐레이션 및 관리가 가능한 플랫폼으로 만들었다. 이는 콘텐츠를 웹사이트, 소셜 미디어, 응용 프로그램과 협업하고 통합하며 배포할 수 있는 인터페이스로 발전되었다. 궁극적으로, 제스티는 디자이너에게 힘을 실어주었다. 그들이 원하는 건 무엇이든 디자인할 수 있다. 그렇기에 클라이언트가 개입해 이슈를 만드는 걱정을 안 해도 된다.

Q: 어디에서 아이디어를 얻었고 어떻게 시작하게 되었나.
A: 처음에는 우리와 고객 모두를 위해 제스티를 만들었다. 오래전 우리 둘(랜디, 앤디)은 각자의 에이전시를 소유하고 있었다. 각 회사는 다양한 고객들을 위해 많은 웹사이트를 개발했고, 그 과정에서 맞춤형 웹사이트 제작에 있어서 개발자의 요구사항과 고객의 요구사항 모두를 잘 이해할 수 있었다. 우리는 고객들이 워드프레스(역주: 세계 최대의 오픈 소스 저작물 관리 시스템) 사용을 강요받는 게 마음에 들지 않았다. 게다가 그들이 망가트린 부분을 고쳐야 할 때 행복하지 않았다. 우리와 고객 모두, 사용하고 있는 툴에 불편함을 느꼈다.
그 고통을 겪으며 우리도 편해지고 고객도 행복해할 무언가를 만들고 싶었다. 시간과 노력을 쏟은 결과, 고객은 자신의 콘텐츠를 쉽게 수정하고 우리는 고객을 위해서 어떤 디자인이든 접근할 수 있는 시스템을 구축했다. 시스템은 아주 효과적이었지만 그 당시 모든 사람을 위한 플랫폼이라고는 생각하지 않았다. 그러나 다른 사람들도 이 시스템을 사용할 수 있다는 것을 깨달은 뒤 사업으로 발전시켜보기로 했다. 그렇게 기술 기반 스타트업인 제스티가 탄생했다.

Q: 회사 안에서 쓰던 도구가 본격적으로 사업 모델이 된 경우인데, 진행 과정은 어떠했는가?

A: 사실, 처음 제스티를 공개했을 때는 완전한 실패였다. 서비스를 출시하기 위해 모든 '올바른' 일을 하고 있다고 느꼈다. 제스티를 베타리스트(Betalist, 역주: 신생 업체 정보를 올리는 플랫폼 사이트)에 게시했고, 성대한 론칭 파티를 열었으며, 테크 블로그(Tech blog)에는 관련 기사가 보도됐다. 이 과정에서 수백 명의 사용자를 확보했고, 완전히 성공했다고 믿었다. 그러나 결론적으로 아무 성과도 없었다.

Q: 성공적으로 출시하고, 론칭 파티를 열고, 테크 블로그에 기사가 올라가고, 결과적으로 수많은 사용자를 확보했는데도 그 모든 것이 성과가 없었다는 것인가?

A: 그렇다. 이상하게 들릴 수 있다. 그렇지만 정말로 쓸모가 없었다. 마치 우리의 기능이 독이 된 것처럼 보였다.

Q: 무슨 뜻인가?

A: 처음부터 우리가 이야기한 것은 제스티의 기능뿐이었다. 사람들이 우리에게 반응할 만한 것이 기능에 관련된 것뿐이라는 걸 의미한다. 일부 고객들은 "다른 플랫폼은 이러한 일을 하는데, 당신의 플랫폼도 가능한가?" 혹은 "우리는 이 기능이나 그 기능이 정말로 필요하다."라고 반응했다.

그러자 우리는 단지 이런저런 기능에 대해서만 대화를 나누게 되고, 그 방향으로만 발전을 거듭하는 함정에 빠졌다. 그때부터 기능적 거품(Feature Bubble)이라는 위험한 굴레에 갇히게 되었다.

그 당시 우리 팀 전체가 개발자들로 구성되었다는 점도 상황을 이해하는 데 도움이 될 것이다. 우리 기업의 문화는 개발 중심으로 돌아가고 있었다. 언제나 개발해야 할 것이 있었고, 항상 새로운 기능들을 구축해야 했다. 기능 우선주의, 기능적 사고방식이 우리 모두를 잠식했다. 그래서 우리는 더 많은 기능을 개발하는 데 혈안이 되어 있었고, 결과적으로 이 모든 것이 아무런 성과도 없었다. 외부에서 이것을 사용하고자 하는 사람들과 어떠한 소통도 하지 못했고 결국 사람들에게 어떤 가치도 창출하지 못했다. 되돌아보면, 사람들은 스스로 만든 기능이 커다란 결과를 낳을 것이라고 기대하고, 그런 기능을 만들고 만족한다. 사람들이 그 기능을 사용할 수는 있지만, 그것으로는 전쟁에서 이길 수 없다. 기능은 사람들에게 소통의 실마리를 제공하지 못한다.

누군가 "멋진 기능이군요!"라고 말할 수 있지만, 아무도 기능이 그들의 세상을 바꾸리라고는 생각하지 않는다. 우리가 지금까지 공개한 기능 중 역작이라고 불리는 것도 사람들에게 큰 영향을 미치지 않았다.

Q: 강력한 통찰과 깨달음인 것 같다. 그렇다면 어떻게 기능적 거품에 갇히는 문제를 해결했는가. 그리고 무엇이 그 변화를 유도했는가?

A: 그 당시에 우리는 제품을 개발하면서 몇 가지 중요한 목표를 달성했다. 앤디는 개발 인터페이스 및 코드가 뛰어난 놀라운 클라우드 인프라를 구축했고, 우리가 만든 웹사이트는 구글에서 가장 빠르게 로딩됐다. 다시 말해 우리는 정말 잘 작동하는 핵심 기능을 구현한 제품(Viable Product)을 갖게 되었다.

하루는 내(랜디)가 "제스티 만드는 걸 그만두자."라고 했다. 정말 중요한 날이었고 팀 내에 긴장감이 가득했다. 우리 회사에 개발자가 많은 만큼 개발해야 한다는 문화로 팽배했지만, 나는 계속 천천히 하자고 말했다. 그 자리에 있었다면 아마 모두가 계속 새로운 버전의 제스티를 만들고 싶어 하는 걸 느낄 수 있었을 것이다. 당시에 그건 정신 나간 생각이었다. 하지만 이 정신 나간 아이디어는 개발에 매몰되지 않는 것이었다. 하던 걸 잠시 멈추고 밖으로 나가 우리가 하는 일에 대해 사람과 얘기해보는 것이었다.

Q: 그 말은 브랜딩을 의미하는 것인가?
A: 그렇다. 제품 면에서 우리는 이미 괜찮은 기능을 만들었다고 생각한다. 그렇지만 브랜드 관점에서는 우리가 무엇을 하고 있는지 전혀 알지 못했다. 브랜딩이 중요하다는 것은 알았지만, 모순되게도 브랜딩을 기능과 동일선상에서 보는 오류를 범했다. 기능적인 면에서, 우리는 아름다운 요소들(로고, 색감, 광고, 엽서 등)을 디자인했다. 제품과 브랜드에 멋진 기능이 있으면 사람들이 제품을 살 것으로 생각했다. 하지만 오늘날의 브랜딩은 기능을 넘어선 무언가이다. 아름다운 디자인이나 풍부한 기능만으로는 사람들에게 의미와 가치를 전달할 수 없다.

그래서 린 브랜딩을 시작했다. 우리는 초기에 우리의 사고를 오염시킨 기능 중심적 사고방식에서 벗어나, 고객들과 우리의 접점이 어디인지, 어떻게 감성적인 가치를 창출해야 하는지 그리고 우리가 왜 이 일을 하는지를 전하는 스토리의 핵심을 찾기 위해 많은 노력을 기울였다.

사실 린 브랜딩 작업을 처음 시도했을 때, 감성적 언어를 이해하기 힘들었고 그것이 어떻게 제품과 연결되는지도 이해하지 못했다. 이후 더 많은 작업을 하면서 그제야 감성적 언어를 점점 더 이해하고 말할 수 있게 되었다. 사실, 제품의 기능과 우리 자신을 분리하기는 여전히 힘들지만, 우리는 린 브랜딩의 중요성을 깨달았고 매일 이것을 적용해 나가고 있다.

Q: 이러한 변화와 사고방식을 바꾸기 위해 무엇을 했는지에 대해 더 자세히 말해달라.

A: 우리는 변화하는 과정에서 많은 어려움에 부딪혔다. 우리는 개념과 함께 많은 연습과 작업을 했고, 고객들과 연결되는 방법을 이해하기 위해서 정말 많이 노력했다.

간단해 보일 수 있지만 우리가 했던 연습은 실제로 가장 어려운 것 중 하나였다. 우리는 특징이나 기능을 언급하지 않고 제스티를 고객에게 설명해야 했다. 간단하게 들리겠지만 과정은 정말 어려웠다. "이런 기능, 저런 기능이 있다."라고 말하는 건 쉽다. 하지만 제품에 밀접해 있는 창업가 또는 스타트업의 내부 사람들이 제품을 다른 방식으로 생각한다는 것은 매우 좋지 못한 신호이다. 우리의 제품이 어떻게 다른 사람들과 연관되어 있는지, 그리고 제품이 어떠한 방식으로 고객의 니즈를 반영하고 그들에게 영향을 미치는지를 이야기하는 것은 정말 어려웠지만, 결국 이 방법이 큰 변화를 만들어냈다.

다른 연습 중 가장 좋았던 것은 '쇼핑몰 연습'이었다. 우리가 각각 20달러씩을 받고, 20분 동안 쇼핑몰에서 물건 하나를 사는 연습이었다. 그 물건은 사람들과 제스티가 어떻게 연결될 것인지를 가장 잘 나타내 주는 것이어야 했다. 우리 둘 다 아주 기능적인 것들을 가지고 돌아왔다. 퍼즐 게임과 모래놀이 장난감(역주: 다양한 틀을 통해 모래를 찍어내는 놀이 도구)이었다. 구매 이유를 논의하면서 우리는 퍼즐과 모래놀이 장난감 모두, 무엇이든 원하는 걸 만들 수 있는 제스티의 기능적인 부분을 보여줄 뿐 그 기능이 고객들에게 어떤 의미이고 어떻게 고객과 연결되는지에 대해 전혀 나타내지 못하고 있다는 걸 깨달았다. 이 경험은 제스티를 어떻게 말할지에 대해 눈을 뜨게 만들어 주었고, 변화 과정을 잘 버틸 수 있게 도와주었다. 이 깨달음을 잊지 않으려 그 물건들을 책상 위에 놓아두었다.

Q: 모래놀이 장난감이라 재미있을 것 같다. 그렇다면 기능적 거품을 깨고 린 브랜드 원칙을 적용한 후에 조직은 어떻게 바꾸었나? 그 작업이 고객들과 연결되는 데 도움이 되었나?

A: 가장 큰 효과는 고객에게 접근하는 방법에서 나타났다. 우리는 고객에게 접근하는 방법이 단순히 제품 혹은 스토리가 아니라, 우리가 스토리의 일부가 되고 고객이 스토리의 또 다른 일부가 되는 것임을 깨달았다. 우리는 많은 스토리들이 있다는 것을 이해해야만 했고, 그 스토리 속에서 고객과 정말로 연결되기 위한 공통점과 공유점을 발견해야 했다. 우리는 이제 고객들에게 접근하는 법에 대해 훨씬 더 자신을 갖게 되었고, 이러한 방식이 효과적이라는 것을 알게 되었다.

예시로, 우리는 제스티가 존재하는 이유, 즉 제스티의 스토리가 결국 콜라보레이션에 관한 것임을 배웠다. 그리고 그 스토리는 여러 방식으로 진실해야 했다. 제품에 대해, 그리고 이를 이야기하는 방식에서도 진실해야 했다. 그리고 사람들과 공감대도 형성해야 했다. 우리 스스로 "어떤 기능이 협력의 가치를 말하고자 하는가? 누군가를 협력하게 하려면 우리는 어떠한 말이나 행동을 해야 할까? 무엇이 우리 스토리와 일맥상통할까?"를 묻는 것으로 우리를 재평가해야 했다. 우리는 기능적 거품을 완전히 걷어내고 고객과 깊숙이 연결되기 위해, 제품과 브랜드 모두에서 진정한 가치를 창출하는 데 주력해야 했다.

2부 : 개발 – MVB

Q: 효과가 있었나?

A: 물론이다. 같은 기능을 이야기하더라도, 단지 '우리는 이런 기능을 가지고 있다'라고 말하는 것보다 훨씬 더 성공적이었다. 이 기능이 고객의 삶에 어떻게 영향을 미치는지, 고객의 목표 달성에 어떤 도움을 주는지, 왜 이것을 만들었는지의 맥락 속에서 제품을 설명하는 것은 기능만 이야기하는 것보다 훨씬 더 성공적이다.

목적은 논쟁의 대상이 되지 않는다. 사람들은 "제품을 만든 이유가 그게 아니잖아."라고 말하지 못할 것이다. 글쎄, 그 사람들이 어떻게 알겠나? 우리는 그것이 고객에게 어떠한 효과를 가져다줄지에 관심이 있고, 고객은 우리가 얼마나 잘 해냈는지에 관심이 있을 뿐이다. 하지만 가장 중요한 것은 고객과 동질감 또는 공감대를 형성할 수 있는 접점이 반드시 만들어져야 한다는 것이다. 우리는 제품을 정말 잘 만든다고 느낀다. 하지만 실제 제품을 잘 만들지 못하더라도, 우리가 사람들과 연결될 수 있고 이런 기능들을 만들어 내는 방법을 알아낼 수 있다면, 그건 여전히 효과가 있을 것이다. 우리는 사람들과 관계를 맺음으로써 제품이나 아이디어에서 얻을 수 있는 것보다 더 많은 것들을 배울 수 있었다. 이제 우리는 사람들로부터 호응을 얻고, 사람들이 우리와 함께하며 우리가 하는 일에 관심을 두고 참여하게 하는 데 집중하고 있다.

이 모든 것은 완성된 스토리의 일부이다. 제품 자체도 있지만, 고객과 어떻게 서로 관계 맺는지와 관련이 있다. 이는 직접 만나는 것일 수도 있고, 채팅, 이메일 또는 여러 다른 방법일 수도 있다. 스토리에는 일관성이 있어야 하고, 사람들에게 제품의 기능, 심지어는 제품 자체를 넘어서는 경험을 줄 수 있도록 밀접하게 연결되어야 한다.

기업과 고객의 접점

왜(WHY)에서 시작하자. 그러면 기업의 구성원으로서의 정체성, 창업가로서의 정체성, 고객으로서의 정체성의 조각들을 한군데 모아 스토리를 구체화할 수 있다. 이 지점을 기업과 고객의 접점이라고 생각해보자. 이 접점은 사람들이 당신의 일에 모여야 하는, 사업이 발전해 나가는 '여정'에 동참해야 하는 이유를 나타낸다. 이 접점을 통해 고객은 당신이 하는 일에 '지지'를 나타낼 것이고, 굳이 반대할 이유를 찾지 못하게 하는 데 영향을 주게 된다.

기업에는 존재 이유가 있어야만 한다. 제품이 얼마나 훌륭하든, 실적이 얼마나 성공적이든, 얼마나 많은 은행 잔고를 보유하고 있든, 사람들은 당신을 지지해야 할 '명분'이 필요하다. 그들에게 명분을 만들어 주어라. 그들이 원하는 깊이를 제공하라. 그들에게 서로 하나로 뭉칠 수 있는 공통점을 주어라. 그러면 탄탄하고 강력하며 오래 지속되는 가치에 기반한 관계를 만들 수 있는 잠재력을 만들 것이다.

모든 유명한 스토리에는 사람들이 관심을 갖고 집중할 만한 접점이 있다. 이스라엘의 왕이었던 아합(Ahab)은 그의 다리를 빼앗아간 전설적인 흰고래인 모비 딕(Moby Dick)을 사냥하기로 했다. 그는 그 고래를 악의 화신으로 여겼고 사람들은 그를 응원해 주었다. 개츠비(Gatsby)는 집을 사고, 호화로운 파티를 열고, 데이지(Daisy)에게 자신의 가치를 증명하기 위해 부를 얻었다. 사람들은 그런 그에게 동질감을 가졌다. 장 발장(Jean Valjean)은 예전의 도덕적 부패를 만회하기 위해 여러 번 교화됐고,

사람들은 그의 변화를 축하했다.

스타트업은 자신의 유산에 대해 확고한 생각을 형성해야 한다. 이 생각을 이용해서 접점을 구축하고, 접점을 기반으로 운영해야 한다. 만약 누군가에게 당신과 함께해야 하는 이유(WHY)를 설명하지 못한다면, 고객은 당신이 어디로 가는지, 무엇을 하는지, 어떻게 그곳에 가고자 하는지 이해할 이유가 없다. 제품을 판매하는 쉽고 간단한 방법은 아니지만, 고객이 당신과 공감대를 형성하고 일의 목표를 달성하기 위한 여정에 참여할 수 있는 명분과 확신을 만들어주는 것이다. 단지 제품을 판매하거나 또는 영감을 주거나 둘 중 하나다. 그저 제품을 팔려고 하지 말고, 고객에게 영감을 주어라.

영감을 주기 위해서는 분명한 입장을 취해라.

당신이 하는 일은 모든 사람을 위한 것이 아니고, 타깃은 열정적인 '모든 사람'이 아니다. 현실은, 당신의 스타트업이 당신이 누구인지를 알고, 깊게 이해하고, 무엇을 위해 존재하는지를 알아주는 특정 그룹의 사람들과 함께 성장한다는 것이다. 비록 모두를 위한 제품이 존재할 수는 있지만 이는 정말 흔치 않으며 이 또한 처음부터 모든 사람을 대상으로 시작하지는 않았을 것이다. 누가 창업가와 기업의 존재 이유에 가장 열정적인지 이해하는 것이 스타트업을 발전하게 하는 열쇠다.

고객과의 지속적인 대화를 통해 가치를 증진하고, 접점을 만들고, 고객이 당신에게서만 얻을 수 있는 깊이 있는 관계를 구축함으로써 당신을 열성적으로 지지하는 그룹의 사람들과 시간을 두고 신뢰를 쌓기 위해 노력해야 한다. 사람들은 단지 특정한 제품, 프로모션, 가격뿐만 아니라 사업을 하는 이유와 목적, 세상에 전달하고자 하는 가치에 대해 그들만의 관점이 있는 회사를 찾고 있다.

시장과 미래 가치를 알 수 없는 파괴적인 혁신의 스타트업의 경우 접점은 제품이다. 그 상황에서 제품은 스토리의 초석이 된다. 왜냐하면 사람들이 이전에 할 수 없었던 것을 지금은 할 수 있게 되었기 때문이다. 이 새로운 제품은 그들이 이전보다 더 대단한 존재가 될 수 있도록 해준다.

시장은 존재하지만 가치는 아직 알 수 없는 지속적 혁신의 스타트업의 경우, 접점은 당신의 관점이다. 당신이 무엇을 해결하고자 하는가, 왜 그것을 해결하려고 하는가, 다른 경쟁자와 다른 차별점은 무엇인가? 이것은 경쟁사가 갖고 있지 못한 감성적 영향을 통해 잠재 고객의 열망을 끌어낼 방법을 제공해준다.

접점은 사람들이 당신이 누구인지 이해하고 당신을 지지하는 '편'이 되는 신호로 작용한다. 개인, 그룹, 또는 심지어 연인 사이의 관계처럼, 상호 공감대를 형성한 공통된 열망은 중요하기 마련이다.

만약 상호 공감대를 형성한 공통된 열망이 그다지 중요하지 않다면, 관계도 마찬가지일 것이다. 반면에, 중요하게 여겨지는 상호 공감대를 형성한 공통된 열망은 강한 우정, 결혼, 그룹, 그리고 브랜드에 대한 기반이 된다.

그래서, 당신은 무엇을 믿고 있는가? 본질적으로 당신을 이끄는 것은 무엇인가? 무엇을 위해 존재하는가?

2부 : 개발 － MVB

먼저 간단한 두 가지 질문으로 시작해보자.

1) 해결하고자 하는 문제는 무엇인가?
2) 그 문제를 해결하고자 하는 이유는 무엇인가?

눈을 감고, 고속도로를 따라 높이 펄럭이는 깃발을 상상해 보자. 어떤 행인이 그 깃발을 지나친다면, 깃발은 그들의 마음속에 무슨 의미가 있을까? 곧바로 어떤 것이 떠오를까? 그들은 당신에 대해 어떻게 생각할까? 그들은 어떠한 감성을 느낄까?

존재 이유가 없다면, 고객과 강력한 관계를 쌓을 수 없다. 반드시 하는 일의 존재 가치와 이유를 찾아라. 그리고 이를 끝까지 지켜라.

아이들이 음악과 사랑에 빠지게 하는 목적을 가진 음악가라면, 그것

을 지켜라. 사람들의 예술적인 측면을 발견하게 돕는 목적을 가진 디자이너라면, 그것을 지켜라. 다른 사람들의 스토리를 비디오를 통해 풀어내는 것을 돕는 액션 스포츠광이라면, 그것을 지켜라. 당신의 접점을 정의하고 구별하라. 그것을 맨 앞에 그리고 가운데에 두고, 고객들에게 영향을 미칠 수 있도록 하라. 이 방법은 당신이 누구이고 당신이 하는 일이 왜 중요한지에 대해 열정적인 사람들을 만드는 방법이다.

집중, 집중, 그리고 또 집중

당신과 고객의 접점을 분명히 할 수 있다면, 스타트업으로써 얻을 수 있는 가장 큰 이점은 하나의 단어, '집중(Focus)'으로 귀결된다. 스타트업은 자신의 스토리를 간결하게 말하면서 사람들의 상상력과 관심, 그리고 마음을 사로잡는 능력을 갖추기 때문에 특별해진다. 리프트(Lyft, 역주: 우버와 비슷한 기능을 제공하는 차량 공유 서비스)라는 앱은 비효율적이고 무례한 택시에 맞선다. 그리고 현지인과 연결고리를 만들면서 마치 여행을 하는 것처럼 느끼게 해준다. 스퀘어(Square)라는 앱은 비싸고 복잡한 결제 장비를 사용하는 은행가에 맞서, 유능하고 현대적인 사업가가 되도록 해준다. 에어비앤비(Airbnb)는 비싼 호텔에 맞서, 고객에게 홈셰어링의 경험을 제공하고 고객이 마치 현지인이 된 것처럼 느끼게 해준다. 리프트, 스퀘어, 에어비앤비를 이해하기 위해서는 많은 노력이 필요하지 않다. 그들의 스토리는 간결하고, 자신에 차 있으며, 이해하기 쉽다.

큰 기업들은 그들이 누구인지 간결하고 이해하기 쉬운 말로 표현하기 위해 매년 수십억 달러를 지출한다. 하지만 그 과정을 잘 수행하기에는 관계와 접점이 복잡해서, 고객과의 관계가 쉽게 깨지거나 약해진다. 반면에 스타트업은 과도한 복잡함으로 어려움을 겪지 않는다. 대신에 스타트업은 그들이 누구인지, 왜 중요한지, 왜 사람들이 그들에게 관심을 가져야 하는지를 정확하고 명료하게 선언하는 강력한 스토리를 전할 수 있다.

가장 위대한 스타트업들은 매우 적은 영역에서 뛰어난 성과를 창출하는 데 집중한다. 스타트업으로 성공하려면, 압도적으로 완벽하길 원하는 부분에 선택과 집중을 하고 그렇지 않은 부분을 무시해야 한다.

브랜드 개발에서 가장 중요한 단어는 '집중'이다. 너무 많이 집중해서 위험한 경우는 드물지만, 집중하지 못해 위험한 경우는 흔하다. 당신의 스토리에 집중하라. 스토리에 의미를 부여하고 이를 중요하게 만들어라. 그것이 열광적이고, 헌신적이며, 열정적인 고객을 만드는 큰 이점이 된다.

늘 '집중'해야 한다는 것을 절대 잊지 마라.

6장

상징요소

선구자들

'선구자(Trailblazer)'라는 단어는 아멜리아 에어하트(Amelia Earhart, 역주: 여성 최초로 대서양 횡단에 성공한 비행사), 니콜라 테슬라(Nikola Tesla, 역주: 전기 자동차 회사인 테슬라 회사명의 유래가 된 미국의 전기공학자), 또는 재키 로빈슨(Jackie Robinson, 역주: 흑인 최초의 메이저리그 프로야구 선수)과 같이 다음 세대를 위한 새로운 길을 구축하기 위해 시대의 장벽을 넘어선 상징적 인물을 언급할 때 사용된다. 그러나 이 '선구자'라는 용어가 어디에서 유래되었는지 알고 있는가? 대부분이 비유적인 의미로 알고 있겠지만, 실제로 황무지에서 '불빛(Blaze)'을 다른 하이커들이 보고 따라올 수 있도록 길(Trail)을 만드는 표시의 한 형태'를 의미한다.

에어하트와 테슬라가 사회적이고 지적인 선구자인 반면, 탐험가들은 말 그대로 그들이 가는 길을 따라 다음 사람을 위해 빛을 밝혀 길을 열어

준다. 뒤따라오는 사람이 볼 수 있게 하는 가장 흔한 방법은 길을 따라 놓인 나무나 바위에 흔적을 남기거나 불을 피우는 것이다.

미국 남동부에 살았던 원주민들의 민속 설화 중에는 마을로 향하는 길을 새롭게 만들기 위해 어린나무 꼭대기에 밧줄을 묶어 서로 이어 두면 나무가 자라면서 마을 방향으로 향하면서 마을로 가는 길을 만든다는 오래된 전설이 있다. 그 표식이 어떤 형태이든 궁극적인 목표는 두 가지 기본적인 정보를 전달하고자 한다. 첫째, 현 위치가 어디인지 둘째, 그래서 어디로 가야 하는지에 대한 정보를 제공하는 것이다.

탐험가들이 그들의 길에 흔적을 남기는 것처럼, 모든 기업은 흔적을 남긴다. 의도적이든 아니든 기업활동에 사용되는 모든 심벌, 이미지, 문장, 디자인, 고객경험, 광고 등은 고객들이 다시 인지하고 찾을 수 있게 인도하는 '불꽃(Blaze)'을 남기는 역할을 한다. 이러한 유형의 심벌, 다양한 표현, 고객 경험은 브랜드 상징요소(Artifact)로서 더 쉽게 이해된다. 여기에서 상징요소는 매우 의도적인 용어다. 이 용어는 고객이 어떻게 브랜드를 찾아가는지를 깨닫게 할 뿐만 아니라, 우리를 둘러싼 모든 세계가 서로 연결되어 있다는 자연적인 법칙을 보여준다. 본능적으로 우리는 주위를 둘러싼 환경과 일상적으로 상호작용하며 세상을 이해한다. 즉, 감각적 자극과 그 자극에 대한 반응 사이의 관계를 바탕으로 세상을 이해한다. 시간이 지날수록 다양한 유형의 자극에 대한 구체적인 반응으로 관계를 형성한다.

아침에 느끼는 커피 향기를 소중히 여길 수도 있고, 아끼는 청바지의 느낌을 좋아할 수도 있다. 추수 감사절(Thanksgiving)에 가족과 함께하는 저녁 식사, 과거의 추억을 떠올리게 하는 노래, 단지 바라보는 것만으로 묘한 감정을 느끼게 해주는 사진 한 장에서 삶의 위안을 찾을 수도 있다. 감각적 자극을 통해 우리는 지식과 주위 환경과의 감성적 연결고리를 제공받는다. 이러한 자극들을 상징요소라고 부른다.

브랜드 상징요소를 구축하는 목적은 고객들이 복잡한 시장 속에서 당신이 제공하는 가치를 찾을 수 있도록 강력하고 차별화된 기억 구조를 만드는 것에 있다.

브랜드 상징요소

동굴벽화에서 소셜 미디어 업데이트에 이르기까지 상징요소는 소속감, 사랑, 존중, 충성심 또는 지지와 같은 감정 표현의 기반을 만든다. 또한 사람, 문화, 그리고 그들 뒤에 있는 스토리에 대한 정보를 제공한다. 이를 통해 사람들은 상징요소를 만든 브랜드, 기업 또는 창업가에게 반응하고, 감성적으로 그리고 이성적으로 사업과 브랜딩 활동에 참여한다.

브랜드 상징요소는 종종 의도하지 않은 무형의 고객 경험이기도 하다. 예를 들어, 치폴레(Chipotle, 역주: 미국의 퀵서비스 멕시칸 레스토랑)의 멕시칸 부리또를 만드는 주방 구조, 타임워너(Time Warner, 역주: 미국의 케이블 TV 서비스 회사)의 고객 서비스 전화번호가 없는 것, 맥도날드의 달러 메뉴, 그리고 이케아가 고객이 가구를 직접 조립하게 하는 것은 모두 눈에 띄지는 않지만 핵심적인 브랜드 상징요소다. 이러한 상징요소는 코로나 맥주병에 꽂은 라임이나 오레오 과자를 우유에 적셔 먹는 것과 같이 회사나 제품에 필수적인 부분은 아닐 수 있다.

그들의 마음속에 상징요소는 옛 기억을 다시 떠올리게 하는 장치다. 스토리를 투영하고 고객과의 관계를 반영하는 모든 단서(시각, 청각, 촉각, 미각 또는 후각)가 모두 상징요소다.

이렇게 생각하면 상징요소는 심미적으로 좋게 보이게 하는 겉치장 그 이상이다. 상징요소는 추상적인 의미를 이해하기 쉽고 명확한 신호로 바꾸어, 당신이 누구인지, 스토리가 무엇인지, 그리고 그들에게 제공하는 궁극적인 가치가 무엇인지를 고객이 잘 파악할 수 있게 해준다.

상징요소는 주로 고객들이 회사나 제품 또는 서비스를 접할 때 처음 보거나 듣는 것들이다. 그것이 브랜드 네임, 심벌, 또는 브랜드에 대한 직접적인 경험이든 아니든 상관없다. 궁극적으로 첫 번째 상호 작용을 통해

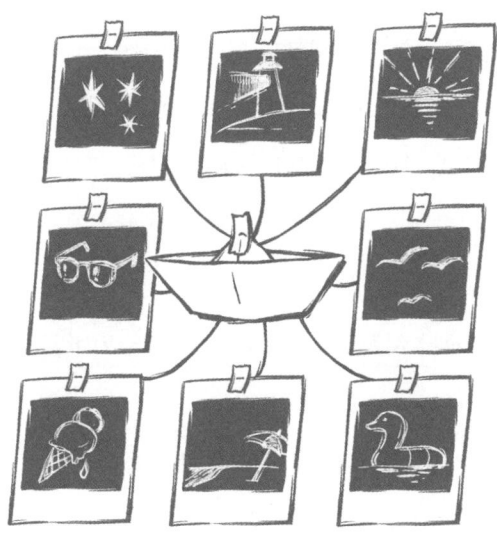

고객이 우리를 인지하고 다른 경쟁 제품 및 서비스와 구별할 수 있도록 해야 한다. 그러나 성공적인 브랜드가 상징요소만으로 만들어진 경우는 거의 없다. 상징요소는 단지 고객들이 당신을 인지하게 하고, 기대를 형성하게 하며, 지속적인 인상을 남길 수 있도록 돕는 역할을 한다.

이를 위해 상징요소는 개별적으로도 통합적으로도 작용한다. 회사의 이름, 사용 경험 또는 비주얼 이미지나 패키지는 기업과 상징요소 사이에 손에 잡히는 실질적인 연관성을 만드는 계기가 된다. 고객과의 관계를 강화하는 데 도움이 되는 인식 가능한 기억 구조를 형성한다.

사람들은 매일 상징요소에 기반해 각각의 회사 또는 브랜드를 구별한다. 빨간색과 흰색 라벨이 부착된 곡선 모양의 유리병은 코카콜라를, 녹색 농기계는 존 디어(John Deere, 역주: 미국의 농기계 제작 회사)를, 검은색과 은색으로 된 유니폼은 오클랜드 레이더스(Oakland Raiders, 역주: 미국의 미식축구팀)를 떠올리게 한다. 문화적 뿌리가 깊은 상징들이 수정되고, 편집되고, 그리고 새로운 의미를 만들어 내기 위해 나란히 펼쳐지는 복잡한 상징주의의 세계에서, 상징요소는 고객이 당신만이 가진 특별함을 해석하고, 당신과 고객의 관계를 강화하는 수단으로 사용된다.

어디에서 시작해야 하는가: 가설에 기반한 개발

오늘날 상징요소를 만드는 데 거의 무한한 옵션이 있지만 효과적인 상징요소와 불필요한 상징요소 사이에는 큰 차이가 있다. 대부분의 평범한 브랜드는 실제로 고객이 어떤 것에 깊이 관여하는지 이해하지 못한 채 상징요소를 만드는 데에만 너무 많은 시간과 에너지를 쓰고 있다. 그 누구도 고객과 연결되지 않는 불필요한 상징요소로 가득한 평범한 브랜드가 되고 싶지는 않을 것이다.

대부분의 스타트업들은 최대한 많은 사람과 연결되기 위한 상징요소를 만들 필요가 없다. 그들은 단순히 어떠한 형태든 많은 연결고리만 만들려고 하지만 가장 먼저 제공하는 가치가 무엇인지, 그리고 누구에게 그 가치를 제공하려 하는지 알아야 한다. 지난해 우리는 고객이 누구인지도 모르고, 제품-시장-브랜드 적합성도 아직 검증되지 않고, 심지어는 론칭도 하기 전인 스타트업으로부터 수십 벌의 티셔츠를 제공받았다. 제공하고자 하는 제품 또는 서비스와의 관계를 확인하기 전에 티셔츠에 로고나 메시지를 인쇄하여 나누어 준다면, 스타트업이 아니라 그저 '티셔츠' 회사에 불과하다.

따라서 브랜드 상징요소에 대해 스타트업이 스스로 해야 하는 시급한 질문은 "얼리어답터와 함께 쌓아갈 수 있는 가장 중요한 연결고리는 무엇이라고 생각하는가?"이다. 다른 말로, "우리가 제공하는 가치가 얼리어답터와 연결될 수 있는 최소한의 상징요소는 무엇인가?"이다.

그 문제에 답하기 위해서는 적극적으로 학습해야 한다.

가설에 기반한 상징요소 개발이란 스타트업이 특정 상징요소의 가치를 검증하거나 필요 없음을 측정하는 것을 말한다. 가장 효과적인 상징요소는 고객들에게 감성적인 공감대를 형성해 무슨 일을 하려 하는지에 대해 더 잘 이해할 수 있게 해준다.

상징요소는 시간이 지남에 따라 변화하고 발전하며 성숙한다. 회사나 브랜드 네임, 대표색 등 특정한 상징요소에만 집착해서는 안 된다. 포춘지 100대 기업 중 대부분이 브랜드 상징요소를 재설계하거나, 완전히 분해해서 다시 시작했다. 게다가 스타트업들은 제품-시장-브랜드 적합성에 도달할 때 브랜드를 바꾸는 경우가 있는데, 이는 그제야 그들 스스로 고객과의 관계를 진정으로 이해할 수 있게 되기 때문이다.

또한 테스트할 상징요소를 한 가지 버전만 선택할 필요도 없다. 여러 버전을 테스트하여 고객과의 관계 형성에 가장 효과적인 방법을 찾을 수 있다. 무엇이 효과가 있는지 알게 되면 많은 낭비를 하지 않고도 효과적으로 투자·확장·개선할 수 있을 것이다.

가설에 기반한 상징요소 개발은 대부분의 브랜드 에이전시와 전문가들이 제공하는 것과는 큰 차이를 보인다. 기존 브랜딩 모델은 상징요소의 대량 생산에 집중하고 있다. 에이전시는 이러한 상징요소를 '최종 결과물(Deliverables)'이라고 부르며 로고부터 전면적인 '아이덴티티 시스템'에 이르기까지 전체 프로세스에 대한 비용을 책정한다.

스타트업에서만 이러한 낭비가 일어나는 것은 아니다. 대표적 실패 사례로 펩시는 브랜드 로고 리뉴얼에 1백만 달러 이상을 투자했다. 디자인 에이전시는 "최고의 브랜드 디자인 전략(BREATHTAKING Design Strategy)"이라는 제목의 27페이지 분량의 문서에서 자신들이 만든 로고가 자기장, 풍수지리, 르네상스, 뫼비우스의 띠, 모나리자, 황금비율 등의 다빈치 코드(Da Vinci Code of Artifact Design)였음을 증명하기 위한 다양한 근거를 제시했다.[19]

결과는 어땠을까? 기존 로고가 살짝 회전된 형태였는데, 가운데 물결 모양의 흰색 선이 비스듬하게 움직이는 모양이었다. 이에 대한 고객들의 반응은 어땠을까? 유명 잡지, 인터넷 포럼, 블로그 등에서 터무니없는 디자인 전략 자료와 리뉴얼에 드는 엄청난 비용뿐만 아니라 오바마 로고 캠페인과 아주 흡사하다는 이유로 펩시는 많은 비난을 받았다. 깜짝 놀라 숨이 멎을 만한(Breathtaking) 디자인의 탄생은 아니었다. 전통적인 모델에서 기업들은 모호한 아이디어, 완전히 주관적인 의견과 중의적인 말들로 그들의 상징요소를 '개선'하는 데 엄청난 돈을 써왔다.

적어도 펩시는 그러한 큰 실패를 감당할 수 있었다. 그러나 스타트업에는 소중한 시간과 리소스, 그리고 부족한 사업자금을 쓰게 만드는, 사업을 망하게 하는 접근이 될 수도 있다.

스타트업 창업가로서 어떤 상징요소가 필요한지, 그리고 어떤 상징요소가 효과적인지 모르는 경우가 대부분이다. 실제 거래가 이루어지는 시장에서 당신이 만들어 내는 가치가 무엇인지, 누구를 위해 존재하는지도 모른다면 어떻게 그 가치를 표현할 수 있겠는가?

알아낼 수 있는 유일한 방법은 시장에서 테스트하는 것뿐이다.

이케아와 타임 워너 케이블의 사례처럼 많은 경우 상징요소는 명확하지 않을 수 있고, 따라서 초기 단계에서 예측하기도, 알기도 어렵다. 단지 브랜드 상징요소가 될 만한 무언가를 원한다고 해서 그것이 생각처럼 쉽게 되지도 않을 것이다. AOL(역주: 미국의 인터넷 미디어 회사이자 메신저로도 유명했던 미국의 대표적인 온라인 회사)의 창업가 스티브 케이스(Steve Case)는 "메일이 도착했습니다(You've Got Mail)."라는 말이 1세대 인터넷 사용자들에게는 얼마나 상징적일지 예측할 수 없었을 것이며, 톰 행크스와 맥 라이언이 주연한 할리우드 블록버스터 영화 제작을 위해 영화사가 이 이름을 빌릴 것이라고는 상상도 못 했을 것이다.

현명한 스타트업들은 어떤 상징요소가 조직의 DNA와 통합되면서 가치를 창출하는지를 알아낸다. 테스트 인쇄, 낙서, 시제품 제작, AB 테스트 및 다양한 변수 테스트를 통해 특정 상징요소의 가치를 확인할 수 있다.

상징요소는 다양하게 테스트되어 잠재 고객과 공유될 때 비로소 전달하고자 하는 제품과 서비스의 가치와 맥락을 같이 하여 회사에 의미 있는 결과를 가져다준다. 《혼자 일하지 마라》의 저자인 키이스 페라지(Keith Ferrazzi)는 그의 저서에서 "기술과 인간의 상호 작용이 새로운 방식으로 교차하고 있는 이 시점에서 감성, 공감, 협력이 성공의 중요한 요소다. 이 새로운 경제 체제하에서는 신뢰와 대화가 필수적이다."라고 언급했다.[20]

─── 케이스 스터디 ───

βetabrand

비행선, 패션쇼, 디스코 재킷: 스토리를 전달하는 상징요소
크리스 린드랜드(Chris Lindland, 공동 창립자 겸 CEO)와의 인터뷰

내가 가장 좋아하는 옷 중 하나는 파란 벨벳의 스모킹 양면 재킷이다. 그럼 당신은 해골 모양의 단추가 달린 멋진 스모킹 재킷(역주: 남자가 실내에서 편하게 입는 재킷)을 사려면 주로 어디로 가는가? 물론 베타브랜드(Betabrand, 역주: 미국 샌프란시스코에 본사를 둔 소매 의류 회사이자 크라우드 펀딩 플랫폼으로 매주 제한된 수량으로 신제품을 디자인, 제작, 출시함)일 것이다! 베타브랜드는 독특한 표현, 놀라운 의상, 재미있고 깜짝 놀랄 만한 디자인(세로줄 무늬 후드 티 같은)을 통해 섬세한 옷감을 자유롭게 뒤섞는 것으로 잘 알려진 디자인 의류 회사다. 그들은 열정적이고 헌신적인 고객들을 만들어 갔다. 베타브랜드의 창업가인 크리스 린드랜드는 사람들이 파티에 참여하도록 자극하는 상징요소를 어떻게 만들어 냈는지에 대해 이렇게 이야기한다.

Q: 베타브랜드의 스토리는 무엇이며, 이 모든 스토리는 어디서 온 것인가?

A: 두 가지 스토리가 있다. 베타브랜드가 있기 전의 스토리와 베타브랜드의 스토리다. 베타브랜드 이전의 회사는 코드어라운즈(Cordarounds)였는데, 코드어라운즈를 시작하기 전에는 투자를 받지 않았지만, 투자자가 우리 사업에 투자하기를 먼저 원할 정도로 사업은 잘 운영되었다.

하지만 사람들이 우리가 만든 바지가 '코르덴(코듀로이)' 소재인지 더 이상 물어보지 않았으면 해서 회사 이름을 좀 더 대중적으로 바꾸기로 했다. 베타브랜드는 여기서 출발했다. 베타브랜드라는 이름은 재창조가 매일 일어나는 곳이라는 의미로 만들어졌다. 이름 그 자체는 언제든 바꿀 수 있다는 것을 알았기 때문에 항상 열려 있는 자세로 충분히 실험할 수 있도록 했다. 베타브랜드라는 이름을 생각해내는 데는 많은 시간이 걸리지 않았고 로고를 만드는 데에도 역시 많은 시간이 걸리지 않았다. 하지만 그것이 의미하는 바를 발전시키는 데 많은 시간이 걸렸다.

Q: 당신은 패션 업계에서 꽤 안정적인 위치에 있다. 그리고 베타브랜드의 고객들은 자신이 선택한 옷과 꽤 강한 동질감을 형성하고 있다. 이 시장에서 스타트업으로써 시장 내 다른 플레이어들과는 차별화된 나만의 스토리를 만들어가기 위해 어떤 노력을 하고 있는가?

A: 패션 업계에서 사람들의 열망을 자극하는 옷을 만든다는 것은 큰 도전이다. 왜냐하면 랄프 로렌(Ralph Lauren)이 이를 위해 매년 막대한 예산을 사용하기 때문이다. 또한 우리가 전문적인 스포츠 의류를 만들 것이라고 말한다면, 나이키의 사업 역량, 브랜드 그리고 그들의 브랜드 아이덴티티와 경쟁하게 된다. 이 브랜드들은 사업을 알리고 고객과 관계를 맺는 접점을 만드는 과정에 있어서 강력한 경쟁

자들이다. 그래서 우리는 베타브랜드가 크리에이티브와 고객 경험에 대해 이야기할 것이라고 말했다. 고객에게 크리에이티브한 사람이 되라고 말하는 브랜드는 많지 않기 때문이다.

대신에 다른 브랜드들은 "네 인생을 살아라." 또는 "너 자신이 되어라." 등의 말을 한다. 우리는 단지 "크리에이티브한 사람이 되세요."라고 말하고 있다. 우리가 표현하는 방식이 충분히 크리에이티브하다면, 고객도 그들이 생각하는 '크리에이티브'라는 단어의 의미를 공유하고 표현할 것이라고 생각했다. 그것은 단지 "우리 베타브랜드는 크리에이티브하다."라고 직접 전달하는 것이 아니었다. 대신, 우리는 크리에이티브하고 흥미로운 것들을 찾는 여러 요소를 만들어 공유했다. 우리가 누구인지가 결국 옷을 입는 법을 만들어낸다. 그래서 '크리에이티브한 것'이 무엇인지, 그리고 그것을 표현하는 다양한 방식과 생각에 대해 고객과 공유하고 이야기 나눌 수 있게 되었다.

Q: '고객의 스토리에 참여할 권한을 얻는 것'은 멋진 콘셉트다. 어떻게 그 스토리를 담은 상징요소를 만들 수 있었고 고객들과 함께 참여할 권한을 얻게 되었는가?

A: 99% 상상과 1% 패션의 결과다. 우리는 뉴스레터에 의도적으로 욕설과 유머를 담았다. 그것은 탐험에 관한 것이었다. 처음부터 우리의 무한한 야망을 이야기했다.

우리에게는 샌프란시스코를 지나는 비행선을 만들 99년짜리의 계획이 있었고, 실현 가능성에는 의심의 여지가 없었다. 단지 99년의 세월이 걸리고, 결국 그것이 이루어지는 것을 살아있는 동안 보지 못할 뿐이었다.

지금으로부터 99년 후의 구인 공고 게시물을 올리는 것과 같은 일 말이다. 우리 회사의 바지 한 벌을 입고 남극 대륙을 탐험한 남자가 있다는 것을 알게 되었고, 그래서 남극 대륙을 베타브랜드의 또 다른 이름이라고 우기기도 했다. 그리고 우리는 그린란드가 대륙으로 선언되도록 로비활동을 시작했고, 그래서 그린란드에서 베타브랜드가 인기를 얻을 수 있었다. 이 스토리들에는 모든 사람들이 필연적으로 이런 스토리를 받아들여야 한다는 자신감이 바탕이 되었다. 이러한 자신감이 우리 스토리의 큰 부분이었다.

또한 많은 이벤트를 진행했다. 항상 모든 것의 '세계 최초'가 되기를 원했고, 과장된 행동은 항상 도움이 되었다. 예를 들어, 9개월마다 샌프란시스코에서 "최초 인증을 받은 싱글 남성 패션쇼"를 열었다. 매번 이 행사를 "첫 번째"라고 불렀고 이는 전혀 문제 될 것이 없었다. 농담이라는 것을 알았기 때문에 수백 명이 참여했다. 그들은 무대에 나가 스타가 될 수 있었고 그들이 이러한 경험을 할 수 있도록 해주었기 때문에 열성적인 고객을 만들 수 있었다. 실제로, 이 행사는 역사상 가장 예산이 적게 드는 패션쇼였다. 그리고 우리 브랜드에 열광하는 팬들의 세계에서 일어나고 있는 현상에 대해 보도했다. 이야기의 80%는 과장되었지만 20%는 진짜였다. 그것이 의도한 편집자적 관점이었다. 과장법은 사업의 기반이 되는 큰 틀을 마련했고, 관계는 실제로 과장된 다양한 요소들로 인해 진화하고 단단해졌다.

Q: 당신은 야심 차고 거대한 비전과 장난스럽고 과장된 표현 사이에서 균형을 잘 맞추는 것 같다. 어떻게 이런 스타일을 갖게 되었는가?

A: 베타브랜드의 이러한 표현 스타일은 패션 업계에서 독특한 편이기는 하지만 전례가 없는 것은 아니다. 이전에 스토리와 스케치에 기반한 패션 브랜드를 운영

한 제이 피터맨(J. Peterman)이라는 사람이 있었는데, 80년대와 90년대에 카탈로그를 활용해 사업을 했다. 업계에서 우리가 이룬 것은 제이 피터맨이 스토리텔링에서 보여준 업적에 비하면 아직도 많이 부족하다. 우리가 패션 브랜드 중 최고의 스토리텔러라고 선언함으로써 제이 피터맨의 놀라운 성취를 무시하는 것처럼 유머러스하게 표현했다.

그리고 이것은 내 오래된 믿음에 기반한 것이다. 오래전에 나는 '디 어니언(The Onion, 역주: 미국 및 해외 각 지역의 풍자적인 뉴스를 전하는 웹사이트)'이 옷을 팔면 역대 최고의 온라인 소매점(Online retailer)이 될 거라고 믿었다. 그래서 항상 "디 어니언만큼 훌륭한가?"라고 자신에게 질문했다. 오직 최고, 최고, 최고, 최고로 읽히는 뉴스레터를 만들었다. 디 어니언이 온라인 소매점이 될 것이라 생각하지 않지만, 그들이 의류 브랜드를 갖고 있다면 어떤 남자가 그 브랜드를 좋아하지 않을까, 라는 생각을 했다. 그래서 우리는 단지 우리가 가진 제품과 아이디어로 할 수 있는 일을 하려고 할 뿐이다.

Q: 분명 효과가 있었다. 왜 사람들이 당신의 스토리에 공감하고, 지지한다고 생각하는가?
A: 초기에 많은 팬이 생기게 된 계기는 아주 작지만 솔직하고 야망 있는 생각 때문이었다. 그것은 단지 우리가 어디에 있는지, 불가능을 넘어 어디로 가고 싶어 하는지에 대한 것이었다. 우리가 분수에 맞지 않게 너무 큰 것을 바란다고 생각하는 사람은 아무도 없었다. 매우 작은 규모였지만, 사람들은 열정적이고 과장된 비전을 높이 평가했다. 99명의 노동자와 가축들을 태울 만큼 큰 비행선을 만들겠다는 것은, 매우 긍정적이고 많은 의미를 담고 있다. 우리는 밉살스러울 만큼 열정적

2부 : 개발 - MVB

인 지점까지 갔다가 다시 그것을 농담으로 전환했다.

내가 생각한 접근 방식은 성공적인 시나리오 작가들보다 열정이 넘치는 시나리오 작가들이 더 많다는 것이었다. 성공적인 시나리오 작가들은 구찌와 프라다를 살 수 있지만, 다른 작가들은 살 수 없을 것이다. 우리는 도전적이고 크리에이티브한 라이프 스타일에 맞는 옷을 제공한다. 그것이 내가 접근하는 방법이다. 이렇게 접근하면 내가 잘 알고 있고 내가 사랑하는 사람들에게 말하고 있는 것처럼 보이기 때문이다. 크리에이티브한 성공을 위해 적극적으로 노력하는 사람들이 어떤 사람들인지, 또 그들이 누구인지 알고 있고, 무엇이 그들에게 동기를 부여하는지 알고 있다. 모두 각자의 개성을 가진 다른 사람들이지만 우리와 대화를 나눌 사람들이라면 결국 그 사람들 사이에는 유사한 점들이 있다고 믿었다.

Q: 그런 관점에서 볼 때, 어떤 종류의 상징요소가 이 사람들을 끌어들인다고 생각하나?

A: 잠재 고객에게 이야기를 전달할 플랫폼을 제공하고, 유명해지려고 노력하는 고객이 우리를 통해 보상을 받고 있다고 확신하게 만들어 준다면 진정으로 고객들과 연결될 수 있다. 우리 로고를 가지고 놀다가, 알파벳 'B'를 옆으로 돌려보면, 약간 우스꽝스러운 선글라스처럼 보인다는 것을 발견했다. "와! 이건 마치 사진에 콧수염을 붙이는 것 같네. 사람들이 이 바보 같은 안경을 쓰고 사진을 찍어서 보여주면, 할인을 해 주는 것은 어떨까?" 그 대답은 수천 명의 참여를 통해 알 수 있다. 우리는 그들을 충성 고객이라고 부르며, 웹사이트와 SNS 계정 등 다양한 매체에 이들의 사진을 게재했다. 바보 같아 보이겠지만 기분 좋은 바보 같음이다. 그렇기에 웃기는 것이다.

우리는 뉴스레터, 페이스북, 트위터와 같이 광고할 수 있는 도구들을 사용한다. 이러한 도구들은 큰 문화를 만들어내고, 고객과 접점을 만들 좋은 기회. 이를 통해 많은 사람을 참여시켜 자생적으로 생산되는 이미지와 다양한 스토리를 볼 수 있게 된다.

특정 커뮤니티가 베타브랜드의 일정 부분에 참여해, 제품 개발을 주도하고 이를 경험하는 방식을 보여주는 다양한 새로운 제품을 만들기를 바란다.

이러한 사진들이 전 세계의 다른 지역 사회에서도 공감대를 형성하고 관심을 끌었던 이유는 그들을 참여하도록 했기 때문이다. 예를 들어, 디스코 재킷 제품이 지금 인기를 끌고 있는 것처럼, 인기를 끌기 위한 노력은 아무것도 하지 않았다. 그저 사람들이 우리에게 보낸 아이디어와 사진을 따라갔을 뿐이다. 우리는 고객에게 특정한 행동을 강요하지 않았다. 그들이 스스로 무엇을 하는지, 어떻게 표현하는지, 그리고 그것에 대해 무엇을 하는지를 알고 싶었을 뿐이다.

Q: 이런 것들이 언제 작동하는지, 작동하지 않는지 알려 주는 기준은 무엇인가?
A: 오픈율(Open rate)과 클릭률(Click rate)이다. 만약 우리가 이 편집 방식을 택해서 다른 업체보다 오픈율이 높다면 올바른 방향으로 가고 있다. 당신이 베타브랜드에서 온 뉴스 레터를 읽어 본다면 분명히 위트 있고 재미있다고 생각할 것이다. 만약 거기에서 수치들을 발견할 수 있다면, 이것 또한 굉장할 것이다. 재미있는 이야기들과 사진들을 많이 가지고 놀 수 있기 때문에 그런 식으로 고객을 모으는 것도 재미있다. 그런 다음 이러한 모든 것을 웹사이트에 반영하고 크리에이티브한 관점을 추가할 수 있다.

스타트업의 전제는 성공하느냐, 실패하느냐이다. 그렇지 않은가? 그리고 모든 창업가는 자신이 성공하기를 바란다. 그 과정에서 훌륭한 브랜드를 만들어 낸다면, 정말 멋질 것이다. 진짜 시험은 해낼 수 있느냐, 아니냐에 있다. 다시 말해, 크라우드 소싱, 크라우드 펀딩, 그리고 크라우드 사진을 통한 고객과의 진정한 상호작용이 막대한 수익을 창출할 수 있다면, 결국 우리에게 유리할 것이다. 하지만 우리는 이 모든 것들에 많이 투자했다. 그리고 모두가 상상하는 현대적인 브랜드의 이미지를 갖추게 되었다는 것을 알고 있다. 하지만 이것이 큰 재정적 성공으로 이어질지는 오직 시간만이 말해 줄 것이다.

우리는 지금까지 성공적으로 계속해서 많은 고객을 확보하고 있다. 하지만 2년 뒤에 상황이 어떻게 변할지 모른다. 베타브랜드처럼 보이려고 하는 브랜드들이 많기 때문에 우리는 어쩌면 진부한 브랜드가 될지도 모른다. 그렇다면 어떻게 해야 할까?

Q: 브랜드 네임을 변경하는 것은 어떤가?
A: 그것도 좋다. 내가 항상 농담처럼 하는 이야기인데 만약 엄청난 성공을 거둔다면, 나는 brand.com이라는 도메인을 구입하고, 베타브랜드라는 기업명에서 '베타'라는 단어를 빼고 싶다. 그리고 이러한 모든 과정이 계획이었던 것처럼 행동하는 것도 꽤 재미있을 것 같다. 하지만 brand.com이라는 도메인의 가격이 10억 달러를 훨씬 넘지 않을까 생각한다.

Q: 진짜 있을 법한 이야기인데 그렇게 된다면 굉장히 재미있을 것 같다.
A: 내가 좋아하는 농담 하나 때문에 큰돈을 쓰지는 않겠지만, 실제 그렇게 된다면 아주 좋을 것 같다.

Q: 베타브랜드는 브랜드 스토리를 이야기할 때 매우 편안해 보인다. 많은 스타트업들이 자신들의 스토리를 찾아내고 이를 분명히 표현하려고 애쓰고 있다. 왜 이 작업이 효과가 있는가? 그리고 사업을 시작하는 사람들에게 한마디 조언을 해준다면?

A: 어떤 사람들이 이것을 읽고 "글쎄요. 우리끼리 이야기지만 지금 개인 신용카드로 겨우 버티고 있는데 이걸 굳이 해야 합니까?"라고 말하는 모습을 쉽게 상상할 수 있다.

믿거나 말거나, 초기에 베타브랜드를 내 개인 신용카드로 운영했을 때도 마찬가지였다. 오늘날 사람들이 베타브랜드를 보면서 "아이고, 나는 14,000개의 이미지와 이 많은 스토리 그리고 모든 헌신적인 고객과 제품을 따라잡을 수 없을 거야."라고 말하지는 않을 것이다. 브랜드 개발의 관점에서, 우리는 항상 일관성 있는 스토리를 쌓아왔고 지금은 단지 그 규모가 커졌을 뿐이다. 고객들이 단지 몇 명에 불과했던 초기에는 더 열심히 노력해야 했지만 스토리만은 항상 한결같았다.

나는 우리가 먼저 스스로 감탄할 만한 크리에이티브한 표현을 해야 한다고 생각한다. 그러면 자연스럽게 고객들이 우리와 어울리려 할 것이라고 믿었다. 예를 들어, 유명인을 초청해 우리와 일해보자고 제안하지 않고 오히려 유명인이 먼저 다가오기를 기다렸다. 언젠가는 유명 인사가 내 물건을 살 것이라는 막연한 이유만으로 할리우드 협찬 제안을 거절해왔다. 이런 태도는 정말 내가 보기에도 많이 무례했다. 하지만 그들에게는 베타브랜드에서 물건을 살 수 있을 만큼 내가 가진 것보다 훨씬 많은 돈이 있었기 때문에 협찬하지 않았다.

만약 진정으로 자신의 목소리를 가지고 있고 그 목소리에 만족하고 있다면, 나보다 훨씬 더 많은 팬들을 보유한 유명한 사람들이 오히려 함께 일하고 싶어 한다는 것을 배웠다. 예를 들어, 스티븐 콜베어(Stephen Colbert, 역주: 미국의 유명 코미디언, 작가, 프로듀서, 배우 및 TV 진행자)는 우리의 제품을 계속 사고 있다.

우리는 그의 스태프들이 가진 능력을 따라갈 만큼 재능이 있지는 않지만 — 그렇게 유머가 뛰어난 사람과 비교하는 건 불공평하다 — 계속해서 노력 중이다. 크리에이티브 업계에 종사하는 사람들이 우리에게 협력하러 찾아오기 때문에 이러한 노력은 보상받는다고 생각한다. 우리는 과학자, 유명한 요리사 같은 사람들과 함께 일하고 있다. 하지만 그들이 가장 먼저 하고 싶은 것은 우리와 함께 일하는 것이다. 그들에게도 경제적 혜택이 돌아가는지는 그다음의 문제이다. 사람들이 당신과 어울리길 바라기 전에, 자신만의 목소리를 가져야 한다. 우리는 이제 유명인사들과 수준 높은 말을 할 수 있지만 그 이전에 먼저 납득시켜야 할 많은 평범한 사람들이 있었다. 평범한 사람에게 당신과 함께하기를 설득할 수 없다면 결코 유명인사와는 어울리지 못할 것이다. 엄청나게 많은 평범한 사람들이 있는지 확인해야 한다. 이를 무시하고 앞으로 나갈 수 있다고 생각하는 것은 잘못되었다. 당신이 진정성 있고 크리에이티브하고, 흥미롭다면 유명한 사람들조차도 고객이 될 수 있다.

반드시 당신만의 열성 팬들과 고객을 가져야만 한다. 그것을 구축하려면 당신의 스토리를 항상 이야기해야 한다. 그리고 다음과 같이 항상 자문해야 한다. "스토리를 말하기에 더 좋은 방법이 없을까? 더 흥미진진한 표현방법이 있을까?"

효과적인 상징요소란

상징요소를 개발할 때 불필요하게 세세한 부분에 빠지지 않도록 주의해야 한다. 고객과 팀을 끌어들이는 높은 기준을 만족시키는 속성들에 신경을 써야 한다. 스타트업에는 제품의 기능적 혜택과 특징이 아닌 감성적인 아이디어가 가장 효과적이고 오래 지속되는 상징요소다. 제품이 효용가치를 생산한다면 브랜드는 감성적 가치, 즉 제품과 회사가 전체적으로 고객에게 미치는 모든 영향을 나타낸다.

모든 창업가들은 초기의 다양한 시도가 모두 합리적이고 명분이 있기를 원한다. 그러나 너무 많은 비용을 들일 필요는 없다. 일단 상징요소의 프로토타입이 시장에서 검증되면 더 많은 것을 투자할 수 있다.

먼저 스토리의 유효성을 밝힌 다음, 확인된 상징요소를 통해 관계를 만들어 가는 데 투자해야 낭비를 최소화할 수 있다. 효과적인 상징요소는 다음과 같이 몇 가지 공통점이 있다.

1) 명확한 자기 정체성
2) 고객과의 관계
3) 시간이 지남에 따라 즉각적으로 인식 가능한 기억 구조

린 브랜드에서는 실험과 검증된 학습을 통해 고객과 원하는 관계를 구축할 때 가장 중요한 상징요소를 발견하고자 한다. MVB를 통해서 이를 확인할 수 있다. 모든 기업과 브랜드는 제공하고자 하는 기능적 혜택과 감성적 가치를 고객들이 공감하고 이해할 수 있는 가장 효과적인 상징요소를 적절히 조합하고 반복해서 전달해야 한다.

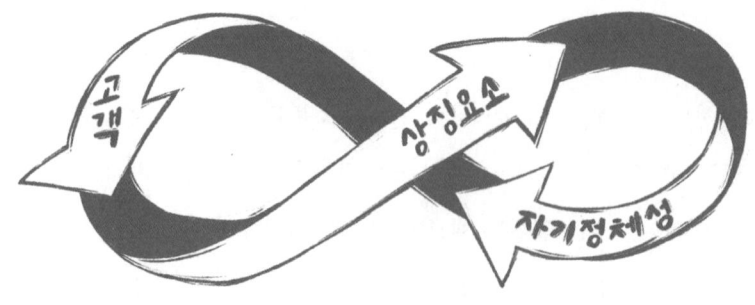

로고는 어떻게 해야 할까

일반적으로 상징요소라 하면 브랜드 로고를 떠올릴 것이다. 요즘 들어 우리는 브랜딩이 단순히 로고 이상의 것임을 이해하게 되었다. 그러나 많은 창업가가 사업 초기에 본능적으로 로고만으로 브랜딩을 시작한다. 그들은 로고를 만들기 위해 귀중한 시간, 자원, 돈을 쓰고, 명함에서 자동차의 뒷유리에 이르기까지 가능한 많은 장소에 이 로고를 쓰기를 원한다. 단순히 멋지게 잘 디자인되어 가진 것만으로 기분 좋을 수도 있지만, 로고 디자인 그 차제만으로는 고객들과 의미 있는 관계를 만들지 못한다.

로고가 실제로 무엇을 의미하고 어떤 역할을 하는지를 확실히 이해할 필요가 있다. 로고타이프(Logotype)의 약자인 로고는 기업체를 구분하게 하는 식별 마크로, 흔히 상표를 일컫는 비즈니스 용어다. 일반적으로 사람들이 로고를 말할 때, 그들이 실제로 의미하는 것은 상표다. 따라서 TM(Trademark)은 회사가 상표권을 주장하지만 로고가 공식적으로 등록되지 않은 경우(등록된 경우®로 표시됨)에 사용되며 실제로는 특허청에 등록된 상표에 사용된다.

　사업체를 식별하는 데 사용되는 상표에는 여러 가지 유형이 있다. 상표는 심벌, 아이콘, 모노그램, 배지, 기호 또는 기타 그래픽 장치일 수 있다. 예를 들어, 셸(Shell)은 심벌을 사용하지만, 엘지(LG)는 모노그램을 사용한다. 로고는 수천 년 동안 다양한 형태로 존재해 왔다. 고대 이집트인들은 주인이 누구인지 표기하기 위해 가축에게 상형문자를 붙였는데, 이를 일종의 로고로 볼 수 있다. 로마인들과 그리스인들은 도자기에 만든 이가 누구인지 식별할 수 있는 표시를 사용했다.

　중세 시대에 이러한 상표를 사용하는 것은 흔한 일이었고, 심지어 특정 상품에는 필수 항목이 되기도 했다. 돌로 물건을 만드는 기술자인 석공에서 양조 전문가에 이르기까지 숙련된 노동자들을 위한 길드가 형성되었고, 길드의 표식은 품질이 낮은 상품과 길드의 상품을 구분하는 역할을 담당했다. 귀족들은 그들만의 표식을 통해 지위와 재산을 과시했고, 전쟁터에서는 그들의 군대를 나타내는 가문의 문장을 활용했다.

　20세기 초, 컬러 인쇄술의 도입과 광고의 탄생으로 상표에는 문장, 다양한 상징과 상황의 이미지를 혼합하여 사용하는 추세가 생겼고 대중들은 상표에 표시된 상징들과 그 의미를 이해하려고 했다. 바다를 항해하는 일러스트나 농업적인 일러스트가 순수함과 신선함을 나타내는 반면, 왕관과 사자 같은 우아한 일러스트는 위엄과 안정성을 느끼게 하는 것처럼 말이다. 50년대와 60년대의 모더니즘 운동이 일어나자 복잡했던 IBM, AT&T, UPS, 존 디어 등의 로고 디자인이 단순화되었다.

　전통적인 브랜딩 방법의 오래된 역사와 전통 그리고 다양한 성공 사례에도 불구하고, 과도하게 투자한 로고만으로 브랜드 상징요소를 시작하는 것은 낭비다. 왜냐하면 로고를 보자마자 그것이 너무 대단하고, 놀랍고, 소중해서 그들의 친구와 공유하는 사람들은 거의 없다. 왜 그럴까? 당신이 하는 사업의 의미를 담아내지 못한 로고는 주목할 만한 것도, 구별할 수 있는 것도, 심지어 특별히 독특한 것도 없기 때문이다. 타셴(Taschen, 역주: 세계 3대 아트북 출판사 중 하나)이 출판한 로고 관련 서적을 보면, 수많은 로고 디자인이 혼재된 것을 볼 수 있다.

창업 초기에, 특히 고객과의 관계를 구축하는 초기 단계에 있을 때, 브랜드 로고는 고객과의 관계를 형성하는 몇 안 되는 방법 중 하나다.

왜냐하면 브랜드 개발의 목적은 공유된 가치를 바탕으로 고객과의 관계를 발전시키는 것이기 때문이다. 간단히 말해, 고객과의 관계를 반영하지 않는 로고는 결국 낭비로 이어진다.

로고에 많은 시간과 자원을 사용하지 않아도 되는 몇 가지 이유는 다음과 같다.

- 로고는 일방적이다.
- 로고는 유효 기간이 짧다.
- 로고는 일반적으로 매우 작게 사용된다. (웹사이트의 평균 크기는 150px x 30px)
- 모든 로고가 다 독특한 건 아니다. 그리고 누구나 하나씩은 갖고 있다.
- 무엇보다도 디자인이 얼마나 훌륭한지 여부와 상관없이, 그 자체로 가치를 창출할 가능성은 희박하다.

대부분의 스타트업에 '반드시 가져야 하는' 상징요소는 거의 없다. 회사 이름만으로 만들어진 로고로도 충분하다. 시장에서 회사 가치가 입증되면 슬로건(태그 라인) 정도는 필요하다. 전체 컬러 시스템에 대해 고민할 필요는 없다. 회사 이름을 어떻게 지어야 하는지를 이야기하는 수많은 기사는 대부분 현실적이지 않다. 시스코, 야후, 구글, 페이스북의 성공 기업은 펫닷컴(pet.com, 역주: 닷컴 버블 당시 무너진 온라인 애견용품 유통회사), 웹밴(Webvan, 역주: 2001년에 파산한 온라인 식료품 유통회사), 프렌드스터(Friendster, 역주: 말레이시아 기반의 SNS 사이트)와 같은 실패 사례 또한 로고, 회사 이름, 슬로건(태그 라인) 때문만은 아니다.

시장은 수많은 기업으로 넘쳐나고, 그 안에 있는 사람들은 성공하기 위해 노력하고 있다. 성공한 기업은 로고 디자인만을 강조해서가 아니라, 고객 참여와 상호 작용을 통해 성과를 이루어냈다. 나이키가 스우시(Swoosh, 역주: 나이키 로고)를 만들었지만, 스우시가 나이키를 만들지는 않았다.

정적이지 않고 역동적인

대부분 상징요소는 정적이어서 일방적이고 뻔한 수동적인 브랜드 표현 방식으로 여겨진다. 로고, 컬러 시스템, 광고판, TV 광고는 모두 정적이다. 수많은 스타트업들이 일차원적인 것들을 만들어내는 데 마케팅 예산을 대부분 쓰고 있다. 이러한 상징요소 중 일부는 작은 관심을 이끌었지만, 대부분은 훨씬 더 큰 스토리를 미비하게 표현했다. 기회를 얻기 위해서는 역동적인 상징요소에 초점을 맞춰야 한다.

역동적인 상징요소는 전달하려는 스토리에 공감 및 상호작용을 일으키고 활력을 주며 고객을 끌어당기는 자기표현 기능을 한다. 가장 역동적인 상징요소는 우리의 오감을 모두 고려하며, 이를 통해 생동감 넘치고 거부할 수 없는 브랜드만의 표현을 만들 수 있다.

마틴 린드스트롬은 그의 책 《세계 최고 브랜드에게 배우는 오감 브랜딩》에서 "2-D에서 5-D로의 브랜드 전환"을 언급하며 다음과 같이 말했다. "브랜드와 연결되는 것은 사람과 연결되는 것과 같아서 감각적인 경험이 필요하다. 활용할 수 있는 감각적인 접점이 많을수록 기억이 더욱 강력해지기 때문에 경험을 체계적으로 통합하여 모든 요소를 고려하는 것이 중요하다. 이렇게 하면, 상상력을 자극하고 제품의 품질을 향상시키며 소비자를 브랜드에 묶어둘 수 있다. 감각적인 브랜드를 만드는 첫 번째 단계는 브랜드를 각인시키는 다양한 자극을 만들어 내는 것이다." [21]

레인 윌슨(Rainn Wilson)이 창업한 스타트업 소울팬케이크(SoulPancake, 10장에서 한 번 더 언급할 사례)는 베니스 해변에서 '하트 어택' [22]이라는 사례로 정적인 상징요소와 역동적인 상징요소의 차이점을 보여주었다. "사랑이 필요하세요? 그렇다면 여기를 누르세요."라는 문장이 쓰인 커다란 하얀 상자가 사람들이 분주히 오가는 베니스 거리에 놓여 있었다. 지나가던 사람들이 용기를 내어 버튼을 누르자, 뿌연 연기와 함께 빨간색과 흰색의 하트 상자를 머리에 두른 사람들이 우르르 상자 밖으로 춤을 추며 나왔다.

"모두가 자신의 삶에 사랑을 필요로 하지만, 때로는 찾기가 어려울 수 있습니다."라는 메시지를 표현하기 위해 버튼을 누른 사람을 둘러싸고 색종이 꽃가루를 뿌리며 포옹을 해주었다. 버튼을 누른 사람들과 궁금해서 주변을 둘러싼 관중들은 예상치 못한 경험을 통해 기쁨, 즐거움 그리고 감탄을 느끼게 되었다.

전하고자 하는 이야기를 들려주며 사람들을 모으고 또 그들과의 연결고리를 만드는 멋진 방법이지 않은가? 이 상징요소에 주목할 만한 부분은 소울팬케이크가 그들의 이야기를 역동적인 방법으로 전달했다는 점이다. 그곳에서 직접 경험한 사람들과 운 좋게 그 영상을 본 사람들에게 기억에 남을 만한 경험을 만들어 주었다.

약간의 크리에이티브와 위험을 감수하려는 의지만 있으면 상징요소를 활용하여 스토리를 표현하는 방법은 무한하다. 상징요소가 얼마나 오래갈 수 있을지 걱정하지 말고, 사람들에게 어떻게 각인될 것인지를 걱정해야 한다.

돈을 절약할 수 있도록 도와주는 앱을 개발한 스타트업이 로고나 멋진 랜딩 페이지에 돈을 쓰는 대신, 고객을 현금으로 가득 찬 조그만 방에 들어가게 해서 30초 동안 돈을 가져가도록 하는 이벤트를 주최한다면 어떨까? 이런 경험이 당신의 서비스인 '돈을 아껴주는 앱', 더 나아가서는 당신의 스타트업에 대한 관심과 애정을 불러일으킬 것 같지 않은가?

혹은 친구를 사귀는 방법을 바꾸려고 하는 스타트업이, '공식 메일'을 보내기 위해 편지지를 인쇄하는 데 돈을 쓰기보다, 보스턴 거리의 한가운데 볼풀을 설치하고, "들어와서 친구를 사귀어요."라는 간판을 들고 있으면 어떻까? 그리고 관심 있어 하는 사람들을 완전히 서로 낯선 이들과 함께 대화를 나누도록 한다면 어떨까?

이러한 방법이 '공식 메일'을 보내는 것보다 훨씬 많은 흥미를 끌 수 있을 것 같지 않은가?

로고 개발과 술집을 돌아다니며 잠재 고객과 만나는 것 중, 어떤 것이 고객과의 관계를 더욱 발전시킨다고 생각하는가? (만약 당신의 대답이 로고 개발이었다면, 아마도 술집을 돌아다니며 사람들을 만나본 적이 없을 것이다.)

비록 이러한 종류의 상징요소들이 사람들의 이목을 끌기 위한 홍보활동으로 잘못 해석될 수도 있지만, 단순 홍보보다 훨씬 더 큰 의미를 나타냄을 알아야 한다. 이런 상징요소는 흥미를 이끌어 잠재고객에게 즐거움을 전하는 방식으로 스토리를 전할 기회를 만들어 준다. 단순한 홍보는 당신을 알리는 데 그치지만, 역동적인 상징요소는 잠재 고객에게 흥미를 유발하고 참여를 유도할 수 있다. 전하고 싶은 스토리의 역동적인 상징요소는 어떤 모습으로 표현될 수 있을까? 누구에게나 가능성이 있고 그것을 실행했을 때의 결과는 꽤 놀라울 것이다. 잠재고객은 단지 멋지게 디자인한 로고를 사용하는 것보다 훨씬 더 많이 관심을 두고 참여할 것임이 틀림없다. 이렇듯 예산이 제한되어 있고 아직 관심을 끌지 못한 스타트업은 항상 정적인 상징요소보다 역동적인 상징요소를 만드는 데 우선순위를 두어야 한다.

만반의 준비를 하라

고객이 브랜드를 경험할 때마다 친숙함을 느껴야 한다. 그들이 제품을 사용하든 서비스 담당자와 이야기하든, 아니면 스마트폰을 통해 구매하든 고객과의 소통은 동질감을 형성하고 알기 쉬워야 하며 편안해야 한다.

상징요소 선택은 앞에서 배우고 또 스스로 결정한 "당신이 누구이고 왜 그것이 고객들에게 중요한지"에서부터 시작해야 한다. 상징요소에 대한 접근법은 절대 "이 사진이 마음에 든다. 혹은 저 사진이 마음에 들지 않는다."로 넘어가서는 안 된다(이런 이야기는 집 인테리어를 꾸밀 때나 사용해라). 오히려 고객들이 당신의 있는 그대로의 모습을 보고 스토리에 참여하고 싶어 하게 만드는 방식을 선택해야 한다.

고객과의 연결고리를 만들기 위해 상징요소를 개발하거나 개선하는 것은 큰 돌덩어리에 작품을 조각하는 것이라기보다는 모자이크를 맞추는 것과 같다. 당신이 조각을 몇 개 놓으면 다른 사람들이 거기에 더해 몇 개의 조각을 놓고, 또 다른 이들이 모여 조각을 이어가듯이 말이다. 이러한 '상징요소 모자이크'는 기존의 브랜딩 전문가들이 사용하는 방식과는 다르다. 이 새로운 방식은 공유된 생각과 공동 창작을 기반으로 하며, 규칙이나 가이드라인은 최소화하는 방식이다. 이러한 방식으로 상징요소를 사용하면, 비즈니스의 변화와 성장에 따라 그 과정을 반복하고 발전시킬 수 있다.

당신이 누구인지, 그리고 왜 고객들을 신경 쓰는지를 가장 강력한 방법으로 연결할 하나의 상징요소가 무엇이라고 생각하는가? 어떻게 하면 스토리를 역동적으로 말할 수 있을까? 잠재 고객들에게 빠르게 각인되어 기억 구조를 만들 수 있는 상징요소는 무엇이라고 생각하는가? 목적을 가지고 주의를 기울여 상징요소를 선택해야 한다. 앞에서 배운 대로 상징요소를 만들어 간다면 고객의 관심도 만들어 낼 것이다. 고객의 직접적인 관심을 끌어내지 못하는 곳에는 투자하지 말아야 한다.

7장

연결고리

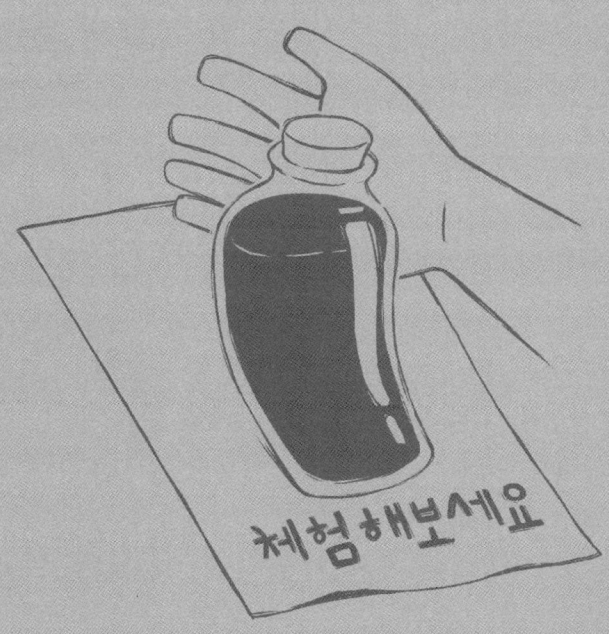

'꿈의 구장'이라는 허상

영화 <꿈의 구장(Field of Dreams)>[23]은 배우 케빈 코스트너의 대표 작품 중 하나지만, 스타트업 세계에서 흔하게 사용되는 "그것을 만든다면… 그들은 올 것이다."라는 전형을 보여준다.

실제로 '꿈의 구장 오류'는 스타트업 업계에서 쉽게 발견된다.

"우리가 더 좋은 X를 만들면, 사람들은 계속해서 구매할 겁니다."
"X 기능을 추가하면 사람들이 결국에는 우리 제품을 사게 될 것입니다."
"우리가 더 나은 X를 갖고 있다면, 사람들이 올 것입니다."
"우리가 메시지를 X로 바꾸면, 사람들이 공감할 것입니다."
"우리가 Y라고 말하기만 하면, 사람들은 결국 그것을 얻을 것입니다."
하지만 현실은 "그것을 만든다면 그들은 오지 않을 것이다."에 가깝다. 앱이 만들어졌거나, 비즈니스 계획이 작성되었거나 마케팅 전략이 수립되었다고 해서 고객이 오거나 계속 방문하는 것은 아니다.

《트러스트 에이전트(Trust Agents)》의 저자 줄리앙 스미스(Julien Smith)는 다음과 같이 설명한다. "당신은 이미 직관적으로 알고 있을 겁니다. 사람들이 당신의 그룹에 합류하지 않거나, 메일을 구독하지 않거나, 콘텐츠를 공유하지 않는 이유에 대해서 말이에요. 이는 그들이 친구들에게 당신 사업에 대해 전하지 않는 이유이기도 하며 장기적으로 관심에서 멀어진다는 의미입니다. 다시 말해 무엇인가를 만든다 해도 그들은 눈길조차 주지 않을 것이라는 말입니다." 24)

어떤 제품을 인기 있게 만들 것인가? 어떻게 최초의 천 명 혹은 수백만 명의 고객들을 얻을 수 있는가? 만약 0이라는 숫자에서 시작하면, 그것은 불가능하다고 느껴진다. 더 화려한 마케팅을 하거나, 홍보 회사를 고용하거나, 더 많은 메시지를 보내는 것이 아니다. 제품의 마케팅을 위해 화려함을 붙이면 본질적으로 제품을 더 가치 있게 만드는 것이 아니라 제품을 더 희미하게 만들 뿐이다.

또한 더 많은 기능을 추가하는 것도 답이 아니다. 너무 많은 특징을 갖춘 제품들은 제대로 거래가 되기 전에 묻히고 시장에서 사장된다. 사람들이 필요로 하는 제품을 만들어야 한다. 필요하지 않은 제품은 사라진다. 단지 제대로 된 제품을 만드는 것만으로는 충분하지 않다. 스타트업은 시장에서 사라지지 않기 위해 사람들과 강한 관계를 형성하고, 당신이 누구인지, 무엇을 만드는지, 그리고 왜 당신이 중요한지에 대해 관심 갖도록 해야 한다.

관계적인 측면에 대해서 평가하자면 많은 사람이 사람과의 연결고리를 만드는 데 능숙하지 못하다는 것이다. 성공한 스타트업은 앱, 주문형 소프트웨어, 서비스, 부수적인 도구나 장치 등을 통해서 고객들이 가치 창출 과정에 참여할 수 있게 연결한다.

"끊임없이 연결하고, 연결하고, 연결하라!"

연결하고, 연결하고, 연결하라

연결고리를 만든다는 것은 사람들로 하여금 가치 창출 과정에 참여하도록 하는 적극적인 요청이다. 이는 '메시지' 이상이다. 사람들은 당신이 무엇을, 어디에서, 어떻게 말하느냐에 따라 반응하는 방식이 달라진다. 이때 누군가를 교묘하게 속이기 위한 언어나 마케팅 표현을 사용해서는 안 된다. 면대면으로 누군가를 연결하는 것은 간단하지만, 실질적으로 효과가 있는 연결고리를 만드는 건 어려운 일이다. 일반적으로 사람들의 주의력이 부족하기 때문이다.

몇 년 전에 워싱턴 포스트는 주의력에 대한 사회적 실험을 했다. 세계 최고의 바이올린 연주자 중 한 명인 조슈아 벨(Joshua Bell)이 워싱턴 DC의 혼잡한 지하철역에서 사람들이 가장 붐비는 시간에 공연하는 것이었다. 평범한 외출복을 입은 벨은 완전히 자신의 신분을 숨긴 채 350만 달러가 넘는 바이올린으로 고난도의 곡을 연주했다. 그는 45분 동안 연주했지만 수천 명의 사람 중에서 집중한 사람은 오직 6명뿐이었다. 연주가

끝난 뒤에도 아무도 그를 알아보지 못했다. 박수를 치는 사람도 없었으며 누구도 그의 연주를 인정하지 않았다.

워싱턴 포스트의 실험은 문자 그대로, 우리의 주의력 결핍이 얼마나 적나라한 현실인지를 보여주었다. 실험이 끝나고 워싱턴 포스트의 기자이자 퓰리처상을 받은 진 바인가르텐(Gene Weingarten)은 이렇게 썼다. "미국인은 바쁘다. 젊은 프랑스 사회학자인 알렉시 드 토크빌(Alexis de Tocqueville)이 1831년 미국 방문 당시, 미국인이 고된 노동과 부의 축적 외에 다른 것으로부터 얼마나 소외되었는지에 대해서 놀랐고, 경악했던 그때부터 지금까지 별다른 변화가 없다." [25]

정말로 거의 변하지 않았다. 2013년에 우리는 각각 하루에 30개 이상의 문자 메시지를 보냈다.[26] 유튜브에서 한 달에 60억 시간이 넘게 비디오를 시청했고,[27] 스카이프에서 하루에 20억 분 이상 시간을 보냈다.[28] 한 달에 1,000시간 넘게 TV를 시청했고,[29] 하루에 1448억 통이 넘는 이메일을 전 세계로 보냈고,[30] 이메일을 읽는 데 일주일에 11.2시간을 소비했다.[31] 사람들의 주의력은 확실히 부족해졌다.

오늘날에는 엄청난 양의 마케팅 메시지가 만들어진다. 50년 전에는 라디오, 텔레비전, 인쇄 매체 등 세 가지 주요한 의사소통 수단이 있었다. 당시에 사람들은 매체에 나오기만 해도 관심을 가졌다. TV 프로그램 중간에 광고가 나오거나, 타임지에 광고를 게재하거나, 라디오 쇼를 후원하면 사람들은 이에 주목했다.

하지만 이제는 그렇지 않다. 광고에 대한 신뢰할 수 있는 통계 자료는 구하기 어렵지만, 하루에 우리가 보는 마케팅 메시지의 양은 대략 300개에서 2만 개에 이른다고 한다. [32] [33] [34] 우리의 뇌는 2만 개는 말할 것도 없고, 하루에 300개의 메시지를 처리하고, 알리고, 흡수할 수 없으며, 그 가치를 판단할 수도 없다. 이 모든 것은 우리가 메시지로 가득 찬 세상에서 살고 있다는 것을 보여준다.

상황은 더 복잡해진다. 당분간 이러한 추세가 사라질 조짐조차 없기 때문이다. 리타기팅 광고의 규모가 점점 더 커지고 있고, 스마트TV의 광고 범위가 확대되고 있다. 어드레서블(Addressable, 역주: 특정 TV 광고를 개별 세대에 보내는 것)의 실현 가능성이 커지고 저전력 블루투스 기술이 도입되고 애플의 아이비콘(iBeacon)을 비롯한 다양한 사례가 나타나는 등 우리 일상은 세부 타기팅되어 마케팅 메시지들로 가득 찰 것이다.

그만큼 점점 더 사람들의 관심을 얻기 어려워진다. 고객과의 만남이 원활하지 않은 스타트업은 사업에 어려움을 겪기 쉽다. 그렇다면 어떻게

고객들과 연결될 수 있을까? 긍정적인 관계를 만드는 힘을 어떻게 생성할까? 어떻게 지지자를 확보할 수 있을까? 어떻게 고객을 만들 수 있을까?

린 개념에는 풀(Pull)이라는 콘셉트가 있다. 풀은 고객(설계 및 제조 과정에서의 내부 고객 포함)이 제품, 혹은 중간 공정 이후의 상품에 대한 니즈 혹은 구매 의향을 표현할 때까지 제품을 만들거나 납품하지 않는 방식을 의미한다.

간단히 말해서, 풀은 수요가 증명되기 전까지는 아무것도 하지 않는 것이다. 커피 주문이 들어오기 전까지 커피콩을 볶거나, 갈거나, 물을 데우거나, 커피를 끓이거나, 컵에 붓지 않는 것이다.

린 브랜딩에서는 연결고리를 만드는 데 풀의 개념을 적용할 수 있다. 이를 메시지에 적용하면 고객이 생성한 검증된 요구를 기반으로 연결할 수 있다. 연결 과정에서 그 활동에 대한 실제 수요를 증명할 수 있을 때까지는 어떠한 활동도 실행하지 않는다.

풀 방식의 메시지를 성공적으로 사용하려면, 고객이 누구인지 알아야 하고, 해당 고객의 풀(입증된 요구)에 기초하여 콘텐츠(메시징)를 만들어야 하고, 그들과 대화할 수 있는 가장 좋은 매체를 찾아야 한다.

고객 리스트

누구에게 제품을 판매할 거냐고 스타트업에 묻는다면 "모든 사람!"이라고 대답할 것이다. 바다에 있는 모든 물고기를 잡으려는 것처럼 그물이

넓게 처져 있고, 브랜드는 대중의 관심을 끌기 위해 엄청난 예산을 소진하고 있다. 린 브랜딩은 이와 반대로 진행된다. 성공하기 위해서 가장 열정적인 관계를 맺는 사람에게 초점을 맞춰야 한다. 모든 사람에게 모든 것을 제공하는 것은 불가능하다

고객이 누구인지를 생각할 때 '타깃 시장'이라는 단어를 가장 먼저 떠올릴지도 모른다. 하지만 그 생각을 가능한 한 빨리 떨쳐버려야 한다. 고객에 대해 '타깃 시장'이라고 말하는 것은 비인간적이며 잠재적 관계에 대한 가치를 떨어뜨린다. 시장이 실제 사람들로 구성되어 있다는 것을 이해하라. 그들은 타깃, 인구 통계, 데이터가 아니다. 타깃, 인구 통계 및 데이터는 직접 제품을 사지 않는다. 전문용어는 당신과 고객이 어떻게 관계를 맺는지를 설명할 때에만 필요하다. 대신, 고객들을 실제의 사람, 즉 페르소나 관점에서 생각해 보자.

페르소나

페르소나는 기업과 상호 작용할 사람들의 있는 그대로의 스케치를 의미한다. 비록 그것들이 가상 인물들의 프로필일 수 있으며 인류학적 조사, 설문, 인터뷰 그리고 고객 개발에 기초한 사람들의 대략적인 윤곽일 수도 있지만 실제로는 사람을 활용하는 것이 가장 좋다. 그렇지 않으면 고정관념을 만들어 낼 가능성이 크다. 심지어 대형 디자인 회사들도 조사와 통계 기반 연구에 지나치게 의존하기 때문에 실제 사람들의 니즈를 투영하지 못한다. 진짜 사람들의 니즈를 찾는 것이 필요하다. 페르소나에는 유사한 행동 패턴, 구매 선호도, 기술 또는 제품 사용, 라이프 스타일 선택

등을 공유하는 실제 고객에 대한 설명이 담겨야 한다.

간단히 말해, 페르소나는 실제 상황에서 그려진 진짜 고객과 가짜 고객, 또는 잠재 고객을 말한다. 페르소나는 단순한 인구학적 자료나 심리학적 자료를 넘어선다. 인구 통계학은 쉽게 수집할 수 있고 조직적으로 구성할 수 있지만 고객에 대한 종합적인 관점을 제공하는 데는 거의 도움이 되지 않는다. 인구 통계학은 무엇인지(연령, 인종, 소득)에 관한 것이다. 페르소나는 왜 그런지(행동, 선호, 태도, 동기)에 대한 것이다. 적절한 페르소나를 개발하기 위해서는, 사람들의 '좋아하는 것'과 '싫어하는 것'이 아니라, 그들이 누구인지, 무엇을 하는지, 그리고 무엇을 기쁘게 하는가에 초점을 맞춰야 한다. 당신과 그들의 관계에서 가장 열정적인 사람들에 대한 통찰력을 찾는 데 그들의 행동, 태도, 동기가 열쇠가 된다.

페르소나에 대해 주의할 점. 어떤 고객인지, 그들이 무엇을 원하는지, 그리고 경쟁업체의 고객과 어떻게 다른지는 실제 제품을 구입한 고객으로 범위를 한정했을 때 가장 효과적으로 도출할 수 있다. 예를 들어, 만약 유기농 멕시칸 부리또를 파는 푸드 트럭을 오픈할 계획이라면, 고객을 위해 여러 개의 완벽한 페르소나를 만들 수 있다. 하지만 만약 그들을 부리또 식당에서 먹는 그룹, 유기농 레스토랑에서 먹는 그룹, 혹은 푸드 트럭을 이용하는 그룹으로 분류하지 않는다면 시간 낭비에 불과하다.

훌륭한 페르소나는 스토리의 형태이며 전형적인 일상과 경험, 역경, 성취, 희망, 꿈, 기술, 태도, 연관성, 배경, 환경을 묘사하고, 고객들에 대한 전체적인 인사이트를 얻기 위해서 사진, 소품 및 기타 관련 정보를 수집할 것이다. 디테일이 중요하다. 애매한 묘사는 잠재 고객에 대한 모호한 일반화와 희미한 통찰력만을 제공하기 때문에 도움이 되지 않는다. 페르소나 스케치에 색을 칠하는 디테일이 필요하다. 의미 있는 활동이 되도록 최대한 자세하게 하라.

다음은 생각해 볼 수 있는 몇 가지 질문들이다.

이름은 무엇인가?
어디에 사는가? 아파트에? 아니면 단독주택에? 렌트인가, 본인 소유인가?
무엇 때문에 밤에 깨어 있는가?
가장 좋아하는 패스트푸드 식당이 어디인가? 고급 식당인가? 술집인가?
어떤 종류의 차를 운전하는가? 새 차인가 아니면 중고인가? 영업사원을 통했는가, 중고차 시장을 통했는가?
친구들은 누구인가? 무엇을 좋아하는가? 함께 무엇을 하는가?
걱정거리는 무엇인가?
자신을 어떻게 인식하는가?
퇴근 후에 어디서 무엇을 하고 노는가? 주말은 어떤가?
좋아하는 스포츠 팀은? 운동선수는? 올림픽은?
무엇이 되기를 열망하는가?

(12장의 페르소나 그리드(Persona Grid)를 참고하라. 페르소나를 만들 때 이 도구의 상세 내용이 페르소나를 분류하는 데 도움이 될 것이다.)

하나로 구성된 코호트,
다수로 구성된 하나의 코호트,
다수의 코호트

일단 페르소나를 스케치하면, 다양한 가치 기준에 따라 분류 작업을 시작할 수 있다. 온라인 세금프로그램 터보 택스(Turbo Tax)를 운영하는 인튜이트(Intuit)의 벤 블랭크(Ben Blank)는 코호트(Cohort)의 관점에서 분류를 이야기한다. 코호트란, 당신의 스타트업을 옹호하고 지지하는 열정적인 사람들의 집단을 의미한다. 페이스북은 자신들의 학교나 대학이 페이스북 플랫폼을 승인하기를 기대하는 학생들로 이루어진 코호트들에서 시작해서 그들의 제국을 세웠다. 트렁크 클럽(Trunk Club), 허크베리(Huckberry), 그리고 프랭크&오크(Frank&Oak)와 같은 패션 스타트업들은 이른바 '남성성의 예술'이라고 불리는 것에 열광하는 특정 코호트의 남성들을 중심으로 고객과의 관계를 구축하고 있다. 코호트는 고객이 실제로 요구하는 것을 이해할 수 있도록 도와준다.

스타트업은 초기부터 사용자 수를 늘리는 것에만 집중하는 경우가 많다. 1,000명의 사용자를 걱정하기 전에 먼저 첫 번째 사용자를 찾을 수 있어야 한다. 한 명의 코호트를 형성하는 것으로 시작해라. 단 한 사람(어머니나 대학교 룸메이트가 아닌)이라도 당신에게 열광하도록 설득할 수 있는가? 만약 어떤 사람과 관계를 구축한다면 무슨 말을 해야 할까? 스토리에 단 한 사람만이라도 관심을 가질 것인가?

한 명으로 구성된 코호트를 만들 수 있다면, 그 한 명에게서 배운 것을 활용해서 다수의 고객으로 구성된 코호트(A cohort of many)로 성장시킬 수 있다. 이 집단은 당신과의 관계에 가장 열정적이고 회사와 제품을 추천해 주는 사람들로 구성되어 있다. 스타트업으로서 역경, 성취 또는 호감을 공유하는 소수의 핵심적인 사람들과 관계 맺는 법을 배워야 한다.

이러한 작은 집단에 가치를 전달해 왔다면, 고객들을 많은 코호트(Many cohorts)로 성장시키기 위한 준비가 된 것이다. 고객(10장에서 더 이야기할)을 성장시키는 많은 방법이 있다. 최초의 시장에 진입했던 것과 동일한 방법으로 새로운 시장들에 진출하는 '볼링 핀' 전략을 사용할 수 있고, 또는 새로운 영역 및 지역으로 확장하거나 제품 및 라인 확장으로 범위를 확대할 수 있다. 그럴 것이라는 추측이 아닌 각각의 코호트로부터

하나로 구성된 코호트

다수로 구성된 하나의 코호트

다수의 코호트

배운 것을 기반으로 발전한다.

코호트는 전적으로 돈에 관한 것이 아니다. 사람들은 돈 이상의 잠재적 가치를 가지고 있다. 시장을 개척할 때 영향력, 수용성, 지속 가능성, 도달 용이성, 시장 규모 및 가치 등도 고려해야 할 기준이다.

삶의 대부분과 마찬가지로, 분류에 하나의 정답만이 있는 것은 아니다. 하지만 깊게 파고들지 않고서는 특정 코호트와의 관계를 이해할 수 없다. 한 번에 하나의 분야를 선택하고 깊게 파고든 다음, 첫 번째 분야가 실패하면 다음 분야로 이동해도 괜찮다. 아니면 확실한 하나를 발견할 때까지 여러 집단을 조금씩 들여다보는 것도 방법이다. 목표는 고객을 알고 깊이 이해하는 것이다. 만약 고객을 이해하지 못한다면, 열정을 가지고 있는 사람들이 요구하는 풀 방식의 메시지를 가늠할 수 없다.

방송 VS. 상호 작용

궁극적으로 고객과 형성하는 관계는 고객에 의해 함께 만들어지고, 정의되고, 의미가 부여될 것이다. 브랜드는 당신의 실체와 고객이 기대하는 이미지 사이에 일치하는 부분이 있을 때부터 유의미하다는 것을 기억해야 한다. 고객의 인식, 제공하는 가치, 그리고 고객과의 관계는 당신이 어떻게 연결하고 반복하는지에 영향을 받게 된다. 다른 관계와 마찬가지로, 당신이 말하는 것과 고객들이 그것을 어떻게 받아들이는지 모두 중요하다.

전통적인 브랜드 개발은 TV, 라디오 또는 인쇄 매체라는 세 가지 미디어 중 하나를 통해 전달되는 선형적이고, 한 방향의 메시지를 중심으로 이루어졌다.

일반적으로 기업은 고객과 소통하기 위해서 메시지를 개발한다. 이러한 방식의 메시지 개발은 전통적인 브랜딩 전문가들에게 오랫동안 표준적인 운영 패러다임이었다. 하지만 오늘날, 커뮤니케이션의 기본은 대화다. 과거와 달리 사람들은 메시지 발신자에게 직접 응답할 수 있고 점점 더 그것을 활용하고 있다. 이러한 변화는 기업과 고객을 동등한 입장에 두게 했다.

이러한 변화를 체감하기 위해서 포틀랜드에 있는 100명의 사람으로 가득한 방을 상상해 보자. 이 100명의 사람이 몇 분 안에 다음과 같은 내용의 메시지를 트위터에 올렸다고 가정해 보자.

"샌디에이고의 '타깃(Target, 역주: 미국의 오프라인 유통점)'이 망해 가고 있어요! 통로는 더럽고 직원들을 어디에서도 찾을 수 없어요…. #역겹고 #엉망이고 #불쾌한."

그 트윗은 어떤 영향을 끼칠 것 같은가? '타깃'에 있는 회사 본부의 누군가가 샌디에이고 매장에 있는 매니저와 통화를 하고 있을 거라고 생각하는가? 게다가, 누군가의 직장이 당장 위험에 처해 있다고 생각하지는 않는가? 하지만 여기 모인 100명의 포틀랜드 사람들은 거짓말을 하고 있다. 그들은 샌디에이고 근처 어디에도, 해당 '타깃' 매장의 내부에도 있지 않았다.

완벽한 명령과 규제를 기반으로 하는 한 방향의 커뮤니케이션은 더 이상 작동하지 않는다. 방송에 의존하기에는 사람들이 너무 잘 알고 있고 이미 커뮤니케이션의 상호 작용이 활발하다. 이러한 상황에 대처하기 위해서, 방송을 넘어서 고객과 직접 상호 작용하는 사람이 되어야 한다. 강력한 방법으로 연결하기 위해서는 무엇을 말하고, 어떻게 말하고, 어디서 가장 잘 들을 수 있는지 알아야 한다.

―――――― 케이스 스터디 ――――――

네이티브 광고: 가치 있는 고객과의 연결 방법 배우기
롭 팬(Rob Fan, 공동 창립자 겸 CEO)과의 인터뷰

셰어스루(Sharethrough)는 '의미 있는 콘텐츠 운동'의 선두 주자로서, 회사들이 피드 광고 교환(In-feed advertising exchange)을 통해 더욱 의미 있는 콘텐츠를 생산하도록 돕고 있다. 세계가 점점 더 디지털화되면서, 고객과 기업 간의 간극이 커지고 있다. 셰어스루의 공동 창업가인 롭 팬은 그들이 만들어 가는 여정인 네이티브 광고의 개념에 관해 이야기하고, 고객의 의견을 더 잘 경청할 방법을 배워야 한다고 강조한다.

Q: 셰어스루는 무슨 일을 하는가?
A: 우리는 다양한 종류의 의미 있는 콘텐츠를 수익화할 방법을 찾기 위해서 플랫폼을 만들었다. 간단히 말하자면 우리가 하는 일은 기본적으로 피드에서 스토리, 트윗에 이르는 페이스북과 트위터에 존재하는 광고 플랫폼을 가져와, 다른 인터넷에서도 그들의 사이트에 연결할 수 있는 플랫폼을 제공한다.

출판사의 관점에서 바라보면, 우리를 그들이 보유한 피드로 수익을 창출할 방법으로 생각하며, 이미 수많은 피드를 가지고 있다. 모든 것이 뉴스피드로부터 발생하지만, 그들은 뉴스피드 화면을 광고 배너로 장식하는 것 이외의 수익화 방법을 모르고 있다. 그래서 페이스북이나 트위터가 피드로 수익을 창출하는 것과 같은 방식으로 피드를 통해 직접 수익을 창출할 방법을 제공하는 것이다. 광고주들은 매우 적합하고 좋은 위치에 그들의 콘텐츠를 노출하기 위해 우리를 찾아온다.

Q: 처음 사업을 시작했을 때 어땠는가?
A: 우리는 페이스북 앱 회사로 시작했는데, 그건 꽤 오래전 일이다. 우리는 실질적으로 사업의 형태로 발전하지 않을 것을 알면서도, 이런 작은 바이럴 앱을 만드는 것에서 시작했다. 우리는 새롭게 등장한 매체를 이해하려고 애썼고 인터넷으로 수익을 창출하는 가장 좋은 새로운 방법이 무엇인지 찾기 위해 노력했다.
우리는 인터넷 광고에 문제가 많아 변화가 필요하다는 것을 알게 되었다. 그때 우리는 시험 삼아 사업을 시작했다. 어떻게 변화시켜야 하는지, 그리고 우리가 무엇을 하려고 하는지 정확하게 설명하기 위한 가장 적합한 표현을 찾으려 노력했다. 그러한 과정에서 '네이티브 광고'라는 단어를 우연히 발견했다. 1년 반, 혹은 2년 전쯤이었다. 프레드 윌슨(Fred Wilson, 역주: 미국의 VC 투자자)의 팟캐스트인지 어떤 강연인지에서 그 단어를 접했을 때 어떤 울림을 느꼈다.
이 표현이 바로 우리가 다루고 있던 광고의 종류와 광고가 보여지는 접점을 설명하기 위해 시도했던 그것이었다. 우리는 그 아이디어를 즉시 사용하기 시작했다.

Q: 네이티브 광고는 어디에서 무엇을 말해야 하는지를 이해하는 것과 유사한 것 같다. 당신은 광고의 지형이 어떻게 변화하고 있고 세상이 이 변화와 어떻게 연결되는지에 대해서 잘 알고 있다고 생각된다. 왜 네이티브 광고가 기존의 광고 방식보다 더 나은 접근 방식인지 조금 더 설명해 달라.

A: 내가 처음으로 이런 말을 하는 것은 아니지만, 많은 분이 이미 알고 있는 것처럼 인터넷은 기업이나 메시지를 가진 사람의 역할을 바꾸어 놓았다. 그 누구도 피드 메시지를 개인에게 억지로 받아들이게 할 수 없다. 당신이 말하는 것을 사람들이 기꺼이 받아들이기 전에 그들에게 먼저 무언가를 주어야 한다. 요즘 사람들은 억지로 전달되는 메시지를 받는 것을 참지 않으며 판매를 독촉하는 노골적인 광고를 들으면 바로 이를 무시하고 자리를 피해 버린다.

네이티브 광고의 이면에는 재미있고, 흥미롭고, 정보를 제공하는 하우투(How-to) 콘텐츠와 이러한 콘텐츠를 소비하는 사람들에게 제공하는 가치가 담겨있다. 따라서 세일즈 메시지를 전할 때 그것이 노골적인 형태이건 미묘한 형태이건 간에, 고객들은 당신을 즉시 무시하지는 않을 것이다. 오히려 메시지는 "그들이 나에게 도움이 되는 것을 주었네." 정도로 해석된다. 그래서 고객은 본인들이 받은 가치를 어떤 식으로든 돌려주거나 그들이 자발적으로 무언가를 전달해야겠다는 생각을 하게 된다.

이것이 네이티브 광고가 환경에 영향을 미치는 주된 이유라고 생각한다. 왜냐하면 선택의 폭과 콘텐츠를 소비할 방법이 너무 많기 때문이다. 만약 콘텐츠를 네이티브 방식으로 만들지 않는다면, 결국 기존과 다르지 않은 일방적인 전달의 광고를 선택한 것이며 대부분의 사람은 그것을 무시할 것이다. 다시 말하면, 반대로 주고자 하는 것이 없기 때문에 성가시다고 여겨지며 결국 나쁜 평판을 얻게 될 것이다.

Q: 그렇다면 고객에게 단지 판매를 강요하는 것이 아닌 가치를 제공하는 연결고리를 만들 때 무엇에 초점을 맞춰야 할까? 이 작업을 성공적으로 수행하는 방법에는 어떤 것이 있는가?

A: 셰어스루에서 우리가 연결고리를 만들기 위해 하는 것은 인포그래픽, 백서, 다른 종류의 바이라인(Bylines, 역주: 저자 표기), 블로그 포스트를 만드는 것이다. 그중 어느 것도 과하거나 노골적인 셰어스루의 광고는 아니다. 하지만 셰어스루에 대해서 이야기하고, 콘텐츠를 온라인으로 널리 퍼뜨릴 수 있는 다양한 방법을 설명한다.

사람들이 만드는 가치야말로 가장 중요한 것이다. 일주일에 한 번씩 블로그 포스트를 만든다고 해도 그런 블로그 포스트들이 가치가 있는 일인지 확인해야 한다. 만약 당신이 하는 모든 것이 무작위로 전달하기 위한 광고라면 가치가 없다. 극단적으로 광고를 전혀 하지 않을 수도 있지만, 광고가 가져다주는 흥미가 사라진 세상에서 사는 것과 같다. 그래서 나는 광고가 존재해야 하는 세상에서 광고를 제대로 하기 위한 더 좋은 방법이 있어야 한다고 생각한다.

네이티브 광고가 이렇게 중요해진 가장 큰 이유는 요즘 사람들이 어설픈 광고(Bullshit)를 쉽게 구별할 수 있기 때문이다. 사람들은 "아, 그건 진짜 말도 안 되는 이야기야." 또는 "난 널 믿지 않아."라고 반응할 수 있다. 사람들이 불신할 때에는 "저는 당신의 편이며, 당신을 이해합니다."라고 단순히 대응하는 것보다 자신을 증명해야 한다. 요즘 사람들은 메시지가 가짜인지 또는 단지 판매를 위한 메시지인지 쉽게 알 수 있기 때문에 고객에게 전달하는 메시지에 대해 매우 진실해야 한다.

Q: 판매와 가치를 제공하는 것 사이의 차이를 어떻게 알아낼 수 있는가? 어떻게 하면 그것을 배우고 측정할 수 있을지 설명해 달라.

A: 흥미로운 것은 직감과 데이터를 서로 비교해서 결정을 내린다는 것이다. 내 관점에서 사용자 피드백과 데이터를 보는 방식은 정성적 데이터와 정량적 데이터 두 가지로 나뉜다. 정량적 데이터를 사용하면 때로는 직감과 완전히 반대되는 데이터를 얻게 된다. 그렇다면 '그 데이터가 정확한가? 올바른 측정 기준 등을 설정했을까?'라고 자문해야 한다.

하지만 정성적 데이터를 다룰 때는, 계속해서 '누군가 OO라는 사실을 말했다.'라는 데이터가 여전히 생성된다. 자, 그렇다면 얼마나 많은 사람이 x라는 사실을 말했을까? 그 사실은 진실 또는 그 사람이 가진 편견일 수도 있다. 이러한 판단을 한 후 우리가 만들고자 하는 것에 그 데이터를 반영할 수 있다.

이 두 가지 방식은 모두 맞물려 있다. 당신이 바라는 회사의 방향성과 데이터가 말하는 회사의 방향성을 맞추는 것은 쉬운 일이 아니다. 데이터를 수집하기 위해서 올바른 질문을 하고 있는지 끊임없이 생각해야 한다. 정량적인 숫자이든 정성적인 피드백이든 마찬가지다. 당신이 잘못된 질문을 할 수도 있고, 잘못된 통계 데이터를 보거나, 통계를 잘못 읽거나, 잘못 전달할 수도 있기 때문이다.

그렇기에 이 방식을 여러 번 반복하면서 다른 방법으로 데이터를 수집해야 한다. 더 명확하게 볼 수 있기 때문이다. 정성적 데이터의 오류에 대해서 누군가가 "그래, 좋아."라고 말할 수는 있지만 결코 구매로는 이어지지 않기 때문이다.

데이터가 들어맞지 않을 때는 가설을 끊임없이 반박해 보는 것이 가장 좋은 방법이다. 적절한 질문을 하고 있지 않거나, 스스로가 올바른 질문을 보고 있지 않을 수 있기 때문이다.

Q: 스타트업들에 고객과의 관계를 구축하기 위한 조언을 부탁한다. 이제 당신은 고객이 누구인지를 명확히 알고 있으며 모든 측면에서 성공을 거두었다고 보인다.

A: 안타깝게도 멋진 메시지 하나를 생각해냈다고 해도 이것으로 끝이 아니다. 계속해서 반복적으로 메시지를 써야 한다. 시도하고 발표해야 한다. 엘리베이터 피치를 연습하듯이 고객을 대상으로 한 엘리베이터 피치 또한 연습해야 한다. 이것은 마케팅 메시지에도 동일하게 적용된다. 브랜딩 연결고리에도 마찬가지다. 일단 이걸 이해하게 되면, 이 작업에 집중하게 될 것이다.

이미 알고 있는 것처럼, 비결은 테스트 메시지에 큰 비용을 쓰는 브랜드와 마케팅 활동을 하는 것이 아니다. 많은 스타트업들이 이런 실수의 희생양이 되는 것 같다. 그들은 "그래! 이거야! 해보자!"라고 하며 제품에 더 초점을 맞추거나 홍보를 위해 블로그 포스트를 만든다. 우리가 예전에 배운 것 중 하나가 홍보는 유입(Funnel)을 늘리기 위해서만 사용된다는 것이고 유입을 늘릴 준비가 되어 있지 않다면 한 홍보를 하지 않는다는 것이다. 사전 론칭 단계에서 살 만한 물건이 준비되지 않았다면 왜 미디어가 필요할까? 채용을 위해서 필요할 수도 있지만 가장 중요한 당신과 당신 회사가 누구인지를 제대로 이야기하지 못하기 때문에 분명 다른 방법이 있을 것이다.

우리는 고객이 원하는 바를 이해하고 올바른 방향으로 포지셔닝과 패키징을 하는 데 린 방식을 택했다. 그들이 정말로 원하는 것을 발견함으로써 기꺼이 시도하고 실패를 경험할 수 있어야 했다. 우리는 우주에 이미 존재한다면 알았어야 했던 기본적인 것들에 대해 질문하기 시작했다. 하지만 이전에 해 본 적이 없었기 때문에 간단한 질문부터 시작했다. 처음에는 질문하는 데 50% 정도 시간을 쓰고 그

다음엔 그냥 대화를 나누었다. 이러한 상호 작용을 통해 많은 학습이 이루어졌다. 이것이 바로 우리가 고객들과 연결고리를 만드는 방법이며 우리가 무엇을 개발할 것인지를 확인하는 방법이다.

무엇을 말할 것인가

풀 방식의 메시지는 스타트업이 수요를 파악하고 연결을 측정할 수 있을 때만 콘텐츠를 만들어야 한다는 사실을 말해준다.

콘텐츠 마케팅이 마케팅 세계를 지배하는 새로운 매력이라는 것에는 의심의 여지가 없다. 인터넷에는 빠르고 쉬운 콘텐츠 생성을 위한 콘텐츠 마케팅 모범 사례 및 템플릿의 '톱 10 리스트(Top 10 List)'로 가득하다. 크고 작은 회사들은 콘텐츠 마케팅의 개념을 도입했다. 콘텐츠 마케팅은 기존 관계에서 필요할 수도 있지만, 스토리를 사람들과 연결하는 것과는 별로 상관이 없다. 시간과 예산이 부족한 스타트업에서는, 방대한 일상 콘텐츠를 생성하는 데 큰 비용과 많은 시간이 소요될 수 있으며, 이로 인해 지속이 불가능해질 수 있다. 콘텐츠를 위한 콘텐츠를 생성하는 것은 기업의 열정적인 코호트를 구축하는 데 비생산적이다.

'무엇'을 말할 것인지에 관해서 풀 방식의 메시지를 사용하는 것이 매우 유용한 이유다. 많은 사람이 타인이 무엇을 하는지 보고 그대로 베끼는 실수를 한다. 겉으로 유능해 보이기에는 좋은 방법이지만 매력적이지는 않다.

개인 금융 관리 앱인 민트(Mint)가 처음 사업을 시작했을 때, 그들은 풀 방식의 메시지를 제대로 잘 활용했다. 민트는 기존 시장을 조사하여, 개인들의 파이낸스 영역에서 과소평가된 코호트인 젊은 전문직 종사자 집단을 발견했다. 실험과 검증을 통해 이러한 부류의 사람들에게 어떤 종류의 콘텐츠가 필요한지 재빨리 파악하여 효과적인 매체인 블로그를 통

해 해당 콘텐츠를 전달했다.

민트의 창립 디자이너인 제이슨 푸토르티(Jason Putorti)는 그동안 접근하지 못했던 젊은 전문직 종사자들에게 차별화된 개인 금융 블로그를 만드는 데 초점을 맞추었다고 그들의 전략을 설명했다. 결국 그 블로그는 개인 금융 분야에서 가장 인기 있는 블로그가 되었고 민트 앱으로 트래픽을 유도했다. 앱 자체는 바이럴 지수가 그렇게 높지 않았지만 그들의 콘텐츠는 인기를 끌었다.

콘텐츠를 만들기 전에 콘텐츠를 이해해야 한다. 오스트리아의 사탕 판매기계 회사 페즈(Pez)가 사탕 판매 기계 관리에 효율적인 서비스를 사용한다고 가정해 보자.

풀 방식의 메시지를 찾기 위한 노력의 출발점이 결국 초기 고객 개발 과정에서의 페르소나가 된다. 고객의 생활은 어떠한가? 어디서 쇼핑을 하는가? 어떤 인과 관계를 찾을 수 있는가? 페즈 사탕 판매 기계를 좋아하는 사람들은 복고풍 장난감 또한 좋아한다는 것을 발견했다. 향수 어린 장난감과 관련한 콘텐츠에 대한 수요를 찾아보는 것은 어떨까. 우리는 과거 인기 있었던 복싱 로봇 게임인 락엠속엠(Rock'Em Sock'Em) 로봇에 대한 스토리를 이야기할 수 있고 어렸을 때부터 사랑했던 장난감에 대한 시를 쓸 수도 있고, 양배추 인형(Cabbage Patch Kids)의 기원에 대해서도 찾아볼 수 있다.

이러한 유형의 콘텐츠는 제품 자체보다 훨씬 뛰어난 가치를 제공할 수 있다. 하지만 핵심은 콘텐츠에 있는 게 아니라, 전환 과정에서 고객을 연결하는 데 있다. 실험과 측정을 통해 우리의 콘텐츠에 대한 수요가 있다는 것을 알게 되면, 계속해서 우리의 콘텐츠를 생산할 것이다. 아무런 니즈가 없다는 것을 알게 되면, 우리의 페르소나로 다른 콘텐츠를 만들어야 한다.

어떻게 말할 것인가

무엇을 말할 것인지는 콘텐츠를 풀 방식으로 만들 수 있는지에 대한 것이다. 반면 어떻게 말하는지는 지식, 통찰력, 정신을 제대로 공유해서 사람들이 점점 공감할 수 있도록 한다. 이는 스토리가 설명하고 있는 접점과 그 설명의 강점을 의미한다. '자기다워지는 것(Be you)'은 쉬우면서도 가장 강력하고, 경쟁력 있는 방법의 하나다. 말하고 있는 스토리와 독특한 목소리에 충실해야 한다. 어떻게 말할 것인가는 간단하게 요약된다. 첫째는 스토리, 둘째는 가치, 그리고 셋째는 스타일이다.

첫째, 스토리

5장에서 이야기했듯이 스토리는 기업이 전하고자 하는 메시지의 토대가 된다. 스토리로 시작하라. 사람들에게 당신이 창업가이고, 창업가로서 무엇을 지지하는지 말하고, 관점을 공유해라. (생각해보자. 누구도 따라 할 수 없는 우리만이 추구하는 가치는 무엇인가? 고객과 우리의 접점은 어디인가? 우리를 지향하는 것은 무엇인가?) 이는 모든 종류의 메시지마다 회사 소개를 하라는 이야기는 아니다. 커뮤니케이션하고 있는 접근법과 동일하게 다양한 방법, 모양, 형태로 스토리를 나누는 것이다.

전설적인 야구 아나운서 빈 스컬리(Vin Scully)는 프로 스포츠 최고의 아나운서로 여겨진다. 그의 철학은 스토리텔링의 기본 원칙에 기반을 두고 있다. "통계는 술 취한 사람이 가로등을 불을 밝히는 용도 대신 기대는 데 사용하는 것과 매우 유사합니다. 한 선수에 대한 스토리를 얻을 수 있다면 당신에게 수많은 숫자, 타율, 그리고 그 밖의 모든 것을 오직 그 귀중한 스토리 하나를 위해서 알려드릴 겁니다." 사람들이 듣고 싶어 하는 연결고리를 만들려면 회사소개에서 벗어나 대화하고자 하는 고객들을 위한 이야기 소재를 만들어야 한다.

둘째, 가치

당신은 당신이 왜 중요한지를 분명히 말해야 한다(생각해보자. 고객이 원하는 것은 무엇인가? 왜 내 고객들은 내가 그들에게 말하는 것을 믿어야만 하는가? 무엇이 우리에게서 얻고 싶게 만드는가?). 고객들은 비슷비슷한 주장을 들을 텐데, 왜 당신의 주장에 주목해야 하는가? 일반적으로 사람들은 '믿어야 하는 이유'를 제대로 제공하지 못할 것이다. 이것을 당신과 커뮤니케이션함으로써 고객이 얻을 수 있는 보상의 관점에서 생각해보자.

2000년에 설립된 이래로 백만 장의 티셔츠(Tee)를 판매해서 성공 가도를 달리고 있는 쓰레드리스(Threadless, 역주: 고객들이 직접 참여하여 만드는 티셔츠 온라인 몰)는 광고나 전문적인 디자이너, 세일즈 인력 그리고 소매 유통 없이도, 한 달에 수십 개의 신제품을 내놓는데, 엄청나게 성공적이다. 그것은 쓰레드리스가 그들이 왜 중요한지를 잘 설명했기 때문이며, 이를 통해 고객들을 자연스럽게 참여시켰다. 쓰레드리스는 스토리를 몇 번이고 반복해서 고객에게 들려주었으며, 참여의 관점에서 전체 조직을 구성했다.

공동 창업가인 제이크 니켈(Jake Nickell)은 "저는 쓰레드리스를 취미로 시작했어요. 전문적인 디자이너들이 그들의 남는 시간을 활용해서 무엇인가 재미있게 만들 수 있는 창의적인 프로젝트였죠. 첫 번째 계기는 드림리스(Dreamless, 역주: 온라인 아트 포럼)를 위한 티셔츠 제작이었어요. 사람들에게 티셔츠에 대한 디자인을 포스트 하게 요청하고, 이중 가장 좋은 것을 제작하겠다고 약속하는 것이었죠."

쓰레드리스는 아티스트와 강력한 관계를 맺게 되었다. 왜냐하면 아티스트는 자신의 그림이 티셔츠에 실제 그려져 사람들이 입어서 닳고 낡은 모습을 볼 수 있었기 때문이다. 아울러 경연에서 이긴 것에 대한 경제적인 보상도 제공되었다(처음에는 백 달러에 불과했다).

쓰레드리스는 고객과도 강력한 관계를 맺고 있는데, 훌륭한 예술 작품을 경험하고 예술가들을 후원함으로써 고객들이 제조 과정에 참여할 수 있기 때문이다. 예술가와 소비자 모두 쓰레드리스를 신뢰하는 명확한 이유가 생겼다.

자신들이 왜 중요한지, 고객에게 어떠한 가치를 제공할지, 그리고 이를 주저 없이 커뮤니케이션할 수 있는 스타트업은 메시지의 홍수에서 눈에 띌 수 있다. 돋보이려면 고객을 위해 창출하는 가치에 대해 말하는 것이 좋다. 가치는 제품의 기능적 가치와 브랜드의 감성적 가치로 구성되며, 이것이 제품의 영향력에 대해서 가지는 열망이자 희망이다. 연결은 고객들에게 이 가치에 대해 알려주고 그들에게 그 관계를 시도해 보라고 설득하는 메시지다.

셋째, 스타일

스타일은 가치를 시장 세그먼트에 맞추는 것이다. 연결을 작성할 때 사용할 실제 단어, 표현(Phrase), 헤드라인 카피, 태그 라인 등이 있다. 잠재적인 고객이 반응할 만한, 작지만 강력한 일련의 명확하고 직접적이며 의미 있는 주요 메시지를 — 세 개가 넘어가지 않게 — 좁히는 것이 좋다. (생각해보자. 무엇이 그들을 위한 것일까? 어떻게 그것을 가장 잘 말할 수 있을까?)

훌륭한 디자이너(UX, 그래픽, 개발자)와 혁신적인 기업을 한데 모은 스타트업 유노주노(YunoJuno)는 그들의 메시지에 자신들의 색깔(Tone of voice)를 넣는다. 메시지는 재미있고, 별나고, 색다르며, 혁신적이다. 회사와 잘 어울린다. 공동 창업가인 시브 매튜(Shib Mathew)는 이렇게 설명한다. "이 방식이 조금 색다르겠지만, 더 중요한 것은 이게 우리다운 방법이라는 점이죠. 우리 세 명은 꽤 낙천적인 편이에요. 크리스와 휴고는 일상에 싫증 난 친구들이에요, 그래서 '몬티 파이튼 식(Monty-Python-esque, 역주: 영국의 코미디 그룹)의 삶에 대한 접근이 당연했죠. 우리는 변화를 만들어 내는 것에 대해 진지하게 생각해요. 하지만 우리 자신에게 진실하지 않았다면, 유노주노와 그 공동체는 우리를 최대한 활용하지 못했을 겁니다."

팀에 카피라이터를 채용하는 것은 분명 도움이 될 수 있지만, 성공적인 연결을 위한 필수 조건은 아니다. 더 나은 글을 쓰기 위해서는 문학 전공 학위보다 노력과 연습이 필요하다. 스타트업으로서, 창업가로서, 팀으로서, 기업으로서 당신이 누구인지, 그리고 당신이 말하고자 하는 이야기에 진정한 것이 무엇인지에 초점을 맞춰라. 독특한 관점은 무엇인지, 차별화된 목소리는 무엇인지 말이다. 고객은 당신의 언어에 대해 언급하거나 불평하는 편이 아니다. 어떤 것이 효과가 있고 어떤 것이 효과가 없는지 직접 확인해야 한다. 스타일은 만들어진 페르소나를 반영한 독특한 개성을 통해 스토리를 들려주어야 한다.

어디에서 말할 것인가

전달되는 메시지만큼 중요한 것은 대화가 이루어지는 미디어(Medium)다. 소셜 미디어, 텔레비전 또는 웹사이트와 같은 미디어는 메시지의 인식 방식에 영향을 미친다. 만약 이전에 인쇄물이나 텔레비전 광고에서 앞서 언급한 '타깃' 매장이 있다고 가정해보자. 과연 그것이 성공적이었을까? 같은 효과가 있었을까? 아마 아닐 것이다. 트위터의 사용은 우리가 보낸 메시지만큼 중요했다.

더 자세한 설명을 위해, 할리우드 영화를 오늘날 우리가 알고 있는 웹사이트와 비교해 보자. 두 매체에서 모두 동일한 일반적인 콘텐츠를 전달할 수는 있다. 그러나 그 매체가 본질적으로 다르기 때문에, 우리는 전혀 다른 방식으로 콘텐츠를 경험한다. 영화는 당신을 시작, 중간, 끝이라는 직선적인 경험으로 이끈다. 영화가 진행되는 동안, 우리는 어떤 식으로든 결론을 향해 등장인물과 이야기가 펼쳐지는 것을 보게 된다.

영화가 만들어진 이래로, 이 아이디어는 영화 제작의 기획과 발전에 필수적이었다. 영화 제작에 대한 결정은 메시지의 내용과 상관없이 미디어의 영향을 많이 받는다. <조찬 클럽>, <라이언 일병 구하기>, 그리고 <앵커맨>은 모두 영화 매체라고 개념화되어 있다.

동일한 콘텐츠라도 웹사이트로 이동하면 경험이 완전하게 달라진다. 웹사이트에서의 정보는 시계열적으로 사용자들에게 전달되지 않는다. 대신 문자, 장면 및 플롯 포인트가 모두 다른 페이지, 부분 또는 섹션으로 분할될 수 있다. 그리고 나서 사용자는 결론에 도달하기 위한 정보를 소비하는 방법을 결정한다. <라이언 일병 구하기>와 같은 스토리를 개념화하는 것은 웹사이트상에서는 완전히 다른 경험이다.

이런 생각은 새로운 것이 아니다. 1964년에 이미 마샬 맥루한 (Herbert Marshall McLuhan, 역주: 캐나다의 미디어 이론가이자 문화

비평가)은 "미디어는 메시지다."라고 했다. [35] 맥루한은 미디어가 매체를 통해 전달되는 콘텐츠뿐만 아니라 미디어 자체의 특성에 의해서도 고객에게 영향을 미친다고 주장했다. 맥루한의 이 유명한 구절은 미디어가 그것을 통해 전달되는 콘텐츠만큼 중요하다는 것이었다.

하지만 스타트업에 단순히 "미디어는 메시지다."라고 말하는 것만으로는 충분하지 않다. 스타트업이 혁신 스펙트럼의 오른쪽(파괴적인) 쪽으로 향할수록 소통하는 미디어의 중요성이 커진다. 왼쪽으로 갈수록(지속적인) 메시지 내용의 차별화가 더욱 중요해진다.

이들 시나리오는 모두 메시지 풀의 맥락에서 가장 잘 이해된다. 연결을 보내는 미디어는 고객에게 무엇을 기대하는지 말해준다. 만약 오래된 미디어로 새로운 메시지를 보낸다면, 당신은 고객을 잃게 될 것이다. 마찬가지로, 만약 당신이 죽은 길로 메시지를 보낸다면, 당신은 고객을 완전히 잃게 될 것이다.

어떤 스타트업이든 고객에게 가장 잘 연결될 수 있는 적절한 매체를 찾아야 한다.

파괴적인 제품과 파괴적인 미디어

파괴적인(Disruptive) 제품의 경우, 고객에게 어떻게 전달하느냐가 무엇을 전달하느냐만큼이나 중요하다. 기존 매체는 혁신적인 제품에 대한 잘못된 맥락을 제공할 수 있다. 제품이 혁신적일수록 혁신적인 채널, 맥락, 미디어가 필요해진다.

제품 중심의 브랜드 개발(파괴적인)에서 기존 채널과 맥락은 작동하지 않는다. 즉, 연결을 보내는 맥락을 만들고 그것과 함께 조직의 성장을 함께 찾아야 한다는 의미다

자동차 산업의 후발 주자인 테슬라 모터스는 이 원칙의 훌륭한 예라고 할 수 있다. 전통적인 마케팅 활동에 1달러도 쓰지 않았지만 테슬라 자동차는 애플을 포함한 극소수의 회사들처럼 미국 대중의 마음을 사로잡았다. 패션몰에 있는 테슬라의 소매점에 들어가 보면, 그곳에서 모델 S를 살 수 없다는 것을 알고 있음에도, 애플 스토어보다 더 붐비는 경우가 많다. 테슬라의 호황에 대한 한 가지 설명은 이노베이션 확산 곡선[36)]에 있다. 이 곡선은 대부분의 혁신이 시장을 통해 확산되면서 S 곡선을 따른다고 주장한다. 테슬라의 제품(전기차)이 상승세를 타고 있는 것으로 보인다.

S 곡선은 그 해답의 일부이지만, 테슬라가 고객과 연결되는 방식을 설명하지는 않는다. 브랜딩의 관점에서 공식의 다른 부분은 미디어라고 할 수 있다. 기존 자동차 산업 환경에서 모델 S 또는 모델 X를 판매하는 대신-악명 높은 '마일 오브 카' 주차장에서-테슬라는 관련 없는 미디어-패션몰-에서 그들의 가치를 고객에게 전달했다.

게다가 차를 바로 사서 몰고 다닐 수도 없다. 대신 웹사이트에서 클릭 몇 번과 신용카드 결제면 당신은 새로운 모델 S의 자랑스러운 주인이 될 수 있다.

테슬라가 기존의 자동차 제조 회사들의 미디어를 활용했다면 포드나 GM과 같은 회사들의 광고 공세에 차별화된 메시지를 전달하지 못했을

것이다. 기존 미디어에 연간 수십억 달러의 광고비를 사용하는 기존 자동차 업체와 경쟁하기 위해서는 막대한 자본이 필요했을 것이다. 하지만 테슬라는 전기차가 커뮤니케이션이 되고 판매되는 미디어를 구축함으로써 입소문 마케팅에 기반을 두고 고객을 확보하고 판매량을 늘려갈 수 있게 되었다.

제품이 파괴적(급진적)일수록 메시지를 전달할 미디어를 찾거나 개발하는 데 더 많은 노력을 기울여야 한다. 급격하게 성장할 수 있었던 것은 경쟁이 없는 채널을 통해 고객을 연결했기 때문이다. 경쟁이 없는 채널을 발견하려면 지속해서 테스트하고 신속하게 실패하며 어떤 미디어를 선택해야 하는지 확인해야 한다. 훔치고, 베끼고, 빌려오고, 리믹스하고, 약탈하고, 샅샅이 뒤지고, 발명해야 한다. 효과적인 미디어 개발은 관련 고객을 개발하는 데 필수적이다.

지속적인 제품과 차별화된 연결

　메시지 중심의 브랜드 개발(지속적인)은 고객에 대해 배운 것을 바탕으로 메시지를 전달할 기존 미디어를 활용하는 것을 의미한다. 만약 당신이 지속적인 측면을 고려하는 경우 제품 기능 및 혜택 이외에도 메시지를 통해 기존 시장에서 차별화할 수 있어야 한다. 메시지를 차별화하기 위해 미디어와 채널을 선택하는 것이 중요해진다.

　인터넷의 출현과 함께 채널의 다양성이 커졌다. 페이스북, 트위터, 링크드인, 버즈피드, 레딧, 딜리셔스(Delicious), 인스타그램, 피카사, 핀터레스트, 구글플러스, 야머, 반조(Banjo), 리빙소셜(LivingSocial), 밋업(Meetup), 비메오, 피들리(Feedly), 페이퍼리(Paper.li), 클라우트(Klout), 이벤트브라이트(Eventbrite) 등, 예상 가능한가? 그리고 이것들은 단지 이용 가능한 온라인 채널의 샘플일 뿐이다. 인쇄 매체, 이메일, 보도 자료, 세일즈 기법 및 내부 커뮤니케이션 등과 같은 채널까지 고려하면 선택의 폭이 너무 커져 마비될 수 있다.

　이용 가능한 채널의 수가 방대하고 그 모든 채널을 메시지로 덮어버리는 속도가 빠르기 때문에, 속도와 양이 상당히 강조된다. 속도와 양을 강조하기 위해서는 깊이와 차별화를 희생해야 한다. 고객과의 관계 구축을 위해 많은 조직이 오리지널 콘텐츠를 만드는 데 투자하는 대신 게시물을 올려야 한다는 부담감 때문에 데이터 수집가가 되어가는 경향이 있다.

　스타트업에 이런 사고방식은 수많은 채널을 만들어 내서 결과적으로는 전반적인 메시지의 잠재적인 힘을 약화시킨다. 페이스북 포스트, 체크!

트위터 포스트, 체크! 인스타그램 포스트, 체크! 핀터레스트 포스트, 체크! 그리고 계속, 계속해서, 계속해서. 광범위한 메시지는 백색 소음으로 빠르게 바뀐다.

어렸을 때 쿨에이드(Kool-Aid, 역주: 미국 크래프트 사의 과일 향 음료수 분말)를 마셔본 적이 있는가? 쿨에이드의 규칙은 간단하다. 물을 많이 넣을수록 쿨에이드의 달콤한 맛은 약해진다. 물을 너무 많이 넣으면 쿨에이드 맨의 슬로건이 "오, 그래!(Oh, Yeah!)"에서 "오, 안 돼!(Oh, No!)"로 빠르게 바뀐다. 모든 채널에서 수집되는 메시지는 당신의 쿨에이드를 희석한다. 그리고 물 많은 쿨에이드는 누구도 좋아하지 않는다.

더 안 좋은 것은 광범위한 메시지가 스타트업의 초기 브랜드 개발 활동에 엄청난 낭비를 일으킬 수 있다는 것이다. 게시, 게시, 트윗, 게시, 공유, 쓰기, 다시 게시. 속도와 양에 집중하는 것은 실제 사람들과의 관계를 구축하는 데는 적합하지 않다. 물론 이런 식으로 살아남는 기업들도 있지만, 콘텐츠와 스팸 사이에서 아슬아슬한 곡예를 하는 것이다. 아무도 스팸이 되고 싶어 하지는 않는다. 성공할 필요가 있는 관계를 구축하기 위해 스팸이 될 위험을 감수할 필요가 없다.

더 많은 채널 + 더 많은 메시지 ≠ 더 많은 고객

대신, 스타트업은 가장 효과적인 채널과 고객을 연결할 수 있는 가장 강력한 미디어를 찾아야 한다. 즉, 트위터용 트윗 전략이나 핀터레스트용 핀 전략을 개발하기 전에 당신이 선택한 특정 채널의 영향력이 타깃 고객에게 전달되는지 검증해야 한다. 가장 효과적인 것은 당신의 채널을 영향력 순으로 하나 또는 두 개로 줄이면, 전달되는 콘텐츠에 대한 수요를 증명하고 시작을 위한 가장 큰 원동력을 만들 수 있다.

검증된 채널 + 검증된 연결 = 더 많은 고객

만약 당신이 적절한 채널을 통해 적절한 광고를 집행하기 전에 그 작업을 시작한다면, 당신은 관련 고객에게서 메시지에 대한 수요를 파악할 수 있을 것이다. 미디어를 확보할 수 있다면, 브랜드 개발 활동의 나머지 부분은 훨씬 더 원활하게 진행될 것이고, 거기서 당신이 발전시키고 있는 관계에 더 큰 영향을 미칠 것이다.

다 함께 묶는 것

당신이 무엇을, 어떻게, 어디에서 말하는지는 고객에게 많은 것을 이야기해준다. 고객을 연결하여 당신의 회사에 참여하도록 유도하는 데 '정답'은 없다. 당신은 사람들이 당신과 함께할 설득력 있는 이유를 만들기 위해 효과적인 콘텐츠, 스타일 및 채널의 조합을 찾는 실험을 해야 한다. 마하트마 간디의 명언처럼 "행복은 당신의 생각과 말과 행동이 조화를 이룰 때를 말한다."는 것과 같은 맥락이다.

효과 있는 것을 찾기 위해 스타트업들은 작은 규모의 테스트를 해서 연결을 다양한 관점으로 검증해야 한다. 작지만 예측된 제어된 실험은 새로운 가능성을 더 잘 볼 수 있게 한다. 중요한 것은 성공을 보장하거나 실패를 피하는 것이 아니라, 작고, 예측되고, 감내 가능한 방법으로 실패하는 데 있다. 그 후에 효과적인 연결고리를 채택, 확대 및 확장될 수 있을 것이다.

궁극적으로, 고객은 당신이 연결고리를 만들기 위해 진행했던 어려운 실험, 결정, 선택에 대해 알지 못할 것이다. 그들이 볼 수 있는 것은 최종 제품이다. 목표는 어떤 것이 효과가 있고 어떤 것이 효과가 없는지를 배우는 것이다.

그러기 위해서 연결고리는 일회성 활동이 아니라 꾸준한 실천이라고 할 수 있다. 사전 론칭부터 종료까지 사람들을 연결하는 방식을 지속해서 반복하고 개선해야 한다. 새로운 미디어가 등장하고 새로운 채널이 그들과 함께 등장할 것이다. 구식 미디어는 사라지고, 그들과 함께 제공된 채널도 사라질 것이다. 당신이 선택하는 옵션에는 흥망성쇠(Ebb and flow)가 있을 것이다. 따라서 언제나 어떤 미디어와 채널이 스토리를 전달하는 데 최상의 배경을 제공하는지를 탐색하고 검증해야 한다.

사람들이 당신과 함께할 수 있는 연결고리를 만들려면, '꿈의 구장 오류'를 거부하고 어떤 방법이 사람들을 당신의 파티에 초대하는 데 적합한지를 발견해야 한다. 만약 당신이 그것을 만들고, 연결하고, 연결하고, 연결한다면 그들은 쉽게 다가올 것이다.

3부 : 측정
MEASURE

8장 감성적 가치 흐름
9장 뛰어들어라

8장

감성적 가치 흐름

가치가 모든 것을 말한다

1990년대와 2000년대, 경영진들의 주된 초점은 주주를 위한 부의 창출이었다. 투기적인 수익 창출로 인해 고객 가치는 경시되었고 이는 증권 시장의 막대한 변동과 역사적인 위기로 이어졌다. 90년대 후반 닷컴 열풍이 증거였다. 부(Boo.com), 이토이즈(eToys.com), 웹밴(Webvan)과 같은 작은 인터넷 회사들은 부에만 초점을 맞춘 투자자로 인해 주식 시장의 정점을 경험했다. 궁극적으로 호황은 끝나버렸고, 수백 개의 회사가 파산했으며 시장 자체가 붕괴했다.

2007년을 생각해 보자. 부에만 초점을 맞춘 금융 기관과 단기 이익을 노리는 대출 기관 때문에 주식 시장 규모가 8조 달러에 이르는 거품으로 부풀려졌다. 소비자 지출 하락과 금융 시장의 혼란으로 부가 감소하였고 이는 궁극적으로 거품이 꺼지자 경제 침체로 연결되었다. 지난 두 번의 경제 침체와 거품 붕괴는 단기적인 부를 증대하기 위한 투기적 인센티브에 의한 것이었다. 즉, 부를 창출하기 위한 경제 구조를 의미한다.

결과적으로 부를 창출하기 위한 경제 구조는 쇠퇴하고 있다. 금융 붕괴에 이어 가치 창출 기업들이 새롭게 등장하였고 이들은 기존 전통 사업에 빠르게 도전하고 새로운 시장을 창출하며 깊숙이 자리 잡고 있던 부의 창출 방식을 파괴하기 시작했다.

가치가 모든 것을 말한다.

새로운 가치 창출 경제에서는 시장에서 만들어 내고자 하는 가치를 발견하지 못한다면 결코 초기 단계에서 벗어날 수 없다. 이것은 기업들을 위한 사업(B2B)인지 소비자를 대상으로 하는 사업(B2C)인지, 기업과 소비자를 모두 고객으로 하는 사업(B2B2C)인지는 상관없다. 제공하는 것이 물리적 제품, 앱, 소프트웨어, 하드웨어, 서비스 또는 블로그에 올리는 칼럼인지 여부와는 상관없다. 가치 창출 경제에서 성공하기 위해서는 만들고 있는 가치와 그 가치의 창출 대상이 누구인지를 알아야 한다.

린 브랜드 개발은 가치를 발견하고 창출하는 데 최적화되어 있다. 가치는 뛰어난 가설, 천재적인 전략 또는 창의적인 아이디어만으로 실현되지 않고 크리에이티브한 영감이 엄격한 검증을 거쳤을 때 만들어진다. 그것은 실제 고객이 어떤 접점에서 연결되는지를 발견하고, 그렇게 연결하기 위해 브랜드를 최적화하고 반복하고 성장시키는 치열한 과정을 통해 실현된다.

가치란 무엇인가

거시적으로 '가치'라는 말은 모든 것을 아우르는, 실질적인 의미가 결여된 용어로 사용되기 쉽다. 대부분의 사람은 돈이라고 생각한다. 가치에 대한 교과서적 정의는 "어떤 값어치가 있는 돈의 액수, 어떤 것의 가격 또는 비용"[37]이다. 하지만 고객에게 가치는 단순히 금전적인 것이 아니다.

고객들은 제품이나 서비스의 가치를 유형이든 무형이든 기업과의 관계 관점으로 인식한다. 사람들은 제품이 그 제품의 가격만큼의 가치가 있는지 결정해야 한다. 고객들은 그 가격으로 제품이 해결하는 문제, 제품이 만든 회사에 대한 감정, 그리고 구매가 자신에게 미칠 영향에 대해 거의 무의식적으로 판단한다.

즉, 가치는 다차원적이라고 할 수 있다.

《고객을 알아야 한다(Know your customer)》의 저자 로버트 우드러프(Robert B. Woodruff)는 <고객 가치: 경쟁 우위의 새로운 원동력>이라는 아티클에서 "낮은 수준의 고객 가치는 제품의 속성으로 볼 수 있다. 이에 비해 높은 수준의 고객 가치는 목표나 소망에 대한 감정적인 인정이나 보상을 의미한다. 고객들은 제품의 특성뿐만 아니라 제품 사용 결과로부터 가치를 얻는다."[38]라고 설명했다.

모든 스타트업 및 사업 관련 이해관계자들을 위한 적합한 가치를 만들어 내기 위해서는 가치가 가지고 있는 다원적인 속성을 잘 이해해야 한다.

두 가지 종류의 가치가 있다. 기능적 가치(해당 카테고리 제품들이 제공하는 기본적이고 실용적인 가치)와 감성적 가치(고객이 제품을 통해 경험할 것이라고 생각하는 감성을 자극하는 가치)다. 일반적으로 제품은 그 제품이 수행하는 작업을 통해 기능적 가치를 만들어낸다. 하지만 브랜드는 그들이 만들어내는 관계를 통해 감성적 가치를 창출한다. 기업이 수행하는 모든 활동은 — 그들의 브랜드 내에서 발생하는 — 고객을 위한 감성적 가치를 창출하는 역할을 한다.

그것이 바로 린 브랜드 개발 과정에서 가치가 기능적인 혜택과 고객이 경험한 감성적 영향으로 정의되는 이유다. 그 두 가지 모두 고객이 제품이나 서비스를 실질적으로 가치 있게 인식하도록 하는 역할을 한다.

기능적 가치

기능적 가치란 잠재적인 고객이 제품을 사용하여 해결하고 싶어 하는 문제나 불편함을 의미한다. 이것은 제품 개발 과정에서 흔하게 볼 수 있는 불편함과 해결책의 전형이다. 제품으로 인해 고객의 불편함을 완화할 수 있으면 기능적 가치가 창출된다.

리퀴드 페이퍼(Liquid Paper®)와 같은 제품을 생각해 보자. 만약 베티 네스미스 그레이엄(Bette Nesmith Graham)이 부엌에 있는 블렌더를 사용하여 최초로 수정액을 만들었던 1951년 이전이라면 종이에 잘못 쓴 것을 수정할 방법은 거의 없다.[39] 그 부분을 잘라내거나 X표를 치거나 처음부터 다시 쓰는 방법 정도가 있을 것이다. 수정액의 발명은 고객의 구체적인 불편함에 대한 해결책을 의미했다. 이제는 잘못 쓰더라도 쉽고 효율적으로 수정할 수 있는 제품을 보유하게 되었다.

베티가 리퀴드 페이퍼를 '팝 타르트(Pop Tarts, 역주: 토스터에 넣고 굽거나 전자레인지에 데워 먹는 켈로그사의 냉동 페이스트리 제품)'라고 불렀다고 해도 그것이 고객들의 문제를 해결해 주는 유일한 제품이었기 때문에 아무런 문제가 되지 않았을 것이다. 오늘날 다양한 경쟁 업체가 존재하지만 실수를 쉽게 수정하는 방법이라는 기능적 가치는 고객들이 여전히 리퀴드 페이퍼의 가치를 인정하는 이유다.

기능적 가치란 고객이 해결하고자 하는 불편함과 그 불편함을 해결하는 제품의 유용성에 대한 것이다. 순전히 기능적인 측면에서, 문제를 더 잘 해결하는 다른 제품이 생겨난다면 그 제품이 시장을 지배할 것이다. 하지만 우리는 경험을 통해 그것이 반드시 그렇지 않다는 것을 알고 있다. 왜 그럴까?

감성적 가치

감성적 가치는 우리가 어떤 제품에 대해 가지고 있는, 다른 제품과 비교해서 더 주관적으로 가지고 있는 판단이나 선호도를 의미한다. 감성적 가치는 기업이 고객들과 어떻게 관계를 맺는지, 고객에게 제공하는 혜택과 기대 수준에 대해서 어떻게 생각하는지에 대한 것이다. 사람들은 자신과 감성적인 관계를 맺은 기업에서 구입한 제품에 대해 기대감과 특별한 애정을 품고 있다.

루이 비통 핸드백을 예로 들어 보자. 핸드백의 기능적 가치는 간단하다: 물건을 가방에 넣고 그것을 가지고 다닌다. 사람들이 이러한 불편을 해결하기 위해서 '선택'할 수 있는 대안은 여러 가지가 있다. 슈퍼마켓의 비닐봉지, 트레이더 조(Trader Joe's, 역주: 미국의 식료품 체인점)의 캔버스 가방, 노스페이스 배낭 등은 비교적 쉽게 물건들을 한 장소에서 다른 곳으로 옮길 수 있다. 더 중요한 것은 대형 할인점에서 구입한 일반 핸드백 역시 이 작업을 똑같이 수행할 수 있다는 점이다. 대부분의 경우 이러한 해결책의 기능적 가치는 동일하다. 또 누군가는 루이 비통 핸드백이 고급 소재로 만들어지고 세련된 외관을 갖추길 기대할 수도 있다. 이러한 것들은 유용성을 넘어서지만 여전히 제품의 특징을 나타낸다.

루이 비통 핸드백의 가격은 천 달러가 넘지만 일반 가방의 가격은 약 30달러다. 차이점은 무엇인가? 확실히 그 자체 품질과 외관은 가격 차이의 이유가 아니다.

루이 비통 핸드백을 구입하는 사람들은 루이 비통에서 쇼핑을 한 사람들, 럭셔리를 이해하고 힙한 것에 대해서 익숙한 사람들로부터 인정을 받는다. 그들은 자신들이 얼마나 비싼 제품을 살 수 있는지, 그들의 취향이 무엇인지를 은연중에 나타내고 있다. 마찬가지로 모든 럭셔리 브랜드들은 품질 이외에도 특별함(Prestige)을 제공한다. 이것들 이외에 무엇이 더 있을까?

루이 비통 핸드백이 가격만큼의 가치를 만들어 내는 것은 고객들이 브랜드와 함께 만들어 내는 특별한 기대감 때문이다. 이것은 다른 회사들이 주지 못하는, 루이 비통 제품들이 고객들에게 주는 감성적인 혜택이다. 만약 루이 비통 핸드백을 구매한다면, 단지 물건들을 한곳에서 다른 곳으로 옮겨야 하는 불편을 해결하기 위해 사는 것이 아니다. 오직 루이 비통만이 제공하는 독특한 기대감과 관계 ― 모던한 스타일과 우아함의 대명사인 오드리 헵번의 명성과 같은 ― 를 사는 것이다. 루이 비통이라는 이름으로 가방 주인에게 전달하는 메시지와 특별한 관계 맺음은 고객들에게 강력한 감성적 가치를 제공해 준다.

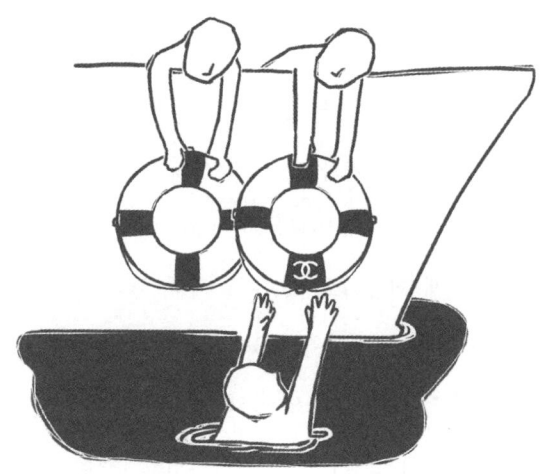

3부 : 측정

이 점을 더 잘 보여주기 위해 루이 비통이 가구 사업에 뛰어들었다고 상상해 보자. 루이 비통 소파에 무엇을 기대하는가? 품질? 허세? 위신? 럭셔리? 스타일? 과시? 화려함? 사람들은 왜 그것을 사거나, 혹은 사지 않을 것인가? 이러한 질문에 대한 대답은 개인적으로 맺는 루이 비통과의 관계와 그 이름과 연관된 기대, 속성, 그리고 자질을 설명해 준다. 그것이 감성적 가치의 본질이다.

이는 럭셔리 산업에만 적용되는 게 아니다. 일상적인 브랜드들에서도 감성적 가치는 중요한 역할을 한다. 항공사 브랜드인 아메리칸 항공(American Airlines)과 버진 항공(Virgin Airlines), 미국 땅콩버터 브랜드인 지프(Jif)와 스키피(Skippy), 미국 신용카드 브랜드인 아메리칸 익스프레스(American Express)와 디스커버(Discover), 나이키와 아디다스, 미국 패션 브랜드 아메리칸 어페럴(American Apparel)과 갭(Gap)의 차이를 만드는 역할을 한다. 어떤 업종에 종사하든, 고객은 당신 브랜드와의 관계에 대한 일련의 기대감이 있다. 시장 내의 경쟁자들과 차별화하고 독특한 감성적 가치를 통해 고객과의 관계를 만들어내는 것은 분명 당신에게 달려있다. 당신이 하는 모든 활동들 — 브랜드 안에서 이루어지는 — 은 고객을 만드는 감성적 가치와 연계되어 있다.

그렇다면 무엇이 특별하게 만드는가? 다른 어떤 기업도 전달할 수 없는 혜택을 고객들에게 제공하고 있는가? 제품, 고객 서비스 또는 마케팅에 대해 고객들이 기대하는 것은 무엇인가? 이러한 질문들은 감성적 가치를 이해하기 위한 기초가 되며 앞에서 다루었던 "당신은 누구인가?"와 "왜 당신이 중요한가?"라는 질문에서 시작되어야 한다.

가치 렌즈 확대하기

성공을 위해서는 기능적 가치와 감성적 가치가 모두 필요하다. 이것들은 제품이나 서비스에 대해 고객들이 지불하는 비용을 결정한다. 두 가지 모두 비즈니스 및 브랜드 개발 방식에 상당한 영향을 미친다. 때로는 감성적 가치가 당신이 만들고 있는 것에 대한 원동력이 되기도 하고, 어떤 때는 기능적 가치가 그 역할을 하기도 한다. 하지만 두 가지 모두 고객들에게 가치를 전달하는 데 중요한 역할을 한다.

MIT의 교수인 세자르 히달고(Cesar Hidalgo)는 록히드 마틴 F-22 랩터의 예를 사용하여 가치의 개념을 설명한다. F-22는 지금까지 제작된 전투기 중 가장 뛰어난 전투기로 평가받는다.[40] 이것은 스텔스 기술을 이용한 단일 세트의 2엔진, 5세대 초대형 전투기다.

F-22는 가격이 1억 5천만 달러가 훨씬 넘는 아주 비싼 비행기다. F-22를 사려면 많은 돈이 필요하다. 또한 F-22는 매우 복잡하다. 많은 부품, 조각들, 기술이 함께 모여 비행기를 만들어낸다. 이 복잡성 때문에 F-22는 다양한 종류의 전문 지식을 가진 많은 사람이 만들어야만 한다.

만약 F-22의 가격을 무게(43,340파운드)로 나누어 값을 매긴다면 1파운드에 3,461달러가 될 것이다. 금과 은의 중간쯤 되는 가격이다.

만약 F-22를 산이나 바다에 충돌시키거나 아주 작은 조각으로 폭파한다면 지금 그 가치는 얼마인가? 금, 은과 그 가치를 비교할 수도 없을 것이다. 사실, 그 조각들은 고객에게 전혀 가치가 없는 것이다. 그렇다면 가치는 어디에 있을까?

<하버드 비즈니스 리뷰>에서 하버드 대학교 석좌교수인 마이클 포터(Michael E. Porter) 교수와 마크 크레이머(Mark Kramer) 교수가 지적한 바와 같이 "기업들은 지난 수십 년 동안 가치 창출에 대한 구시대적 접근 방식에 갇혀 있었다. 이들은 단기적인 성과를 극대화하기 위해 가치 창출을 좁은 시야로 바라보고 있다. 그 결과 가장 중요한 고객의 요구사항을 놓치고 장기적인 성공에 영향을 끼치는 요소들을 무시하게 되었다."[41]

장기적인 관점의 성공을 거두기 위해서는 브랜드 개발을 통해 감성적 가치를 창출해야 한다. 가치를 만들어내는 과정에서 감성적인 연결고리 없이 고객이 어떻게 인식하는지 알아낼 방법은 없다. 시장에서 감성적 가치와 고객과의 접점을 발견하기 위해 계획하고, 작업하고, 끊임없이 실험해야 한다는 것이다.

하지만 브랜드가 가치 있다는 것을 어떻게 알 수 있을까? 그 가치를 어떻게 측정해야 할까? 어떻게 가족이나 가장 친한 친구와 맺은 관계의 가치를 평가하는가? 더 나아가 고객을 위해 만들어가는 감성적 가치를 어떻게 측정할까? 그것을 어떻게 테스트할 것인가? 가장 중요한 점은 지속해서 고객에게 감성적 가치를 제공하는 지속 가능한 비즈니스 모델을 어떻게 만들 수 있을까이다.

이 질문에 대답하기 위해서 깊이 파고들어야 한다. 고객과의 연결 고리가 어떻게 만들어지는가는 일정 수준 아래로 내려가야 확인할 수 있다. 이는 감성적 가치 수준에서의 혁신을 의미한다. 이를 보다 효과적으로 하기 위해서 고객들과 호흡하면서 가치 흐름(Value Stream)을 통해 만들어지는 가치를 발견해야 한다.

가치 흐름 발견하기

앞서 설명했듯이, 브랜드 개발은 사업의 다른 부분들과 별개로 이루어지는 것이 아니다.

《린 창업가》의 저자 브랜트 쿠퍼와 패트릭 블라스코비츠는 어떻게 기업이 가치를 만들고 전달하는지에 대한 가설을 보여주기 위해 '가치 흐름 발견' 프레임워크를 소개했다. 쿠퍼는 "핵심은 사람들이 제품이나 서비스를 이용할 수 없다면, 이 사람들에게 가치를 제공할 수 없다는 것이다."라고 설명했다.

그들은 스타트업이 고객을 위해 창출되는 가치를 발견하는 일련의 단계를 통해 이를 발전시킬 수 있다고 주장한다. 최적의 시나리오를 설정하고, 그 시나리오를 검증하기 위해 노력함으로써, 스타트업은 시장을 사로잡는 방법을 가장 잘 알 수 있다.

앵그리 버드 게임은 가치 흐름을 이해하기 좋은 예다. 앵그리 버드를 알게 되었을 때를 기억하는가? 어떻게 그 게임을 알게 되었나? 아마 당신은 '무료 앱 순위' 혹은 '추천 앱' 중 하나로 앱 스토어에 의해 소개를 받았을지도 모른다. 그것이 궁금하고 재미있어 보인다고 생각했기 때문에 무료 버전을 받았을 것이다. 왜 이렇게 인기가 많은지를 알고 싶었을 것이다. 그러고 나서 게임을 즐기게 되었고, 이후에는 앵그리 버드 스페이스나 앵그리 버드 스타워즈를 기다릴 수 없어 유료 버전을 구입했을 것이다.

게임을 자주 하게 되면서 홈 스크린에 두고 사용하기 시작했다. 그러고 나서 앞으로 나오게 될 앵그리 버드의 게임들이 재미있을 거라며 모두 구매했을 것이다. 그 후 앵그리 버드가 '당신의 취향'이기 때문에 티셔츠나 봉제 인형을 구입하고, 친구들과 동료들에게 새로운 앵그리 버드 시리즈를 다운로드하지 않으면 유행에 뒤떨어지는 것이라고 말했을 것이다.

앵그리 버드가 가치 흐름의 축소판임에도 불구하고 이 게임은 고객들이 어떻게 인지 단계에서 호감 단계로 이동하는지를 잘 보여준다.

쿠퍼의 모델에는 확장 가능성을 검증할 수 있는 다섯 단계의 혁신 프로세스가 있다.

각 부분은 고객이 경험하는 하나 또는 그 이상의 '상태'로 나타날 수 있다. 창업가는 고객을 다음 상태로 전환하기 위해서 기업이 어떤 '활동'을 수행해야 하는지, 어떤 행동이 고객의 전환을 유발하는지, 어떻게 그 행동들을 측정하는지에 대한 가설을 세운다.

감성적 가치 구성 요소를 가치 흐름 발견 프레임워크에 추가할 때, 스타트업 개발의 각 단계에서 브랜드(감성적 가치)와 제품(기능적 가치)가 어떻게 통합되는지 볼 수 있을 것이다.

고객 확보

고객 확보(Acquisition) 단계에서 당신은 고객에게 먼저 접근하고, 고

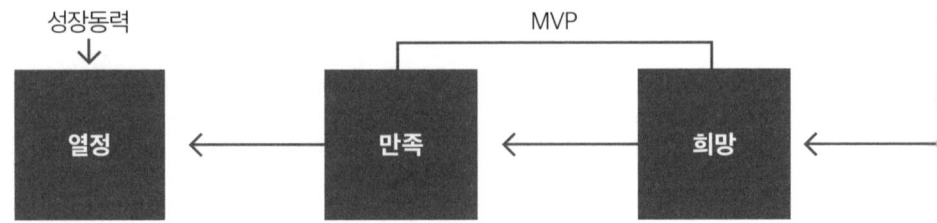

객들은 당신에 대해서 알게 될 것이다. 초기 단계의 스타트업에서는 구글 애드워즈(Google AdWords), 검색 엔진 최적화(SEO), 혹은 블로그와 같은 저가의 마케팅 활동을 통해 이러한 작업을 수행할 수 있다. 첫 번째 만남은 당신의 브랜드를 소개하는 것이다. 좀 더 안정적인 스타트업에서는 고객이 "당신의 브랜드에 대해 들어본 적 있다."고 말하는 수준이다. 이는 인지 단계에 해당하는 브랜드 사례다.

'인지' 단계에서 고객은 스스로 '브랜드가 나에게 말을 걸었나?', '나와 잘 맞는가?', '나는 이 브랜드에 끌리는가?' 등을 묻게 된다. 이러한 질문들은 아직 경험하지 못한 제품에 대한 것이 아니라 브랜드와의 관계 맺음에 대한 것이다. 이 단계에서, 당신은 고객에게 처음으로 소개를 하며, 고객은 당신과 관계를 맺을 가치가 있는지 없는지를 결정하게 된다.

누군가 당신에게 윙크했다.

유입

유입(Funnel) 단계에서의 활동들은 고객과의 친밀한 관계(Rapport)를 형성한다. 친밀한 관계는 '흥미'와 '신뢰'의 두 상태로 나타난다. 제품이

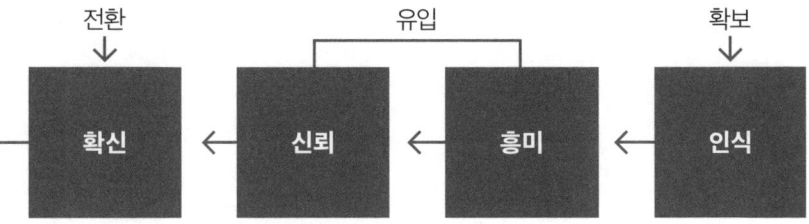

고객들의 니즈를 만족시킬 수 있다고 믿는 것이 '흥미'이고, 기업이 성실하며 제품의 기능적 약속을 이행할 것이라고 믿는 것이 '신뢰'다.

고객과 어떻게 상호 작용하고 고객이 어떻게 반응하는지는 브랜딩의 필수적인 요인이다. 유입 단계에서, 관계 형성은 고객이 실질적으로 제품, 혹은 서비스에 대한 지불 여부를 결정하는 동시에, 신뢰 여부도 결정하게 될 것이다(페니 갭 Penny gap, 역주: 고객들이 제공 제품과 유사한 제품을 무료로 이용하는 데 익숙해져서 돈을 지불할 생각이 없는 경우, 무료인 제품과 적은 돈일지라도 지급해야 하는 제품 사이에서 소비자가 인식하는 큰 차이).

흥미와 신뢰는 종종 스토리와 브랜드 상징요소에 대한 감성적인 반응이다. 고객은 "이 제품이 나의 감성적 욕구를 확실히 해결해 줄 것 같아요!"라고 의식적으로 이야기하지 않는다. 하지만 전달하는 메시지는 제품의 사용성(Utility)을 보장해야 할 뿐만 아니라, 감성적 가치를 제공해야 한다.

당신의 아이들은 당신처럼 음악을 사랑할 것이다.
당신의 상사는 당신을 영웅으로 간주할 것이다.
당신은 더 나은 남편이 된 것처럼 느낄 것이다.
당신이 엄마들의 모임에 참석하면 당신을 좋은 엄마로 인정할 것이다.
당신은 업계를 대표하는 사고방식을 갖추게 될 것이다.

당신에게 윙크한 사람이 대화를 시작한다. 당신을 꾀는 것이다.

전환

고객이 페니 갭을 넘어서는 이유는 논리적으로 설명되지 않는 경우가 대부분이다. 고객과 브랜드와의 관계가 고객의 결제 여부를 결정하는 데 가장 큰 역할을 한다.

일반 소비자 제품이든 비즈니스용 제품이든 제품이나 서비스의 대체재, 핵심 기능, 혜택 등을 담은 정보는 넘쳐난다. 당신이 고객에게 이야기하는 것, 즉 제공하는 가치가 다른 제품이 아닌 당신의 제품을 선택하도록 하는 데 큰 역할을 하며, 첫 거래 이후에도 지속적인 관계를 맺게 만든다.

당신은 데이트하기로 결정했다.

최소 구현 가능 제품(MVP)

MVP는 당신 제품의 가치 제안을 이행하기 위해 '최소로 구현 가능한 제품'이다. 이 단계에서 제품은 고객이 자신들의 니즈를 반영한 옳은 선택을 했다는 '희망'을 가지고, 궁극적으로는 '흥미' 단계에서의 기능적인 약속을 이행하여 '만족'하게 만드는 원동력이다.

고객에게 가치를 제공하기 위해, 특별한 니즈를 해결하기 위해 노력해야 한다. 여기에서 딜레마는 누군가가 제품을 사용하기 전에는 정확한 니즈가 무엇인지, 또는 그것을 정확히 어떻게 해결해야 하는지 모른다는 것이다. MVP는 그러한 니즈를 충분히 해결할 수 있는 최초의 제안부터 시작한다. MVP가 복잡해질수록 고객들이 원하는 것을 이해하기가 어려워진다. 반복적으로 만들고 검증하는 것이 고객의 니즈와 제품에 필요한 기능을 이해하는 데 도움이 된다.

일반적으로 MVP 버전은 알면 알수록 흥미를 느끼는 작은 코호트 고객 집단(얼리어답터)에게 제공된다.

제품에 대한 나쁜 경험은 고객과의 관계에 악영향을 미친다는 것을 주의해야 한다. 이것이 MVP가 광범위한 시장에 론칭되지 않는 이유다. 이러한 단계에서 얼리어답터들은 제품에 대한 불완전한 경험에도 불구하고 지속적인 관계를 유지하고자 하는 의지가 있는 사람들이다. MVP가 더 발전할수록, 더 통합된 브랜딩 상징요소들을 실험해야 한다.

레스토랑으로 가면서 당신은 좋은 선택을 했다고 믿고 싶을 것이다. 시간이 지날수록, 최소 구현 가능 데이트는 모든 것이 완벽하지는 않았겠지만 두 사람이 잘 어울릴 거라는 좋은 징조로 볼 수 있다. 만약 그 데이트가 성공적이라면 최소 구현 가능 데이트는 장기적인 관계로 발전하게 된다. 그것은 더 이상 최소가 아니다. 최소 구현 가능을 넘어선다.

성장 동력

가치 흐름 발견 모델 중 성장 단계에서 브랜드의 중요성이 가장 강조된다. 인지 단계에서부터 만족 단계까지 만들어 온 고객과의 관계가 바로 브랜드다. 고객과의 관계에 따라 고객이 얼마나 제품과 서비스에 대해서 열정적인지 알 수 있다. 만약 그들이 열정적이라면, 고객들은 그 경험을 다른 사람들과 공유할 것이다. 긍정적인 평가를 하고, 추천인 역할을 하고, 긍정적인 입소문을 내며, 자랑하거나 높은 비용을 지불할 것이다. 열정적인 고객은 당신을 위해 기꺼이, 혹은 의도치 않게 홍보 대사가 된다.

그들이 성장 동력이 되는 것이다. (자세한 내용은 10장 참고)

성장은 고객이 당신과 만들어 가는 관계에서 비롯된 브랜드에 대한 열정에서 시작된다. 브랜드는 고객의 열정을 이끌어내며, 당신과 고객 사이에 공유하는 열정을 채워준다.

공감을 위한 경로

고객과 기업 사이의 관계는 일반적으로 아는 것에서 좋아하는 것의 순서로 발전한다. 하지만 이렇게 발전한다고 해서 스타트업이 제공하는 가치가 검증되었다는 것을 의미하지는 않는다. 만약 제품이 작동하지 않거나, 약속한 것을 이행하지 않는다면 고객과 관계를 맺을 기회를 놓칠 것이다. 사람들은 제품을 각자의 방식으로 느낄 것이다. 그들은 화를 낼 수도, 행복해할 수도, 현실에 안주할 수도 있다. 또한 영감을 줄 수도 있으며 평균적일 수도 있다. 인간의 감성은 제품에 대한 나쁜 경험을 가진 사람들이 왜 같은 제품에 대해 좋은 경험을 한 사람들보다 더 많이 소문을 내는지를 설명해 준다. [42]

만약 제품 경험이 긍정적이라면, 그 결과는 관계에 긍정적인 영향을 미칠 것이다. 제품 경험이 만족스럽지 못한 경우, 그 관계의 결과는 만족스럽지 못할 것이다. 인식 단계에서 신뢰 단계로 전환한 고객은 충분히 가치 있다. 고객은 끊임없이 찾아오는 것이 아니며, 고객을 놓친 것은 교훈점이 되어야 한다. 여기서 중요한 점은 제품이 반드시 전달해야 한다는 것이다.

그러므로 스타트업은 먼저 최소 구현 가능 제품(MVP)을 검증해야 한다. 이렇게 하려면 타깃 고객들과 관계를 만들기 시작해야 한다. 이때가 최소 실행 가능 브랜드(MVB)—스토리, 상징요소, 연결고리—를 사용하여 브랜드를 테스트하고, 약속된 가치를 실현하는 데 무엇이 필요한지를 발견할 수 있는 가장 좋은 타이밍이다.

다시 말하지만, 브랜드 개발은 사업의 전반적인 목표와 별개로 생각할 수 없다. 브랜드, 제품, 마케팅, 영업, 고객 서비스 등을 하나로 통합된 고객 경험으로 생각해야 한다. F-22를 기억하라. 고객이 보는 것은 제트기를 구성하는 각 부품이 아니라 제트기 그 자체다.

단계마다 고객이 다음 단계로 넘어가기를 기대할 것이다. 고객이 구체적으로 행동하기를 원할 것이다. 고객의 관점에서의 가치 흐름은 기업과의 관계를 위한 전체적인 연결이나 경로를 생성해야 한다. 기업의 관점에서는 고객이 일련의 행동을 하도록 유도하거나 조치를 취해야 한다.

그다음 목표는, 가치 흐름의 첫 단계부터 고객이 참여해서 고객의 반응이 기업의 행동으로, 기업의 반응이 고객의 행동으로 이어지는 것을 반복함으로써 자연스럽게 다음 단계의 흐름으로 이동하는 최상의 시나리오를 만드는 것이다. 특정 단계에서 다음 단계로 사람들을 이동시킬 수 없다면, 처음부터 새로운 고객으로 시작한다고 해도 마찬가지일 것이다.

즉, 내부에서 외부로 가치 흐름을 최적화해야 한다.

학습 성과 검증

가치 흐름을 최적화하려면 검증된 학습을 기반으로 구축해야 한다. 가치 있는 것이 무엇이고 낭비적인 요소가 무엇인지를 어떻게 알 수 있나? 어디에서 밀고 나가고 어디에서 후퇴해야 하는지 어떻게 알 수 있을까? 사람들이 브랜드와 관계를 맺는 과정에서 무엇을 배울 것인가?

학습은 더 나은 브랜드 개발을 위한 필수적인 단위다. 검증된 학습은 기업의 의사결정자가 반복적인 브랜드 개발을 검증하고 고객에게 전달되는 가치를 결정하는 데 도움이 되는 시스템이다.

전통적인 브랜딩 사례에서 자주 볼 수 있듯이 고객들이 원한다고 생각하는 것에 대해 자신을 속이는 것은 어렵지 않다. 'GOT MILK?' 캠페인을 예로 들어보자. 미국 낙농업 협회는 'GOT MILK?' 캠페인으로 큰 성공을 거두면서 멕시코로 광고를 확대했다. 하지만 그들이 멕시코 시장에 진입했을 때 적용했던 스페인어 번역은 "너 아직도 엄마 젖 먹니?"라고 읽혔다. 새로운 마스코트 곰이 드럼 세트를 연주하는 네슬레(Nestl®)의 첫 공식 인스타그램 사진을 생각해봐야 한다. 알려진 것처럼 그들의 새로운 마스코트는 페도필리아(Pedophilia, 소아성애증)의 비공식 마스코트인 페도베어(Pedobear)와 묘하게 닮았다.

고객과의 관계를 형성하는 데 무관하거나 도움이 되지 않는 것들을 배우는 것은 어렵지 않다. 검증된 학습은 실제 살아있는 사람들로부터 수집된 경험적 증거에 의해 뒷받침되어야 한다. 가치 흐름 탐색 모델에 감성적 가치 렌즈를 추가하면 전체 비즈니스 맥락에서 생성되는 가치에 대해

능동적으로 배울 수 있을 것이다. 하지만 이는 가치 흐름에서 수행되는 활동을 측정할 수 있는 경우에만 가능하다.

사람의 감성과 관계를 측정한다는 건 어려운 일이다. 사람들의 감정, 느낌, 그리고 그들의 관계를 정확하게 측정할 수 있는 직접적이거나 완전히 신뢰할 수 있는 지표는 없다. 그러나 사람들이 기업과 어떻게 관련되어 있는지를 명확하게 알 방법은 있다.

브랜드 개발 과정에서 고객에게 제공하고자 하는 감성적 가치를 측정할 때에는 '핵심 접점'(Live wire)을 찾아야 한다. 그곳은 당신이 누구인지, 당신이 무엇을 의미하는지에 대해 사람들이 공감하는 지점이다. 사람들이 당신과 당신의 스토리에 동참하고, 당신의 철학을 위해 다른 사람들을 끌어들이는 지점이다. '핵심 접점'이라는 증거는 상호 작용, 공감 및 참여라는 세 가지 감성적 가치 측정 기준을 통해 가장 잘 드러난다.

감성적 가치 측정: 상호 작용, 공감, 참여

감성적 가치는 겉으로 드러나는 것보다 훨씬 깊이가 있다. 사람들은 자신이 선택한 관계에 대한 기대치와 선호도를 바탕으로 브랜드에 대한 충성심을 만들어 간다. 감성적 가치는 브랜드에서 전달하고자 하는 가치를 보여주는 강력한 증거가 된다.

모든 감성적 가치가 동일한 것은 아니다. 고객과의 관계 맺음의 정도는 다양하며 각자 자신만의 감성적 가치가 있다. 수많은 방법이 있겠지만 일반적으로 감성적 가치를 측정하는 가장 유용한 방법은 상호 작용(Interaction), 공감(Engagement) 및 참여(Participation)와 관련된 지표를 통해서다. 이것들은 어떻게 관계를 맺는지 그리고 그것이 브랜드 발전에 어떤 의미가 있는지를 명확하게 알려줄 것이다

감성적 선호와 기대가 명확해짐에 따라, 고객과의 관계도 명확해진다. 관계가 명확해질수록 감성적 가치도 명확해진다. 지금까지 살펴본 것처럼 가치 흐름 위에 감성적 가치 측정 기준을 겹쳐 놓으면 브랜딩이 사업의 전반적인 성장에 어떤 영향을 미치는지 더욱 명확하게 알 수 있다.

브랜드를 발전시키기 위한 실험을 할 때, 이 지표들은 고객과의 관계가 점점 더 깊고 더 열정적으로 변화하기 시작하는 지점을 찾는 유용한 방법이다. 고객과의 관계가 정체된 지점을 확인하고 고객들이 감정적인 유대감을 깊게 할 수 있는 전환점을 만들기 위한 노력을 반복해야 한다. 고객을 수동적인 관찰자에서 적극적인 참여자로 만들기 위해 노력해야 한다. 이를 위해서 사람들이 상호 작용에서 공감으로, 그리고 참여로 이어지게끔 하는 MVB를 통한 브랜드 요소를 최적화해야 한다.

상호 작용

상호 작용은 모든 관계의 출발점이다. "좋다." 또는 "나는 그것에 연결되어 있다."로 단순하게 표현된다. 상호 작용은 일반적으로 좋은 메시징과 미디어 선택의 결과다. 메시지는 고객과 연결되고 고객은 그들이 반응한 행위를 통해 그 브랜드에 관심을 둔다. 상호 작용의 척도는 고객이 감성적 가치 제안에 따라 행동을 취하는지 여부다. 누가 링크를 클릭하는가?

그들이 문을 향해 걷는가? 그들은 비디오를 보는가? 이메일을 열었는가? 고객들이 행동하도록 유도할 수 있는가?

상호 작용은 감성적 가치의 표면적인 표시일 뿐이다. 고객들은 자신이 구매해본 적도 없는 브랜드에 '좋아요'를 누를 수도 있다. 사실, 사람들은 많은 브랜드와 상호 작용한다.

상호 작용은 고객이 기업과 진정한 관계를 맺지 않고도 '건드려 볼 (Flirting)' 수 있는 배타적이지 않은 개방적인 관계다(아우디를 시승해 보았지만 소유하지는 않을 수도 있는 것처럼 말이다).

"사람들은 나를 정말 좋아해."라고 하면서 많은 기업이 고객과의 상호 작용을 중단한다. 당신이 얻을 수 있고, 가져야 할 감성적 가치의 깊이를 상호 작용으로 착각해서는 안 된다. 상호 작용은 고객과 관계를 맺는 출발점이다. 가치를 발견하기 위해서는 단순한 클릭이나 '좋아요'보다 더 깊은 단계로 들어가야 하며, 이러한 행동 뒤에 있는 이유를 깊이 파고들어야 한다.

상호 작용에서 숫자가 중요할 수 있다. 그 숫자로 인해 기분 좋을 수 있다. 누가 200만 명의 팬이 있다는 것을 좋아하지 않을 수 있을까? 하지만 큰 숫자는 엄청난 오해를 불러일으킬 수 있다. 《린 스타트업》의 저자 에릭 리스는 허무 지표(Vanity Metrics, 역주: 총 방문자 수, 조회 수 등의 누적 지표)라고 부르는 팔로워 수, 팬 수, 페이지 방문 수, 취향 및 성향 등 상호 작용 측정법은 궁극적으로 실제 사용자, 참여, 비용 등과 관련이 없다고 한다. 트위터 팔로워 1만 명 중 적극적으로 공감하는 100명의 상대적 가치는 팔로워 100명 중 적극적으로 공감하는 100명의 가치와 같다.

공감

공감은 감성적 가치의 두 번째 단계다. "나는 이것을 원한다." 또는 "나는 이것을 열망한다."라고 말하는 단계다. 공감은 일반적으로 차별화되거나 혁신적인 제품을 제공할 때 나타나는 결과다. 사람들은 한 브랜드를 다른 브랜드와 비교할 때 어떤 브랜드와 관계를 맺을지 선택하게 된다. 즉, 고객이 누구와 관계를 맺는지가 경쟁사 대비 브랜드의 포지셔닝이나 새로운 시장의 진출 여부를 확인할 수 있는 척도다. 좋은 브랜딩은 공감을 자극한다.

스타트업의 경우, 규모를 내세워 고객과 관계 맺기는 어렵다. 구축된 브랜드나 미개척 시장 및 고객이 없는 스타트업의 경우 브랜드 개발의 목적은 관련 고객을 발굴하고 확보하는 것이다. 즉, 검증된 학습을 통해 고객과의 공감을 이끌어 낼 수 있는 스타트업은 더 큰 규모의 기업과 동등한 시장 지배력을 구축할 수 있다.

공감의 척도는 상호 작용에 대한 사람들의 반응이다. 공감은 상호 작용의 퀄리티와 그 상호 작용에 고객들이 얼마나 더 깊게 참여할 것인지에 대한 것이다. 고객이 이메일 주소를 알려주는가? 예약 주문을 하는가? 크라우드 펀딩을 지지하는가? 포스트에 댓글을 달았는가?

상호 작용이 스피드 데이트라면, 공감은 '안정적인 관계를 유지하는 것'이다. 고객이 당신과의 거래를 결정하면, 그들은 당신의 제안에 대해 무엇인가를 되돌려줄 것이다.

고객이 공감하는 정도로 일정 수준의 가치를 입증할 수 있지만, 그것은 일시적일 수 있다. 진정으로 관계를 측정하기 위해서는 시간이 지남에 따라 존재하는 감성적·인지적·행동적 연결을 살펴보아야 한다. 관계가 공감 수준에서 머무르게 되는 경우, 경쟁사가 당신의 고객을 빼앗아 가기

위해 더 매력적인 것들을 제안할 것이다. 공감만으로는 장기적으로 감성적 가치를 유지할 수 없다.

참여

참여는 가장 깊은 관계다. "나는 그것의 일부다." 또는 "나는 그것과 같다."라고 하는 단계다. 참여란 스토리와 상징요소, 연결고리, 그리고 시간이 지나면서 생기는 신뢰가 강력하게 혼합된 것이다. 어떤 사람이 참여하기로 했을 때, 고객은 당신이 누구인지, 무엇을 위해 서 있는지, 어디로 가는지를 확인할 것이다. 그들은 단지 당신이 그들의 니즈를 충족시켜 주었다는 것에 만족하지 않는다. 당신이 그것을 해낸 것에 감사하고 당신이 향하고 있는 곳으로 함께한다.

제공하는 것에 대한 기능적 가치와 감성적 가치는 고객이 그 과정에 참여함으로써 커진다. 고객의 참여는 함께 창작하고, 함께 책임지고, 함께 기쁨을 나누는 과정으로의 연결고리를 의미한다. 참여는 열정이라는 하나의 목표를 향한다.

참여에 대한 측정은 세 가지 측정법 중에서 가장 덜 구체적일 수 있겠지만, 당신에 대해 진심으로 열정적인 헌신을 보이는 사람들은 주목할 만한 행동을 보여준다. 열정적인 사람은 친구들과 가족들에게 자랑한다. 또한 구매에 큰 자부심을 느끼고 다른 사람들까지 적극적으로 참여시킨다.

열정에 대해 절대적인 수치를 적용할 수는 없지만 열정과 관련된 행동에 대해 오랜 기간 검증된 질문을 만들 수 있다. 고객이 구입한 것을 자랑하는가? 누군가가 회사 행사에 꾸준하게 참여하는가? 고객이 기업을 위해 적극적으로 타인에게 알리는가? 순 추천 고객 지수(Net Promoter Score)는 몇 점인가? 꼭 얻어야 하는 점수는? 사례 연구가 작성되고 있는가? 고객들은 뉴스레터를 받아 보는가? 고객들은 어떻게 평가하는가?

참여는 특정 집단의 사람들이 가지고 있는 열정의 수준으로 귀결된다. 기업의 열정적인 지지자를 만들기 위해서는 훌륭한 경험을 만들고, 사람들이 함께하도록 유혹한 다음, 정기적으로 참여하여 관계를 깊고 견고하게 만들어야 한다.

누군가 당신의 행사에 참여하고 '맥 가이(Mac-Guy, 역주: 맥도널드를 즐겨 찾는 사람)', '코크 러버(Coke-lover, 역주: 코카콜라를 사랑하는 사람)', '구찌 걸(Gucci-Girl, 역주: 구찌를 좋아하는 여성)'과 같은 용어를 만들어내면 브랜드는 정체성을 가지게 된다. 앞서 말한 것과 같이 특정 용어를 만들어내는 수준은 사람들이 할리 데이비슨 문신을 하거나, 그들의 자녀를 트위터 혹은 페이스북이라고 부르는 경지라고 볼 수 있다. 즉, 당신 브랜드와 고객 사이의 경계가 모호해진다. 모든 스타트업은 참여를 위해 브랜드 개발을 최적화하는 데 초점을 맞춰야 한다. 그것은 당신이 가질 수 있는 가장 강력한 관계다.

사람들은 일상에서 구입하고, 입고, 사용하고, 홍보하는 것으로 자신을 정의한다. 브랜드가 일종의 종교적 경험이 되고 사람들은 브랜드 전도자와 대변인으로 변모한다. 모든 것이 포함되고 완전히 발달한, 어떤 제약도 없는 감성적 가치다. 만약 상호 작용이 '스피드 데이트'이고, 공감이 '안정적 관계'라면, 아이덴티티는 '헌신적인 평생의 결혼생활'이다.

최근 애플은 코카콜라가 지난 13년간 연속해서 1위를 유지해 온 인터

브랜드사의 '베스트 글로벌 브랜드' 랭킹 1위를 차지했다.[43] 이는 전적으로 혁신적인 기술 때문만은 아니다. 실제로, 2007~2008년(아이폰 출시)부터 애플의 브랜드 가치는 9계단(33위에서 24위) 상승했다. 그렇다면 애플의 브랜드 가치는 어떻게 5년 만에 13,583만 달러에서 98,316만 달러로 늘어났을까? 고객의 열정적인 참여 덕분이다.

그들의 비즈니스 모델은 다양한 이해관계자의 참여에 초점이 맞춰져 있다. 독립적인 제3자(앱, 미디어)의 참여, 파트너 산업(음악, 이동 통신사, 미디어 프로듀서)의 참여, 그리고 무엇보다도 그들의 고객들의 참여 등 애플은 모든 것을 연결하는 방식으로 참여를 보여준다. 수많은 열정적인 애플 전도사들이 참여의 수준을 높였고, 지난 몇 년간 애플의 브랜드 가치를 높인 것이다.

감성적 가치를 측정하는 방법

이 모든 것은 더욱 큰 사업 목표 안에서 발생한다. 대중들이 브랜드의 가치 제공과 상호 작용하는 순간부터, 그들은 브랜드가 무엇인지 알게 되고 브랜드의 스토리나 구성 요소에 흥미를 갖게 되며 브랜드가 존재하는 이유를 납득하게 된다. 이후, 상호 작용 단계에서 관계 맺는 단계로 옮겨 가면 브랜드가 자신을 위한 것이라고 확신하게 되고, 브랜드와 자신을 동일시하여 자신이 검증되었다고 느끼며, 브랜드가 약속한 가치를 제공하면 자신이 만족할 것이라는 희망을 품는다. 브랜드에 열정을 갖게 되면 브랜드에 대한 열망이 생기고 브랜드 일부로 자신을 보게 된다. 그들은 친구, 이웃, 직장 동료 등과 그 열정을 나누기 시작하여 브랜드의 성장 동력을 창출한다.

모든 측정은 실제 고객의 행동을 관찰하고 추적해서 이뤄져야 한다. 물론 가장 직접적이고 효과적인 측정 방법은 고객을 직접 만나는 것이다. 고객을 직접 만나면 고객이 특정 방식으로 행동하는 이유를 파악할 수 있다. 만약 잠재 고객이 될 사람들과 만나지 않고 그들의 필요와 도전 과제, 꿈에 대해 알게 되면 전통적인 '꿈의 구장'이라는 허상에 빠지는 것이다. "우리가 그것을 만든다면… 그들은 올 것이다."라고 생각하면서. 고객이 생각하는 것을 정확하게 이해하지 못한다면 다음 세 가지 중에 하나의 행동을 하게 된다. 너무 많이 만들거나, 잘못된 것을 만들거나, 너무 늦게 출시하거나.

새로운 시도를 할 때 통계적인 의미가 목표가 아니라는 것을 기억하라. 지속 가능한 시장으로 전환할 수 있는 열정적인 고객 그룹인 하나의 코호트를 찾고 있다.

대부분의 기업은 온라인 활동을 통해 가치 흐름을 측정하는 방법을 대략 찾아낼 수 있다. 인터넷에서 제한을 받는 것은 오직 크리에이티브에 의해서다. 고객은 가치 흐름의 어떤 단계에서 다른 단계로 이동했음을 나타내는 작업을 수행한다. 어떤 경우에는 간단한 분석 도구를 사용하여 이 작업을 수행할 수도 있고, 다른 경우에는 훨씬 더 복잡하게 수행해야 할 수도 있다.

감성적 가치를 측정하는 데 있어 인간의 뇌는 최고의 분석 도구다. 단지 도구에 의존하지 말고 도구가 완전한 그림을 줄 거라고 기대하지 마라. 예를 들어, 기업을 측정하고 사람들이 자신의 스토리, 채널, 메시지, 관련성에 대해 어떻게 느끼는지를 측정하는 유일한 방법은 직접 대화를 나누고 분석하는 것이다.

채널에서 사람들이 말을 하고 있는가? 긍정적인가, 적대적인가? 아니면 중립적인가? 누가 말하고 있는가? 고객? 키보드 워리어(Troll)? 블로거? 얼리어답터? 이러한 대화를 추적하면 감성적 가치의 성장을 추적할 수 있다. 또한 무엇이 제대로 작동하지 않는지와 무엇이 제대로 작동하는지에 대해서도 배울 수 있다.

기업 전체에서 생성된 여러 데이터를 모아 연결할 수 있다. 즉, 필요 없는 부분은 배제하고 고객에게 가치를 창출하는 관계형 측정법을 파악할 수 있다.

자주 실험하라. 빨리 실패하라. 학습 능력을 측정하고, 가정을 검증하라. 효과가 있는 것을 기반으로 진행해라.

9장
—
뛰어들어라

낡은 방식의 시장 조사는 이제 그만

모든 브랜드는 열성적인 팬이 될 고객과 그 고객을 만드는 과정, 즉 가치를 전하는 흐름의 다양한 요소들을 가정하는 것에서부터 시작한다. 기존의 브랜딩 모델에서 브랜드 개발을 위한 인사이트는 일반적으로 포커스 그룹, 설문 조사 또는 기타 전통적인 시장 조사 등 표면적 형태의 '시장 조사'를 통해서 확인해 왔다.

그러나 이러한 조사 방식은 스타트업이 브랜드를 개발하고 성장시키는 데 필요한 인사이트를 제공하기 어렵다. 하버드 경영대학원의 제리 잘트먼(Jerry Zaltman) 교수는 "포커스 그룹의 토론 가이드, 설문 조사의 질문 등 이미 구조화된 범위 내에서 사람들이 할 수 있는 것은 단지 그 질문에 반응하는 것뿐이다. 물론 그 안에서도 가치 있는 인사이트를 찾을 수 있다. 그러나 나는 이러한 방법들을 노천 채굴(역주: 지하 갱도를 구축하지 않고 지표상에서 직접 채취) 기술로 본다. 아주 드물게 귀중한 광석이 표면에 있는 경우도 있지만, 대개는 그렇지 않다. 더 깊이 있는 인사이트를 얻어야 할 때 노천 채굴 기법은 적합하지 않다. 일반적으로 깊이가 깊어질수록 더 큰 가치를 확인할 수 있다."[44]라고 말했다.

기존의 시장 조사는 'DVR 이펙트'와 같은 오류를 범할 수 있다. 예를 들어 집에 있는 당신의 DVR을 떠올려보자. 사람들에게 무엇을 녹화하냐고 묻는다면, 대부분은 레이첼 매도우(Rachel Maddow, 역주: 미국 유명 TV 진행자), 다운튼 애비(Downton Abbey, 역주: 귀족 이야기를 다룬 영국 드라마) 그리고 더 데일리 쇼(The Daily show, 역주: 미국의 정치 풍자 뉴스 프로그램) 또는 콜베어 르포(The Colbert Report, 역주: 미국의 보수적이면서 해학적인 풍자 뉴스 쇼)와 같은 프로그램을 녹화한다고 말할 것이다. 하지만 그들이 실제로 무엇을 녹화했는지 확인한다면, 카다시안(Kardashians, 역주: 미국의 패밀리 리얼리티 쇼), 스포츠센터(Sportscenter, 역주: 미국 ESPN 스포츠 채널의 프로그램), 덕 다이너스티(Duck Dynasty, 역주: 미국의 리얼리티 프로그램)의 뒷부분도 녹화되었다는 것을 알아차릴 것이다. 그들이 거짓말을 했다는 것은 아니다. 중요한 것은 그들이 이런 프로그램들을 녹화했다는 것을 알아차리지 못했다는 점이다.

작가 말콤 글래드웰(Malcolm Gladwell)은 커피 한 잔을 이용하여 이러한 시장 조사의 결함을 설명한다.[45] 사람들에게 주로 마시는 커피의 종류를 묻는다면 "나는 맛이 진하고 풍부하고 깊은 맛의 로스팅 커피가 좋아."라고 말할 것이다. 그러나 이들이 맛이 풍부하고 진한 커피를 받아 들 때 진실을 알 수 있다. 진한 커피를 받은 후에는 무엇을 할까? 곧바로 크림과 설탕을 찾는 경우가 많다. 사실, 대부분의 사람은 우유가 들어있는 달콤하고 연한 커피를 좋아한다. 다시 말하지만, 사람들이 거짓말을 한 것은 아니다. 그들은 단지 질문의 구조와 정도에 제한을 받을 뿐이다.

전통적인 시장 조사는 표면적으로 보이는 수준의 결과와 편향된 데이터를 제공할 뿐만 아니라 초기 착수에 많은 노력과 비용, 시간을 투자하지 않는 경우가 많다. 포커스 그룹을 예로 들어보자. 포커스 그룹 평가 기법에 사용되는 비용은 일반적으로 모더레이터, 시설 제공, 질문 개발, 응답자 인센티브 및 초기에 이들을 모집하는 비용을 포함한다. 그러나 스타트업은 자체적으로 포커스 그룹 평가 기법을 성공적으로 수행할 기술이나 전문성이 없다. 결과적으로, 이를 진행하기 위해 연구를 수행하는 전문 회사를 고용하고, 많은 비용을 지불하게 된다. 어떤 회사는 그 비용을 4,000달러에서 8,300달러로 추정한다. 가정으로 유추할 수 있는 결과에서 아주 약간의 변화 정도를 얻는 데 지출하는 비용치고는 지나치게 크다.

전통적인 시장 조사는 가격이 비쌀 뿐만 아니라, 브랜드에 대해 표면적인 결과물을 추출하는 경향이 있다. 모더레이터는 로고와 무관한 컬러 시스템, 제품과 무관한 로고, 제품이나 브랜드 상징 요소와 무관한 로고를 테스트하도록 제안할 수 있다. 이러한 유형의 테스트는 특정 분야의 제한된 질문과 관련하여 데이터를 생성하기는 하지만, 스타트업에 가장 필요한 질문인 '우리가 전달해야 할 가치는 어디에 있는가?'를 도출하지 못한다. 전통적인 시장 조사의 범위는 너무 좁거나 또는 너무 광범위하기 때문에 창출될 가치에 대한 올바른 시각을 얻기 어렵다.

오래된 방식의 시장 조사는 그만하고, 생존 가능성을 위한 실험을 시작해 보자.

생존 가능성 실험

오늘날 다이슨(Dyson)은 미국에서 가장 잘 팔리는 진공청소기를 만들었다. 이는 제임스 다이슨 (James Dyson)이 5,126건의 실험을 통해 얻어낸 결과물이다. [46] 판도라 라디오(Pandora, 역주: 세계 최대 인터넷 라디오)의 창업자 팀 웨스터그렌(Tim Westergren)은 투자금을 확보하기 위해 매번 아이디어와 발표 방식을 조정해가며 300명이 넘는 투자자와 만났다. 심지어 실베스터 스탤론(Sylvester Stallone)은 영화 <록키>의 주연을 맡기 전에 1,500번 넘게 거절당하기도 했다. [47] 이러한 역사를 통해 우리가 배울 수 있는 것은 우승자들이 보여준 실험의 과정이다.

스타트업의 세계는 겉으로 보기에 순간의 성공으로 가득 차 있다. 겉으로 보기에는 창업자가 웹사이트를 해킹해서 몇 줄의 코드를 작성하기만 하면 다음 날 수천 명의 사용자가 접속하는 것처럼 보인다. 물론 운이 좋은 1%의 스타트업에는 현실일 수 있으나, 그 밖의 99%는 성공하기 위해 실험하는 방법을 배워야 한다.

과학자가 이론을 입증하거나 반증하기 위해 실험을 하거나, 엔지니어가 실험을 통해 설계 디자인을 개선하거나, 운동선수가 최상의 훈련 방법을 찾기 위해 실험을 하는 것처럼, 스타트업의 사업적 가설을 확인하려면 실험하고 배우는 과정을 반복해야 한다. 린 브랜드 프레임워크에서는 이러한 테스트를 '생존 가능성 실험(Viability Experiments)'이라고 한다.

생존 가능성 실험의 기본 개념은 다음과 같다. 고객이 말하는 바와 실제로 고객이 취할 행동에 대한 가정을 검증하는 것이다. 실패한 접근 방식인지 성공한 접근 방식인지를 빠르게 판단할수록, 더 빨리 해당 접근 방식을 반복하거나 확대할 수 있다.

사업의 초기 단계이든 사업을 시작한 지 몇 년이 지났든, 실험은 사업을 하는 이유와 제안을 반복적으로 확인하고 잠재고객들을 위한 가치를 발견할 수 있도록 도와준다. 브랜드 상징요소를 변경하거나 스토리를 업데이트하거나 선택과 집중의 범위를 좁히는 데 늦은 때란 없다. 이미 고객과 강한 유대 관계를 가지고 있는 스타트업이라 하더라도, "우리가 이미 다 하는 일이네!"라고 자신 있게 느끼더라도, 당신은 더 많은 실험을 할 수 있다.

모든 생존 가능성 실험의 목표는 단순히 기존에 사실이라고 생각했던 것을 그대로 행하기보다, 배움을 통해 행하는 것이다. 따라서 실험은 다음과 같은 가설 중심의 공식으로 표현해야 한다.

우리는 [특정 사람들]에게 [무엇]을 한다면, [어떠한 결과]를 성취할 것이라고 믿는다. 그리고 [시장에서의 특정 반응과 신호]를 보게 될 때 스스로 성공했음을 알게 될 것이다.

예를 들어, 해결하려는 문제가 무엇인지 그리고 그 이유가 무엇인지를 시험한다고 가정해보자. 이 경우 다음과 같은 실험을 할 수 있다.

오프라인 모임을 통해 고객 접점을 만들고자 할 때, 목표 참여자 10명에서 실제 10명이 참여 의사를 밝히면 성공적이라고 생각할 수 있다.

이와 다르게 사진과 같은 브랜드 상징요소를 통해 브랜드의 생존 가능성을 테스트할 수 있다. 이 경우에는 다음과 같이 이야기할 수 있다.

2시간 이내에 25명이 이 사진을 본인의 SNS에 공유할 것이라고 가정할 때, 실제로 25명이 사진을 공유하게 되면 목표를 달성했다고 말할 수 있다.

패키징과 같은 브랜드 상징 요소로 생존 가능성을 테스트할 수 있다. 다음과 같은 예를 들어보자.

기존에 사용하던 패키징을 새 패키징으로 교체할 경우, 우리를 선택하던 기존 고객 중 한 시간당 15명의 고객이 우리 제품을 선택하지 않게 되어도, 동시에 15명 이상이 우리 제품을 궁금해하고 찾아보는 활동을 하게 된다면 이러한 변화가 성공적이라고 할 수 있다.

기업들은 가치 창출 단계에서 가치를 전하는 단계를 나누어 하나씩 진행하고자 하지만, 고객은 전달받은 가치에 대해 단계별로 구분하여 인식하지 않는다는 점을 기억해야 한다. 대신, 고객은 제안된 가치를 오직 전체적인 관점에서 바라본다. 따라서, 생존 가능성 실험을 독립적인 테스트가 아닌 전체적인 것으로 생각해야 한다. 뛰어난 학습 성과를 내는 가장 좋은 실험은, 제품 또는 브랜드 일부가 아닌 제품과 브랜드가 모두 포함된 전체를 고려하는 것이다.

다음은 당신의 가정을 고객에게 검증할 수 있는 가장 익숙하고 통합된 생존 가능성 실험 방법이다. 어떤 실험을 실행할지와 상관없이, 생존 가능성 실험은 조직의 핵심 DNA의 일부가 되어야 한다. 반복적인 실험은 지속적인 배움으로 이어지고, 이는 고객들에게 최상의 가치를 최고의 방법으로 전달하는 능력을 향상시킬 것이다.

랜딩 페이지 효과의 오해, 브랜드 교정

스타트업 세계에서 랜딩 페이지 테스트는 아마도 가장 널리 하는 실험일 것이다. 이 실험은 쉬우면서도 비용이 적게 드는 방식이다. 랜딩 페이지 실험의 기본 전제는 제품이 전하고자 하는 핵심 내용이 담긴 한 페이지로 된 웹사이트를 개발하여, 페이지로 트래픽을 유도하고 사용자에게 일종의 행동(일반적으로 선택 목록 중의 행동)을 하도록 하여 트래픽 속도와 관련된 전환율을 측정하는 것이다.

간단하게 들리지만, 모든 랜딩 페이지 실험에는 여러 가지 변수들이 있다. 고객 확보 방법이 얼마나 적절한지, 처음 방문했을 때 흥미를 끌게 하는 것은 무엇인지, 방문한 고객들에게 가치 제안이 얼마나 잘 전달되고 있는지, 디자인적 요소들이 얼마나 스타트업 스토리를 잘 이야기해 주는지 등 변수의 종류는 다양하다.

랜딩 페이지는 가정을 시험하는 쉽고 빠른 방법이지만, 랜딩 페이지를 게시하기 전에 명확한 목표와 무엇을 배우고자 하는지에 대한 명확한 이해가 필요하다.

확보

'테크 크런치 효과(TechCrunch Bump, 미국의 유명 IT 매체 <테크 크런치>에서 기사로 다루어진 스타트업의 트래픽과 인지도가 향상되는 효과)'를 생각해 보자. 이러한 일시적인 상승효과 때문에 많은 스타트업들이 원하지만, 과연 테크 크런치 효과를 통해 무엇을 전달할 수 있을까? [48] 어떤 종류의 사람들이 관심을 갖는지 알려주는가? 어떤 스토리가 링크를 클릭하도록 유도했을까? 더 중요한 것은, 그들은 왜 구독했을까? 그 기사가 맞는 이야기를 했는가? 우리가 말하고 있는 스토리에 사람들이 참여했는가?

브랜드의 존재를 사람들에게 알리는 가장 좋은 방법을 찾는다면 대안적인 미디어와 채널이 분명히 존재한다. 가장 열성적인 핵심 타깃이 될 것으로 예상되는 사람들이 테크 크런치를 많이 본다면 테크 크런치를 활용하라! 그렇지 않다면 핵심 타깃을 더 잘 나타내는 채널이 있을 것이다.

이를 브랜드에 적용해보자. 사람들이 특정한 채널을 통해서 당신의 브랜드를 알게 되었다면 그 채널은 사람들이 최종적으로 방문한 페이지만큼 많은 것을 알려줄 것이다. 즉, 올바른 채널을 찾는 것은 가입자 확보만큼 중요하다. 라이프해커닷컴(Lifehacker.com, 역주: 미국의 생활정보 사이트)을 통해 특정 제품의 정보를 얻는 것은 오프라 윈프리를 통해 제품에 대해 알게 되는 것과는 다르다. 스타트업은 최적의 사용자를 얻을 수 있는 매체가 어디인지 파악하는 데 초점을 맞춰야 한다. 매체에 대한 명확한 이해가 없으면 랜딩 페이지 테스트 결과가 왜곡될 수 있다.

디자인 요소

디자인은 제품이 제공하는 가치의 중요한 부분일 수 있다. 직관적이며 뛰어난 사용자 경험(UX, UI)은 특별하다기보다 점점 더 일반적인 것이 되고 있다. 하지만, 대부분의 랜딩 페이지는 평범하고 예상 가능하다. 제품 사진, 기억하기 쉬운 소제목, 스크롤 해야 볼 수 있는 혜택 목록, 머리글에 있는 정보 입력 및 사전동의 양식 또한 그렇다.

이 일반적인 공식과 관련해서는 많은 연구가 있지만, 그 공식이 '우수 사례'라고 해서 꼭 배울 만한 데이터를 제공하는 것은 아니다. 다시 말해, "어떤 결과를 위한 우수 사례인가?"를 질문해야 한다. 그 결과가 사전 동의(Opt-in, 역주: 수신자의 허락을 얻은 경우에만 광고 메일을 발송할 수 있도록 하는 스팸 메일 규제 방식)인가? 로딩 타임인가? 혹은 보기 좋은 디자인 구성인가?

브랜드의 생존 가능성을 테스트하기 위해서는 그 결과가 감성적 가치를 포함하고 있어야 한다. 단순히 허무 지표를 넘어서 상호 작용, 공감 및 참여 측정 항목을 랜딩 페이지 실험에 접목할 많은 방법이 있다.

이를 위해 스스로 다음과 같은 질문을 해보자.

랜딩 페이지는 전체 스토리를 말하고 있는가?

고객의 관심을 끌기 위해 제품 이외의 이미지를 사용하는가?
참여도를 측정할 수 있는 깊이 있는 장치가 있는가?
사용자의 참여를 위해 무엇을 요청하고 있는가?
창업자의 스토리나 제품 설명에서 우리의 차별화된 고객 접점이 어떻게 표현되는가?
어떻게 하면 정성적 피드백을 얻을 수 있는가?

레이아웃, 제품 설명과 같은 변수를 그대로 두는 경우, 각기 다른 감성적 가치 요소의 효과와 참여 정도를 학습할 수 있는 AB 테스트(성공을 정의하는 지표로 한 가지 요소에 대해 두 가지 버전 A와 B를 테스트)를 쉽게 실행할 수 있다.

구독 이후의 활동

적합한 사람들을 페이지로 유입하고, 디자인 요소를 찾고, 전달하고자 하는 가치의 가설을 방문자들에게 성공적으로 전달하고, 이들에게 구독을 권유했다면 그다음에 무엇을 해야 할까? 아주 간단하게, 무엇이 사람들을 참여하게 했고 왜 그렇게 된 것인지 이해해야 한다. 일반적으로 이 정보는 질문하고 확인하려는 의지가 있는 경우에만 찾을 수 있다. 최선의 방법이자 가장 직접적인 방법은 개인적으로 이메일을 보내고 대화를 요청하여 배우는 것이다. 고객 발굴 또는 고객 공감 도구를 통해서, 누가 무엇에, 왜 참여했는지를 배울 수 있어야 한다.

또한 간단한 드립 캠페인(Drip Campaign, 역주: 지속적으로 고객이나 잠재 고객에게 미리 준비된 메시지를 전송하는 커뮤니케이션 전략)을 사용하거나 '하이 허들(High-hurdle, 잠재고객의 참여를 유도하기 위해 테스트를 상대적으로 엄격하고 어렵게 하는 것)' 테스트를 사용하여 랜딩 페이지 테스트에서 배울 수 있는 내용을 향상시킬 수 있다.

가장 중요한 것은, 행동 자체에 만족하기보다는 행동 이면의 이유를 이해하는 것이다. 합리적이든 비합리적이든, 랜딩 페이지에서의 고객이 특정 행동을 한 이유를 이해한다면 고객과의 장기적인 관계를 구축하고 얼리어답터의 주의를 끄는 데 귀중한 통찰력을 얻을 수 있다.

크라우드 펀딩 실험

킥스타터(Kickstarter), 고펀드미(GoFundMe), 인디고고(Indiegogo), 로켓허브(Rockethub), 그리고 퍼블리시저(Publishizer, 크라우드 출판 플랫폼)와 같은 크라우드 펀딩 사이트들은 전 세계적으로 빠르게 성장하고 있다. 크라우드 펀딩 플랫폼은 2011년 대비 81% 증가한 27억 달러를 모금하여, 2012년 100만 개 이상의 캠페인에 자금을 지원하는 데 성공했다. 2013년에는 전 세계적인 크라우드 펀딩의 규모가 51억 달러로 증가했다.[49] 2020년까지, 크라우드 펀딩의 규모는 연간 5천억 달러의 자금을 낳을 것으로 예상되며 연간 3조 2천억 달러의 경제적 가치를 창출할 것이다.[50] 크라우드 펀딩이 대세가 되고 있다.

크라우드 펀딩의 기본 전제는 특정 기간 모집을 유도하는 온라인 캠페인(일반적으로 1~2개월)을 통해 아이디어, 제품, 기능 또는 기타 작업에 대한 자금을 공동으로 조달하는 것이다. 크라우드 펀딩에는 기본적으로 두 가지 주요 모델이 있다. 첫 번째, 가장 흔한 모델은 기부자들이 실제 제품, 보상 또는 다른 특전에 대한 대가를 전제로 협력적인 목표를 향해 기부하는 형태이다. 두 번째는 자본을 추구하는 기업들이 지분이나 부채의 형태로 창업에 대한 소유권을 매각하는 투자 기반의 자금 조달 방법이다. 비록 현재는 공인 투자자만 이용할 수 있지만 투자 기반 크라우드 펀딩에 대한 전망은 점점 좋아지고 있다.

크라우드 펀딩은 회사의 가정을 매우 통합된 방식으로 시험할 수 있는 최적의 플랫폼을 제공하며, 이와 동시에 당신이 제공하는 가치의 여러 변수를 시험해 볼 수 있다. 가장 중요한 것은 크라우드 펀딩 실험은 잠재 고객으로 하여금, 실질적으로 완성된 제품 없이, 스타트업이 운영하는 캠페인에서 표출된 가치 제안에 기초하여 페니 갭을 극복하게 만든다.

킥스타터는 성공적인 캠페인을 위해 매우 명확하고 의도적인 린 브랜드 개발 방법으로 다음과 같이 제안한다.

"당신이 누군지를, 당신의 프로젝트 뒤에 숨겨진 스토리를 우리에게 말해달라. 어디서 그런 아이디어를 얻었는가? 지금 어떤 단계에 있는가? 지금 단계에 대해 어떻게 생각하는가? [스토리]

나와서 사람들에게 지원을 요청하라. 왜 그것이 필요하고 그들의 돈으로 무엇을 할 것인지 이야기해보자. [연결고리]

가능한 모든 이미지를 이용해서 혜택이 얼마나 멋진지 말해 보자. [상징요소]

목표에 도달하지 못하면 아무것도 얻지 못할 것이고 모두가 슬퍼할 것이라고 설명해라.

그리고 감사하라!

카메라 앞에 얼굴을 내밀고 사람들이 누구에게 돈을 지불하는지를 보여주는 것을 두려워하지 말라. 우리는 이러한 것들을 수천 개나 보아 왔고, 이것이 얼마나 큰 차이를 만들어내는지 안다면 매우 놀랄 것이다." [51]

당연히, 이러한 모든 권장 사항은 린 브랜드 개발 노력과 직접적인 관련이 있다. MVB단계에서 만들고자 하는 모든 브랜드의 요소, 즉 당신이 누구인지, 프로젝트 뒤에 있는 스토리는 무엇인지, 그리고 감성적, 관계적 측면에서 연결되고자 하는 시도에 대해 사람들에게 말해야 한다. 크라우드 펀딩을 통해 브랜드를 테스트하는 방법에는 정말 다양한 옵션이 있다.

예를 들어, 당신이 어떤 문제를 해결하기 위해 노력하고 있는지 설명하고 보여줌으로써 고객 접점의 감성적 가치를 테스트할 수 있다. 또한 추가 보상을 통해 두 번째 상징요소를 시험할 수 있다. 캠페인 사이트에 댓글 섹션을 열어 참여도를 테스트할 수도 있다. 이 옵션은 크리에이티브에 의해서 좌우된다.

모든 생존 가능성 실험의 목표는 한 차례의 성공적인 펀딩이 아니다. 고객에게 제공하여 전달된 가치에 대해 이미 수립한 가설들을 검증하는 것이 목표이다. 만약 캠페인이 성공적이라면, 거기서 멈추면 안 된다. 사람들이 왜 신용카드를 꺼내 제품을 출시하기도 전에 구매하도록 설득당했는지를 좀 더 깊이 생각해보아야 한다. 무엇이 그들을 이 페이지로 가게 했는가, 그리고 무엇이 당신의 존재를 처음 인지하게 만들었는가? 그들의 호기심을 자극하는 제안은 무엇인가? 그들이 참여를 결정한 이유는 무엇인가? 그들은 자신의 친구들과 가족에게 이 캠페인을 공유할 만큼 충분히 열정적이었는가?

캠페인이 성공하지 못한 경우, 가치 창출에 실패한 요인을 확인해야 한다. 어떤 요소가 참여를 이끌어내지 못했는가? 어떤 요소가 효과가 있었는가? 사람들은 당신이 제공하고자 하는 것을 이해했는가? 아니면 말하려고 했던 것을 잘못 해석했는가? 그렇다면 이유는 무엇인가? 이러한 정보를 참조하고, 배워서 수정하고, 다시 시도하라.

―――― 케이스 스터디 ――――

사회적으로 선한 영향을 미치는 커뮤니티에서의
생존 가능성 실험
파커 해리스(Parker Harris, 공동 창립자 & 대표)와의 인터뷰

준토 글로벌(Junto Global)은 더 나은 자신과 더 큰 글로벌 커뮤니티를 추구하는 동료들과 친구들을 위한 커뮤니티를 조직하고 운영하는 소셜 벤처 기업이다. 준토는 전 세계에 걸쳐 참여할 수 있는, 많은 사람이 인정하는 커뮤니티를 성공적으로 건설했다. 준토 글로벌의 공동 창립자이자 대표인 파커 해리스는 그가 조직을 만들고 성장시키는 노하우의 일부인, 그의 고객들이 실험을 통해 어떻게 성장했는지, 그리고 열정적인 커뮤니티를 만드는 방법을 공유했다.

Q: 준토라는 이름이 굉장히 흥미롭다. 준토 글로벌은 어떤 일을 하며 이름에는 무슨 뜻이 있는가?

A: 준토(Junto)는 의미상 "함께 힘을 합치자(Join together)"이다. 소셜 벤처로서

준토는 자신을 발전시키고 세상을 개선하며 지적으로 성장하기 위해 함께 모인 사람들의 커뮤니티다. 재능 있고 열정적인 사람들이 서로 연결하고 성장하고 기여할 수 있는 공간이다.

준토는 회원들이 자신이 어느 위치에 있는지, 가고 싶은 위치는 어디인지를 평가하고 목표에 도달할 수 있는 계획을 세우고 그 과정에서 힘을 실어 줄 수 있는 도구와 자원, 그리고 경험을 제공한다.

Q: 당신의 제품은 사람들로 구성된 커뮤니티다. 그 커뮤니티는 어떻게 지금과 같은 모습으로 진화해 왔는가?

A: 우리는 처음부터 여러 학문 분야가 관련된 핵심 그룹으로 시작했다. 심리 통계학적으로 공통점이 있는 사람들이었지만, 또 다른 면에서는 굉장히 서로 달랐다. 서로에 대한 순수한 관심과 함께 생각과 관점에 대한 아주 특별한 아이디어를 교류하고 재조합해 퍼트렸고, 참여자들은 다양한 영역의 삶을 통한 각자의 결과들을 공유하여 서로 경험할 수 있게 되었다.

이를 통해 배운 것은 성공적인 아이디어는 외부에서 오는 것이 아니라 내부에서 나온다는 것이다. 30~45명으로 구성된 이 핵심 그룹으로부터 사람들은 다른 지역으로 이동하기 시작했다. 만약 그들이 적절한 기술과 재능을 가지고 있다면, 새로운 지역에서 그들 자신만의 준토 그룹을 시작할 수 있었다. 이것이 우리가 성장한 방법이다. 우리는 성장 과정에 많이 개입하지 않았다. 대신 우리는 어떻게 각자에 권한을 주고 힘을 실어주고 이를 활용할 것인가에 집중했다.

Q: 준토의 성장 방식은 정말 대단한 것 같다. 유기적 성장을 통제하기보다 힘을

실어주고 활용하는 것이 의미하는 바에 대해 좀 더 깊이 설명해줄 수 있는가?

A: 생각의 출발점은 우리 조직 구성원 각자는 서로 다른 가치를 갖고 있다는 것이었다. 고객(또는 나의 경우, 커뮤니티 멤버, 직원 및 투자자)은 성장에 따른 높은 수준의 혁신을 추구한다.

준토의 강력함은 성장의 과정에서 다른 사람들을 위한 다양한 요구를 충족시키는 데 있다. 따라서 고객과 함께 변화하고 성장하는 수준에 도달한다면, 고객 스스로가 전도사가 되어 조직이 성장할 수 있다는 것을 의미한다. 성장은 우리의 구조, 틀, 그리고 우리가 배워 온 그 가치에 대한 증거일 뿐이다.

나는 한 사람이 아닌 사람들의 커뮤니티(또는 그들의 고객)를 중심으로 만들어진 많은 훌륭한 조직 또는 기업 들을 깊이 존경한다. 한 사람 또는 소수의 창업자 주위에 무언가를 만드는 것은 끔찍한 생각이다. 준토를 통해 만들어지는 것들이 단지 내 주위에서만 쌓여가는 것이 아니라 우리와 함께 하는 사람들, 가치, 그리고 문화를 중심으로 만들어지고 쌓여가기를 원했다.

Q: 그 이유는 창업자 관점에서 준토가 당신의 '아이'이기 때문일 것이다. 어느 시점에 개입해서 일을 진행하고 또 언제 손을 떼고 내버려 두어야 하는지를 어떻게 알 수 있는가?

A: 아주 훌륭한 질문이다. 내 인생 철학 중 하나는 '집착 없는 사랑'이다. 이 말은 그 상황 속에서 사랑을 쏟는 동시에 그 결과로부터 어느 정도 벗어나는 것을 의미한다. 이것이 내가 우리의 성장에 가능한 한 많이 접근하려고 노력하는 방법이다. 다른 사람의 관점에서 객관화하여 보고 생각하도록 노력했고 이를 통해 모든 것을 개인적으로 받아들이지 않을 수 있는 가르침을 얻었다. 이 모든 것을 통해

3부 : 측정

사람들이 삶의 모든 면에서 성공할 수 있도록 도와주는 조직을 만들고 싶다. 또한 부족한 게 있는 사람이라도 성공할 수 있게 도와주는 조직을 만들고 싶다. 이는 다른 사람이 아닌 나 자신에게 달려 있다. 하지만 이러한 성장은 본질적으로 함께하는 사람들과 만들어가는 결과이지, 나 혼자만의 성장을 의미하는 것은 아니다.

Q: 냉정한 교훈이다.

A: 물론 나도 알고 있다. 정말 냉정하지만, 다른 방법은 없다. 창업자가 다른 누구에게 의지할 수 없다고 느낀다면 그가 성장할 수 있는 정도는 정해져 있다고 생각한다. 다른 사람들도 분명히 참여해야 한다. 내가 사업을 하면서 배운 것은 '당신이 가진 것을 단순히 구매하는 사람들을 위한 사업을 하지 마라. 당신이 믿는 것을 믿는 사람들을 위한 사업을 해라.'이다.

편견일 수도 있지만, '준토'가 모든 사람의 문제를 풀 수 있는 해결책이라고 생각한다. 정말 그렇게 느끼고 있고 그것이 '준토'를 만든 이유다. 하지만 이건 나 혼자만의 관점은 아니다. 내가 어떻게 '준토'를 성장시키는지에 대한 것만이 아니라 커뮤니티로서 '준토'를 어떻게 만들어 가는지에 대한 것이다. 우리는 학습을 통해서, 사람들이 가족이나 건강 혹은 종종 희생하도록 요구되는 것을 희생하지 않고도 그들의 열정을 찾고 그들 자신의 삶을 살아가는 데에 관심이 있다고 믿게 되었다. 또한 그 과정에서 더 나은 세상을 만드는 데 기여할 수 있다고 믿는다. 아주 흔하게 우리는 부를 얻기 위해 건강을 포기하고, 다시 건강해지기 위해 모든 부를 포기한다. 나는 이것이 아주 잘못되었으며, 다시는 우리 세대가 이러한 함정에 빠지지 않으리라 생각했다.

Q: 성장하기 위해서 유지해야 하는 또 다른 형태의 균형 상태가 있다. 개별 멤버들의 미시적 관점과 단체로서 '준토'의 거시적 관점이 있다. 이 모든 미세한 이야기들을 더 커다란 하나의 '준토'의 스토리로 모으기 위해 어떠한 노력을 하는가?

A: 개인적인 차원에서, 우리는 단 한 사람, 핵심에 집중한다. 우리는 성공 및 영향을 측정하는 도구와 당신에게 도움을 주려는 프로세스를 제공한다. 현재 당신의 위치를 분석한 다음 당신이 원하는 위치에 도달하는 방법을 제공한다. 그것이 목표 설정이든, 삶을 분석하는 방법이든, 아니면 우리로부터 자원을 얻는 방법이든, 우리는 개인이 그들 스스로 또 다른 개인들과 연결될 수 있는 공간을 제공한다. 개인적인 관점의 차원에서, 우리는 이러한 공간을 만들기 위해 노력한다.

조직적인 관점에서, 우리의 가치에 초점을 맞추려고 노력한다. 커뮤니티와 이를 육성하는 것에 매우 집중하며 멤버들이 주도하는 커뮤니티 이벤트를 진행하기도 한다. 이런 이벤트를 통해 멤버들이 영향력이 있는 사람이 되기를 바란다. 멤버가 영감을 주는 아이디어를 가지고 있다면, 그 아이디어는 이벤트를 만드는 데 진취적인 영향력을 행사할 것이다. 이러한 방식은 그들이 하고 싶은 일을 하고 있고, 그들이 하고 싶은 방식으로 우리 사회에 기여하고 있다는 것을 의미하기 때문에 매우 훌륭하다고 할 수 있다. 이러한 이벤트는 매우 근본적이며 어떻게 더 나은 커뮤니티를 더 잘 육성할 수 있는지를 배우기 위한 훌륭한 실험이 된다.

모든 일의 핵심은 현재 멤버들에게 지속해서 가치를 전달하고 새로운 회원들에게도 동일한 가치를 갖도록 하는 것이다. 이러한 방식을 꾸준히 지켜나가는 것이 항상 중요하다고 생각한다. '준토'는 항상 편안한 방식으로 우리의 가치를 전달할 수 있는 장소가 되어왔고, 성장하는 과정에서 새로운 멤버들도 같은 가치를 느끼게 하고 싶었다. '준토'를 함께 만들어가는 사람들은 존경스럽고 믿음직하며 진실한 이들이다. 우리가 제공하는 것을 기반으로 그들이 삶에서 성공을 거둘 때, '준토'는 늘 그들과 함께하게 된다.

Q: 세계적인 커뮤니티를 구축하는 데 성공하였는데, 이러한 경험을 바탕으로 커뮤니티를 구축하려는 새로운 스타트업에 조언한다면?

A: 커뮤니티는 매우 중요하다. 최근에 미국 샌디에이고에 있는 한 회사가 오터박스(Otterbox, 역주: 미국의 스마트기기 액세서리 브랜드)에 3~4억 달러에 팔렸다. 오터박스는 휴대폰 케이스를 만드는 회사 그 이상, 그 이하도 아니었다. 하지만 그들은 다양한 곳에서 기술을 도입하고, 어떤 상황에서도 모바일 기술을 사용할 수 있어야 한다는 아이디어를 기반으로 커뮤니티를 만들었다. 그들은 말 그대로 커뮤니티를 구축함으로써 3년 동안 그 정도까지 성장했다. 하지만 나는 커뮤니티를 형성하는 것이 당신이 해야 할 일 중 가장 고통스러운 일이라고 말하고 싶다. 왜냐하면 그것은 당신의 생각과 전혀 다른 제품과도 같기 때문이다.

커뮤니티를 성공적으로 구축하기 위해서 첫째로 그들 스스로 커뮤니티를 만들고, 둘째로 당신이 믿는 바를 믿는 사람들과 일을 하고, 도와야 하는 사람들을 도와주어야 한다. 셋째로 도망치기 위해서 가지 말고, 가고 싶은 곳에 가라고 말하고 싶다. 이 모든 것은 무엇이 효과가 있고 무엇이 효과가 없는지에 대한 교훈으로부터 나온 것이다. 그것이 우리가 준토에 적합한 사람들이 함께하는 커뮤니티를 만들 수 있었던 방법이다. 적합한 사람이라는 것은 당신과 같은 성향의 사람들이자 당신이 하는 것을 좋아하고 그것의 일부가 되고 싶어 하는 사람들을 말한다.

거짓 판단 유도 실험

　거짓 판단 유도 실험(The Imposter Judo Experiment)은 경쟁사 제품을 사용한 실험을 포함하며, 고객의 니즈를 이해하는 데 좋은 방법이다. 《브랜드 갭》의 저자 마틴 뉴마이어는 브랜드 개발 방법으로 이를 활용하며, 그 실험을 다음과 같이 정의했다. "브랜드 일부(이름 또는 시각적 요소)를 경쟁 브랜드, 또는 다른 카테고리의 브랜드의 그것(이름 또는 시각적 요소)으로 바꿔보라. 만약 바꾼 후의 브랜드가 더 좋거나 이전과 비슷해 보인다면 기존 브랜드는 개선될 여지가 있다. 같은 맥락에서 기존의 브랜드 자산만을 사용해서는 자신의 브랜드를 개선할 수 없다." [52]

　거짓 판단 유도 실험은 외부 요소를 통해 쉽게 브랜드에 대한 통찰력을 얻을 수 있게 도와준다. 로고나 심벌 이상으로 테스트를 확장하면 매우 흥미로운 결과를 얻을 수 있다. 스토리를 예시로 들어보자. 회사의 이름을 기사의 몇 단락 위에 있는 경쟁사의 이름과 바꾸어도 여전히 큰 의미가 있는가? 고객들은 이름이 바뀐 후에도 그 스토리가 사실이 아니라고 거부할 것인가? 아니면 회사 이름이 바뀐 것과 상관없이 스토리를 받아들일까? 이것이 의미하는 것은 무엇인가? 왜 그럴까?

　시각적 상징요소로 예를 들 수도 있다. 경쟁사의 시각적 요소를 당신 회사의 것과 바꾸어도 브랜드는 여전히 잘 존재하는가? 고객들의 의견도 동일한가? 만약 게티이미지(GettyImages.com)나 스톡포토(Stockphoto.com)과 같은 이미지 제공 사이트로부터 이미 존재하는 사진(저작권이 있는 사진)을 사용한다면, 이 테스트에서 거의 실패할 것이다. 사용하고 있

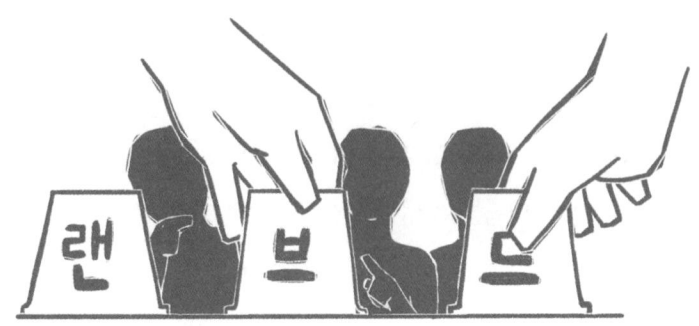

는 이미지가 당신의 것이 아니기 때문이다. 당신 회사의 이미지는 어떤 모습인가? 무엇이 그것을 다른 경쟁사와 명확하게 구별시키는가? 왜 사람들은 당신의 이미지에 공감하거나 관여하지 않는가?

이 실험은 스토리, 고객을 응대하는 어투(Tone of voice), 상징 요소, 심지어 고객과의 의사소통을 위해 선택한 매체에도 적용할 수 있다. (테슬라가 월마트에서 자동차를 판다면 그들이 과연 테슬라일까?)

거짓 판단 유도 실험은 다양하게 사용 가능한 시나리오를 제공하여 이를 통해 많은 것을 배울 수 있게 해준다. 다시 말하지만, 이 실험은 상상력과 크리에이티브에 따라 그 결과에 차이가 생긴다. 모든 실험과 마찬가지로, 실험하고자 하는 각 유도 실험에 대해 명확한 가설을 정의하고, 학습하고, 이를 통해 전하고자 하는 것(제품 또는 서비스 등)에 적용하여 계속해서 반복하는 것이 중요하다.

스모크 실험

의도적인 브랜딩 활동에 대한 호기심과 잠재적인 열정을 측정하는 쉬운 방법으로 '스모크 실험'이 있다. 스모크 실험은 브랜드가 전달하고자 하는 잠재적인 감성적 가치의 타당성을 확인하기 위해 사용하는 아주 기본적인 실험이다. 스모크 실험은 새롭게 개발된 하드웨어 기기를 처음으로 작동시키고 화재나 연기가 발생하지 않을 경우 성공한 것으로 간주하는 방식에서 시작되었다.

이러한 테스트는 하드웨어 작동 실험실에서도 가장 단순하고 직관적인 방법의 테스트다.

감성적 가치의 '스모크 실험'을 실행하려면 가설의 값을 설정하고 결과를 측정하기만 하면 된다. 예를 들어, 새로운 음악 앱을 개발하고 크레이그리스트(Craigslist, 역주: 미국의 중고물품거래, 구인구직, 부동산 거래 등을 제공하는 안내 광고 웹사이트)에 "스포티파이(Spotify, 역주: 미국 최대의 음원 스트리밍 서비스) 광고에 싫증이 난 사람 있나요? 우리도 그래요!"라고 말하면서 "자세한 정보를 원하면 이메일을 보내 주세요."와 같이 참여를 독려하는 간단한 요청을 게시할 수 있다. 만약 아무도 이메일을 보내지 않는다면, 아마도 잘못된 타깃 집단에 테스트했거나 제공하고자 하는 것에 반응하는 사람이 아무도 없다는 의미다. 받은 편지함이 넘친다면, 고객과 더욱 가까워질 수 있는 새로운 인사이트를 찾아낼 수 있을 것이다.

또는 해결하고자 하는 문제와 해결하고자 노력하는 과정에 사람들이 참여하도록 초대해 보자. 사람들이 참여하는가? 참여한 것에 그치지 않고 주변 사람을 자발적으로 초대하는가? 왜 그럴까? 또는 당신이 시작한 스타트업에 열정을 갖고 있다고 생각되는 사람들(부모님이나 친한 친구, 가족을 제외하고)에게 가까이 다가가 커피 한 잔을 사줘 보자. 스모크 실험은 잠재 고객과 얼마나 적극적으로 소통할 의향이 있는가에 달려있다.

스모크 실험은 비교적 간단하지만, 왜 사람들이 당신이 전하고자 하는 가치와 상호작용하고, 반응하고, 궁극적으로 참여하게 되는지를 학습하기 위한 초기 진입로 역할을 한다. 성공적인 스모크 실험은 검증하려는 특정 가설의 성공 또는 실패를 측정하는 데 사용할 관계 지표를 요약해서 보여준다.

실험하고, 실험하고, 또 실험하라

배움에 올바른 방법은 없다. 단지 배우지 않으려고 하는 것이 문제이다. 측정 가능하고 인사이트 있는 검증된 학습을 생성하는 유형의 실험이라면, 모든 스타트업에 인사이트를 줄 수 있다. 모든 실험의 목표는 가능하고 현실적인 방식으로 가정을 테스트하는 것이다. 배우는 데 나쁜 방법이란 없으며, 단지 배움과 배우지 못함만이 있을 뿐이다.

냉정한 통계와 달리 감성적 실험은 누군가가 행동을 취한 이유를 직관적이고 경험적으로 발견하는 것에 의존한다. 행동의 이유를 알아내는 가장 좋은 방법은 직접 물어보는 것이다. 인간의 뇌는 최고의 분석 도구임을 기억해야 한다. 감성적 가치 실험을 통해 브랜드 개발 과정 중 무엇이 효과가 없는지 그리고 이를 해결하기 위해 무엇을 해야 하는지를 배울 수 있을 것이다.

무엇을 실험해야 하는지 결정하려면 비즈니스 및 브랜드 가설에서 알려진 것과 알려지지 않은 것을, 가설의 영향이 큰 것과 작은 것을 비교하고 가장 많이 배워야 할 부분 혹은 가장 약한 부분에서 시작해야 한다. 실험할 수 있는 가능한 모든 방법을 확인한 다음 실험을 수행하고, 가정을 검증하거나 무효화할 수 있을 정도로 결과가 양호하면 다음 단계로 넘어간다. 만약 그렇지 않다면, 어떤 방법으로든 생존 가능성을 입증할 수 있을 때까지 가정을 실험할 또 다른 방법을 찾아야 한다.

MVB의 반복적인 단계마다 또 다른 고객의 피드백을 받을 가치가 있으므로, 당신과 대화할 의향이 있는 사람들의 목록을 만들고, 그 사람들과 대화할 수 있는 장소를 찾아보자.

모든 스타트업은 실험해야 한다. 이것이 고객과 지속적이고 열정적인 관계를 구축하기 위한 가정을 검증할 수 있는 유일한 방법이다.

___ 케이스 스터디 ___

CODE for AMERICA

시행 착오를 통한 정부의 붕괴

**캐서린 브레이시(Catherine Bracy, 커뮤니티 디렉터),
로렌 리드(Lauren Reid, 수석 행정관),
케빈 커리(Kevin Curry, 브리게이드 디렉터)와의 인터뷰**

    CFA(Code For America)는 비영리 조직, 정부, 그리고 사회적 선의 영역을 개편하고 있다. CFA는 액셀러레이터 프로그램에서 글로벌 동맹 네트워크까지, 지방 정부가 기술을 통해 사회 문제를 해결하는 것을 돕고 있다. 가장 성공적인 프로그램 중 하나인 브리게이드(Brigade)는 고객들로부터 배울 수 있는 올바른 방법의 흥미로운 사례다. 브리게이드가 어떻게 시작했는지, 어떻게 가치를 찾기 위한 실험을 했는지, 그리고 어떻게 성장을 관리하고 있는지에 대한 인사이트를 공유했다.

Q: 잘 모르는 사람들을 위해 CFA에 대해 자세한 설명을 부탁한다.
A: CFA는 21세기를 위한 서비스다. 우리는 국민의, 국민에 의한, 국민을 위한 정부를 위해 일하고 있으며, 21세기 기술을 사용하기에 가능해진다.

우리는 정부 안팎의 사람들이 지역 사회 문제를 해결하기 위해 기술을 활용할 수 있도록 힘을 실어주기 위해 노력하고 있다. 5개 핵심 프로그램(펠로우십, 브리게이드, 피어 네트워크, 액셀러레이터 프로그램, 그리고 모든 사람을 위한 코드)을 통해 이를 수행한다. 이 커뮤니티를 구성하는 것은 다른 그 무엇도 아닌 사람들이며 이들이 우리를 우리답게 만든다.

Q: 흥미로운 것은 이 모든 프로그램이 자원봉사를 통해 이루어지고, 많은 자원봉사자들이 함께 참여해 CFA의 소유권을 가져간다는 것이다. 특히 브리게이드에서 말이다. 브리게이드는 무엇이고, 어떻게 시작되었는가?

A: 브리게이드는 우리의 펠로우십 프로그램에서 시작된다. 펠로우십을 통해 테크놀로지에 대한 경험이 있으며 우리와 함께 1년간 봉사해 줄 수 있는 웹 개발자들, 도시계획 전문가들, 디자이너들, 그리고 열정적인 시민들을 모집한다. 우리는 지방 자치 단체와 협력하여 그 지역 사회에서 정부가 갖고 있거나 지역 사회가 가진 문제에 대한 기술적 해결책을 찾는 데 1년의 세월을 투자한다.

이 프로그램은 많은 관심 속에서 시작되었다. 팀 오라일리(Tim O'Reilly, 역주: 오라일리 미디어의 창업자이자 CEO)를 비롯한 많은 사람들이 우리가 시작하기 몇 년 전부터 정부 2.0을 이야기하고 정부에 그 개념을 도입하기 시작했다. 많은 사람은 그들이 있는 곳에 불만족스러워했고, 펠로우십이 그들에게 제공한 기회를 못마땅해 했다. 해당 프로그램은 매우 인기 있었지만 합격률이 매우 낮았다. 그래서 정말 재능 있고 똑똑한 수백 명의 사람이 이 프로그램에 참여하기 위해 모였지만 펠로우십에 들지 못했다.

우리는 이러한 부류의 사람들을 많이 만났다. 그들은 별다른 차이가 없는 앱과

소프트웨어를 만드는 데 싫증 났으며, 기술을 사용해 변화를 만들고 싶다고 했다. 지역사회를 위해 단순히 쓰레기를 줍고 청소하는 것보다 기술에 대한 열정과 기술을 사용하는 능력을 기여할 기회를 원한다고 느껴졌다.

이를 통해 우리는 잠재해 있는 엄청난 수요를 확인했다. 우리는 어떻게 그것을 활용할 수 있는지 그리고 수요를 충족시키는 프로그램과 어떻게 통합할 수 있는지를 알아내었다. 브리게이드와 함께한 많은 초기 작업은 펠로우십 프로그램에서 나온 에너지를 이용하려는 것이었다.

Q: 그래서 당신은 말 그대로 브리게이드를 따라갔다는 것인가?

A: 그렇다. 하지만 하룻밤 사이에 성공한 것이 아니었다. 우리는 시행착오를 통해 실험하고 배워야만 했다. 사람들이 관심을 갖고, 참여를 원하고, 열정적으로 활동하게 만드는 데 첫해에만 6~7개월의 시간이 소요되었다.

Q: 고객과의 관계 구축법을 배우기 위해 무엇을 했는지 자세히 설명해 달라.

A: 브리게이드는 참여하고자 하는 사람들의 많은 기대로부터 시작했고 그 기대에 부응하기 위해 열심히 일해야 했다. 도전은 인식에 대한 것이 아니라 고객들의 기대, 브랜드, 그리고 프로그램에 대한 것이었다. '제품이란 무엇인지, 사람들은 실제로 무엇을 하고자 하는지, 정확히 누구를 위한 건지, 우리가 관리할지 아니면 현지화할지, 소셜 네트워크가 필요한지 아닌지'를 우리 스스로 질문해야 했다.

특히 브리게이드에서 우리가 배워야 했던 것들 중 하나는 '어떻게 사람들에게 그들이 원하는 자율성을 부여할 수 있는지'였고, 지역 사회에서 개인적인 정체성을 만들어 가는 동시에 CFA의 가족이자 조직의 일원이 되도록 해야 한다는 것이다.

그리고 이를 위해 성공적으로 균형을 잡을 방법을 찾아야 했다.

우리의 시도 중 하나는 브리게이드의 리더들에게 '@codeforamerica.org' 메일 주소를 주는 것이었다. 이를 통해 그들은 스스로가 어느 정도 권한을 갖고 있고, 조직의 일부라는 것을 느끼고, 그들의 일을 할 힘이 있다고 느끼게 했다. 그럼으로써 우리는 사람들이 하고 싶은 일을 할 수 있는 자율성뿐만 아니라 우리와 정말 연결되어 있고, 서로 아끼고 있음을 느끼길 원한다는 것을 배울 수 있었다. 이는 그들을 존중하고 소속감을 만들어내는 것과 관련이 있다.

자율성과 CFA의 방식을 사이의 균형은 정말 중요했고, 병목 현상 없이 가능한 많은 사람을 확장하고 참여시키는 방법에 대해 많은 것을 알려주었다. 이는 자율성과 지역사회의 유기적인 속성 사이에 적당한 균형을 찾는 것에 관한 것이었다.

Q: 결국 상호신뢰에 도달하는 것으로 보인다. 사람들은 그들이 특정 커뮤니티에서 하고 싶어 하는 일에 대해 CFA가 존중한다는 것을 믿을 뿐 아니라, 또한 전체로서의 CFA를 신뢰한다는 것을 의미하는가?

A: 맞다. 신뢰는 우리가 모든 사람과 맺어야 하는 첫 번째 항목이다. 우리는 신뢰를 얻어야만 했다. 전국에서 이미 브리게이드가 해결하고자 하는 문제들을 해결하려고 노력하고 있었기 때문이다. 우리는 국가적 차원으로 끌어올리고자 했을 뿐이다. 그중 상당 부분은 이미 수행 중인 작업에 가치를 부여하는 것이다.

스타트업 세계에서 커뮤니티 관리를 생각하면, 본질적으로 '브랜드 홍보대사'로 구성된 커뮤니티를 만들고자 하는 노력을 떠올릴 것이다. 사용자가 자신을 회사의 일부라고 느끼도록 하기 위해 노력한다. 하지만 우리는 더 많은 스타트업들이 이 역할에 대해서 커뮤니티 관리의 측면이 아니라, 커뮤니티 구성의 관점에서 생각하기를 바란다. 이 사람들은 사용자일 뿐만 아니라 당신의 "사람들"이다. 고객이 참여하는 이유가 무엇인지 어떻게 배울 수 있는가? 어떻게 하면 고객의 역량을 활용하여 회사가 최상의 방향으로 나아가도록 도울 수 있을까?

예를 들어, 어떤 브리게이드는 우리의 아이덴티티(로고, 색깔 등과 같은 측면에서)를 100% 나타내지만 다른 것은 매우 다른 아이덴티티를 갖고 있어, 단지 CFA라는 태그를 붙일지도 모른다.

이해하지 못할 수도 있지만, 우리는 이 점 또한 굉장히 매력적이라고 생각한다. 우리의 경우 목표는 이익이 아니다. 우리의 목표는 지방 정부 내에서도 동일한 목표를 추진하는 것이다. 만약 누군가 우리의 가치와 목표를 추진하는 기본 바탕 아래 우리의 로고와 다른 로고를 사용한다면, 그것들이 우리와 똑같이 보이는지 여부는 더 이상 중요하지 않게 된다. 모범을 보이며 원하는 방향으로 이끌 수 있는 도구를 제공한다고 해서 그들에게 당신을 따르라고 요구하는 것은 아니다.

Q: 커뮤니티를 관리하기보다 커뮤니티를 조직하라는 것은 강력한 아이디어인 것 같다. 고객을 늘리려는 다른 회사들에는 어떤 조언을 해주겠는가?

A: 통제력을 너무 많이 강조하지 말아야 한다. 인터넷 세상에서 일하고 있고 인터넷 조직 구조에 익숙하다. 이러한 스토리들이 힘을 얻는 방법은 지방 분권을 통해서이다. 디지털 세상에서 일하는 많은 사람에게 네트워크로 연결된 조직을 구축할 때조차 중앙에서 통제하려는 것은 우스운 일이다. 사람들이 당신의 일부라고 느끼게 하는 것이 가장 중요하다. 우리는 시행착오를 통해 사람들이 우리와 우리 성장 스토리의 일부인 것처럼 느끼도록 정말 노력해 왔다. 이것이 바로 우리 성장의 핵심 요인이다.

4장 : 지속적 반복
LEARN: CONTINUOUS ITERATION

10장   린으로 시작하고, 린으로 성장하라
11장   영속하는 브랜드
12장   린 브랜드 스택

10장

린으로 시작하고, 린으로 성장하라

넷플릭스의 성장, 퇴보, 그리고 복귀

1997년, 가정용 영화의 흐름이 VHS에서 DVD로 이동하는 가운데 넷플릭스라는 작은 스타트업이 엔터테인먼트 산업에 등장했다. 그 당시 넷플릭스는 포화 시장에 진출하여 저렴한 가격으로 추가 요금 없이 무제한 DVD를 제공하는 파격적인 제안을 했다. 작은 규모로 시작했지만 기존의 DVD 대여 방식에 흥미를 잃은 사람들에게서 열렬한 지지를 받았다.

브랜드 개발 관점에서도 넷플릭스는 성공을 거두었다. 무제한으로 선택할 수 있는 자유라는 스토리는 강력했고, 빨간 봉투에 들어있는 상징 요소들은 인상적이었으며, 가장 발전된 형태의 기술은 매력적이었다. 몇 년 만에 넷플릭스는 미국 우체국 고객 중 가장 빠르게 성장하였고, 북미 지역에서는 인기 있는 저녁 시간대에 최고의 스트리밍 웹 트래픽을 제공하였다.[53] 그들의 성장 모멘텀은 멈추지 않을 것처럼 보였다.

하지만 2011년 봄, 모든 것이 바뀌었다.

넷플릭스는 새로운 브랜드인 퀵스터(Qwikster)의 출시를 위해 가격을 조정할 것이라 발표했다. 이것은 우편으로 배송되는 DVD 대여 서비스인 퀵스터와 인터넷 스트리밍 서비스인 넷플릭스를 분리한다는 선언이었고 이러한 변화는 두 가지 배송 방법을 모두 사용하는 고객에게는 거의 60%에 가까운 가격 인상을 의미했다.

고객들은 이에 즉각적으로 반응했다. 80만 명의 가입자가 넷플릭스를 떠났고, 주가는 4개월 만에 77% 하락했으며, 경영진의 명성 또한 위협받았다. CEO인 리드 헤이스팅스(Reed Hastings)는 포춘지가 선정한 '올해의 사업가'에서 미국 SNL(Saturday Night Live)의 풍자 대상으로 전락했다. 성장을 위해서 넷플릭스가 지금껏 쌓아온 고객과의 관계를 무너뜨렸기 때문이다. 고객들은 넷플릭스가 경쟁사들과 차별화되는 서비스를 없애 버렸다고 생각했다.

주가가 하락하고 고객이 이탈함에 따라 넷플릭스는 전략을 유지하거나, 고객의 반응에 따라 결정을 변경해야 하는 분명한 갈림길에 서 있었다. 이에 대해 리드 헤이스팅스는 블로그를 통해 사과했다.

"제가 모든 것을 망쳤습니다. 제가 미쳐 있었는지 모든 고객분들께 설명해 드리지 못했습니다. 지난 두 달 동안 많은 멤버들의 피드백을 통해 저희 넷플릭스가 DVD와 스트리밍 서비스의 분리와 가격 조정을 발표하는 과정에서 고객을 존중하지 않았고 겸손하지 못했다는 것을 알게 되었습니다. 그것은 저희의 의도가 아니었습니다. 진심으로 사과드립니다."

몇 주 뒤, 퀵스터는 사라졌다.

그들은 고객과의 신뢰를 고려하여 결정을 변경하기로 하고, 고객들이 말했던 바에 귀를 기울이고 답하면서 고객들의 신뢰와 지지를 되찾기 위해 노력했다. 그러한 노력 덕분에 치명적인 실수 이후 사용자 유입과 주가 두 항목 모두 뚜렷하게 꾸준한 상승세를 보였다. 이후 넷플릭스는 <하우스 오브 카드>, <오렌지 이즈 더 뉴 블랙>과 같은 오리지널 콘텐츠를 제작하여 전 시즌을 한 번에 공개하는 등 고객과 좋은 관계를 유지하려고 노력하였다(이는 '빈지 워치(역주: 몰아보기)'로 불리는 사용자들의 행동에 근거한 결정이다).

고객의 신뢰를 얻는 것은 강력한 힘이다. 넷플릭스가 초기에 그러했듯, 만약 고객을 고객 이상으로 대한다면 그에 걸맞게 친절하게 반응할 것이다. 하지만 만약 매출만을 생각한다면 고객들 역시 그렇게 반응할 것이다.

넷플릭스 사례는 고객의 힘이 기업의 성장에 직접적인 영향을 끼치는 시대에 성장을 위한 올바른 방법과 기업의 잘못된 선택으로 인한 피해 모두에 대해 객관적인 교훈을 보여준다. 넷플릭스가 비록 실수를 저질렀으나 그 실수는 빨리 잊힐 수 있었다. 잊히지 않을 부분은 넷플릭스, 특히 리드 헤이스팅스가 그 실수를 만회한 방식이다.

계속해서 고객들의 말을 듣고, 참여하고, 존중함으로써 고객들과의 관계를 유지하는 방식으로 성장해야만 한다. 일단 고객들과 공감대를 발견하면, 고객들과 지속적으로 함께할 수 있는 방향으로 그들을 성장시키고, 역량을 키우는 동시에 문화를 발전시켜야 한다.

제품-시장-브랜드 적합성

먼저 자신의 특성을 파악하는 것부터 시작해보자. 많은 사람이 지금까지 제품-시장 적합성에 대해 언급했다. 벤처 투자가 마크 앤드리슨(Marc Andreessen)이 그의 책에서 밝혔듯, "가장 중요한 것은 제품-시장 적합성을 찾는 것이다." 제품-시장 적합성의 핵심은 현재의 니즈, 성장을 위한 시장 규모, 그리고 이러한 니즈를 충분히 충족할 수 있는 제품 사이의 적합성을 찾는 것을 의미한다.

제품-시장 적합성은 창업가에 의해서 결정되는 것이 아니라 제품이 시장의 기대를 충족시켰을 때 나타나는 것이라는 점을 유념해야 한다. 대부분의 스타트업들이 제품-시장 적합성에 도달하기 전에 실패하는 것이 현실이다. 수많은 이점에도 불구하고, 제품-시장 적합성은 기업과 고객의 관계를 반영하지 못하는 경우가 많다. 바로 이 관계가 스타트업 성장과 직결되는데도 말이다.

제품은 매우 중요하다. 그리고 시장을 발견하지 않는 한 사업을 할 수는 없다. 제품과 시장이 없다면, 사업은 존재할 수 없을 것이다. 하지만 많은 기업들이 브랜드로 대변되는 다른 비즈니스 요소들을 포함하지 않은 채 가치 창출 가설을 검증하지 않고 있다.

사람들로 하여금 참여하고, 함께 만들고, 당신과의 관계에 투자하도록 연결하고 있다는 것을 기억해야 한다. 제품은 찾아야 할 적합성의 일부분이다. 또한 브랜드와 제품이 창출해내는 모든 가치가 고객과 어떻게 관계를 맺고 있는지 이해하지 못한다면, 사업을 성공적으로 포지셔닝할 수 없다. 브랜드가 제품-시장 적합성에 어떻게 부합하는지를 이해하지 못한다면, 가치 창출(감성적 가치)을 위한 길을 탐색하지도 않은 채로 남겨두게 될지도 모른다. 그러므로 당신이 고객들과 맺고 있는 관계를 제품-시장 적합성에 포함시켜 이해하기 위해서는 브랜드를 제품-시장 적합과 함께 고려해야 한다.

제품-시장-브랜드 적합성(PMBF, Product-Market-Brand Fit)이란 특정 시장(기능적 가치) 내에서 제품이 적합한지뿐만 아니라, 시장이 가치 창출(감성적 가치)을 하기 위해 스타트업이 어떻게 관계를 맺어야 하는지를 이해하고 있다는 것을 의미한다.

이는 의도적인 브랜딩 노력이 많은 고객을 위한 감성적 가치를 제공하고 이를 전달할 스토리와 상징요소를 만들어 사람들을 참여시킬 수 있음을 입증한 것이다. 이상적인 시나리오에서 제품-시장-브랜드 적합성(PMBF)을 찾는 것은 제품과 브랜드가 서로 긴밀하다는 것을 빠른 시간

안에 확인하는 작업이 될 것이다.

규모를 확장하기 위해서는 두 가지 모두 필요하다. 만약 너무 일찍 확장하려는 유혹에 빠진다면 어느 한 가지를 확장하는 동안 다른 하나를 따라잡아야 하는 위험에 빠지거나 알 수 없는 이유로 실패할 수 있다.

스타트업이 제품시장-브랜드 적합성을 찾기 전에 해야 할 일의 대부분은 제품-시장-브랜드 적합성을 발견하고 학습하는 것이다. 이것은 당신과 관계를 맺을 이유, 과업을 수행하기 위해 제품을 사용할 이유, 그리고 사람들이 가격 차이를 감당할 의향이 있는지에 대해 가능한 한 많이 아는 것을 의미한다. 제품-시장-브랜드 적합성을 찾기 이전(Pre-PMBF)에는 당신이 창출하고 있는 감성적 가치를 발견하기 위해 MVB를 개발-측정-학습의 루프에 적용해야 한다. 제품-시장-브랜드 적합성 단계 이후(Post-PMBF)에는 MVB에서 검증된 브랜드 플랫폼으로 전환할 수 있다. 브랜드 플랫폼은 개발-측정-학습 피드백 루프 실험을 통해 얻은 정보를 기반으로 하며 감성적 가치 전달의 성장을 지원하는 인프라가 된다.

가치 흐름을 떠올려보자. 가치 흐름 활동의 목표는 고객이 당신을 인지하고 열광하기까지의 과정 안에서 고객과의 접점을 찾는 방법을 학습하는 것이다. 이 모든 것은 제품-시장-브랜드 적합성을 찾기 위한 노력의 일환이다. 사업을 제품-시장-브랜드 적합성(Pre-PMBF) 이전 단계와 제품-시장-브랜드 적합성(Post-PMBF) 이후 단계로 생각해 보자.

제품-시장-브랜드 적합성 이전 단계에서는 제품-시장-브랜드 적합성을 발견하고, 이후 단계에서는 제품-시장-브랜드 적합성을 확장하라.

성장 가설

제품-시장-브랜드 적합성을 찾으면 스타트업은 가치 가설에서 성장 가설로 학습의 초점을 옮긴다. 가치 가설은 고객이 기업과 관계를 맺을 가능성이 높은 이유를 설명하지만, 성장 가설은 어떻게 새로운 관계로 키워 나갈 수 있을지를 설명한다. 달리 말해, 새로운 부문, 시장 및 고객이 어떻게 제품을 찾아서 궁극적으로 가치를 얻게 되는지와 관련된 것이다.

제품 측면에서는 생산, 유통, 인프라, IT, 전략적 파트너 등이 성장 가설에 해당한다. 브랜드 측면에서는 새로운 고객 개발, 스토리 확장, 채널 확대, 상징요소 확장 등이 포함되는 경우가 많다.

성장은 다음의 세 가지 엔진 중 하나에서 비롯되는 경우가 많다.

자체 성장(Organic growth)은 비즈니스 다양화를 통한 기회 발견, 즉 비즈니스를 천천히 그리고 기회를 놓치지 않고 성장시키는 방법이다. 바이럴 성장(Viral growth)은 한 명의 열성적 사용자가 두 명의 사용자를, 두 명이 네 명의 사용자를 이끌어 내는 성장이다. 그리고 투자 성장(Paid growth)은 신규 고객을 확보하는 데 소요되는 비용이 고객을 확보한 후 얻어지는 평생 가치보다 높은 경우 사용하는 인수합병이나 파트너십과 같은 성장 방법이다.

어떠한 종류의 엔진을 통해 성장하든 의도적인 브랜딩 노력은 성장의 지속 가능성과 범위에 큰 영향을 미칠 것이다.

브랜드의 맥락에서 성장 가설은 외부적인 성장과 내부적인 성장 모두에 있어 최고의 가설을 포함해야 한다. 그 두 가설의 차이는 중요하다. 외부적인 성장은 고객에 관한 것이고, 내부적인 성장은 팀에 관한 것이다. 브랜드는 두 분야 모두에서 중요한 역할을 한다.

고객 성장시키기

새로운 고객들은 기존 고객들의 열정과 입소문을 통해 유입되는 경우가 많다. 마케팅은 브랜드를 확대할 수 있을 뿐, 그것을 창조할 수는 없다는 것을 기억해라. "입소문은 최고의 마케팅이다."라는 오래된 격언은 여전히 맞는 것 같다.

만약 가치 제안을 통해서 열정적인 고객을 만들어 낼 수 있다면, 이 열정적인 고객들은 목표를 달성하는 데 중요한 역할을 하는 브랜드 전도사가 될 것이다. 마케팅은 화젯거리를 만들어 내기보다, 이미 존재하는 화젯거리를 확장하는 역할을 한다.

적극적인 브랜드 전도사가 다양한 유형의 비즈니스 모델 혹은 성장 엔진에서 어떤 의미를 가지는지 분명 차이가 있다. B2B 고객은 네트워크가 영향을 미치는 사업과는 다르다. 중요한 것은 특정 사업 시나리오에서 가장 열정적인 지지자들이 누구인지 구별해 내는 것이다.

스타트업 초기에 열정적인 전도사가 된 사람들은 당신이 추구하는 그 무언가 때문에 팬이 되었다. 즉 고객을 확보하는 데는 선택과 집중이 가장 중요하다. 패션 회사든 회계 앱 회사든 스타트업은 다수의 대중에게 호소하기보다는 레이저처럼 핵심에 집중해야 스스로 성장할 수 있다.

이를 위해서 시장 내에서 설명하고 검증했던 내용에 집중해야 한다. 성장함에 따라 새로운 고객을 추가하고 기회를 확장하려는 것은 결국 "모든 사람을 위한 모든 것"에 불과하다. 그래서는 안 된다. 보편적이 되려고 노력할수록 더 많은 사람이 혼란을 겪고 모호하게 여길 것이다. 기존 고객뿐만 아니라 잠재 고객들도 마찬가지다.

성장하기 위해서는 먼저 고객과의 관계를 지속해서 구축하고 무엇이 필수적인지에 초점을 맞춰야 한다. MVB 실험에서 배운 내용에 집중하라. 그리고 효과가 있다고 경험한 것을 바탕으로 수립하는 데 집중하라.

스타트업은 배운 다음 실행하는 것이 중요하다. 고객에 대해, 고객과 어떻게 관계를 맺는지에 대해 알게 되면 더 많은 새로운 우수 사례를 찾게 될 것이며 이를 기반으로 전문가들의 제안에 동의하거나 또는 동의하지 않을 수 있게 된다.

고객과 긴밀함을 유지하기 위하여 모든 스토리는 전개되고 진화하며 시간이 지남에 따라 깊이를 더한다. 진화하는 것과 '모든 사람을 위한 모든 것'이 되려고 시도하는 것의 차이는 당신이 누구인지, 무엇을 지지하는지, 그리고 시장에 어떤 가치를 제공하고 있는지에서 비롯된다. 성취하고자 하는 것이 최신 '10가지 비법'과 어떻게 맞아떨어지는지 이해하지 못한 채 그것들을 맹목적으로 적용해서는 안 된다.

아마존을 예로 들어 보자. 표면적으로 보자면 아마존은 책에서부터 자동차 타이어에 이르기까지 모든 것을 제공하기 때문에 특정 고객군에 집중하지 않는 것처럼 보일 수 있다. 하지만 이면에는 극도로 집중된 성장 스토리가 있다. 아마존의 성장은 그들이 누구인지와 그들이 고객들에게 왜 중요한지에 집중하는 능력에서 비롯되었다.

아마존은 책 애호가들 사이에서 최초의 제품-시장-브랜드 적합성을 발견했다. 좀 더 구체적으로 말하면, 그들은 개방적인 책 애호가들이 옥션웹(AuctionWeb)이나 이베이(eBay), 넷마켓(NetMarket)과 같은 새로운 전자 상거래 플랫폼에 적합하다는 것을 알게 되었다. 초기 단계부터 아마존은 점점 디지털화되는 세상에서 기존 전자 상거래의 한계를 넘어서고 있었다.

그들의 의도적 브랜딩은 1995년 보도자료에서 처음 등장했다.

> "아마존닷컴은 시애틀에 있는 본사에서 운영한다. 직원들은 프로그래머, 편집자, 경영진, 책 애호가들로 구성된다."

'우리는 책을 읽는 것을 좋아하는 사람들을 채용하기 때문에 우리와 함께하세요.'라는 문장은 고객과 접점을 만드는 데 가장 매력적인 연결고리는 아닐 수 있다. 하지만 이는 열정적이며 세분화된 특정 고객층의 마음을 울렸다. 불과 2년 후에 그들은 자신을 "지구상에서 가장 큰 서점"이라고 부를 수 있었고, 결국 주식 상장(IPO)까지 이어졌다. 심지어 자본금이 넘쳐날 때도 아마존은 그들이 어디에서 시작했으며 고객에게 무엇을 전달하고 있는지를 그들이 의도한 브랜드와 조화롭게 연결시켰다.

오늘날 아마존은 세계에서 가장 큰 온라인 리테일 기업이지만 그들의 스토리는 여전히 주목받는다. 아마존 고객이 책을 사든 타이어를 사든지 간에 리테일 경험의 기술적 진보에 대한 스토리를 계속 제공한다.

CEO인 제프 베조스는 최근 아마존의 지속적인 성장에 대하여 다음과 같이 말했다. "기술 혁신을 통해서 아마존닷컴이 고객에게 더 많은 종류의 제품을 편리하고 심지어는 더 낮은 가격으로 제공할 수 있도록 성장한 것은 모두 다 계획에 의한 것이다.

아마존닷컴은 고객들을 위한 여러 혁신적인 기술 중에서 각각의 고객들에게 개인화된 쇼핑 경험과 도서 검색 서비스인 '책 안에서 찾기(Search Inside The Book)', 편리한 계산 서비스인 '원 클릭 쇼핑', 그리고 고객들이 새로운 제품을 찾고 구매 결정을 알림 받을 수 있는 위시 리스트(Wish List)처럼 커뮤니티의 특징을 가진 서비스 등을 제공한다." [54]

아마존은 명확한 규칙에 따라 그들의 브랜드를 확고히 하고 있다. 어느 시점에서건 그들이 제공하는 가치는 현실을 너무 앞서지는 않는다. 그들이 책만을 취급하는 것은 아니지만, 기술을 통한 리테일 경험의 발전이

라는 초기 스토리는 여전히 정답으로 받아들여진다. 브랜드, 제품, 시장이 현실과 너무 동떨어져 있을 때 기업의 가치는 위험에 처하게 된다.

스타트업의 최대 장점은 집중할 수 있는 능력이다. 고객을 최우선으로 여기는 것을 단기적인 성장이나 일시적인 이익과 바꾸어서는 안 된다. 장기적으로 볼 때, 당신이 집중하는 것은 브랜드를 성장시키는 데 최상의 자산이 될 것이다.

"개성 = 흥미 = 관심 = 대화 =
모두가 그것에 관해서 이야기하게 됨 = 성공!" [55)]

고객을 늘리기 위한 브랜딩 활동 중 고객에게 집중하는 것이 가장 중요하다. 고객들에게 가치를 제공하는 데 집중할 수 있도록 내부에서부터 가치 흐름을 지속적으로 최적화해야 한다. 관계가 확고하게 확립되면 당신의 브랜드를 '리브랜딩'하거나 이를 발전시켜야 할 필요가 있지만 리브랜딩은 결코 핵심을 벗어나서는 안 된다.

고객에 집중하지 않은 브랜드 성장은 카멜레온과 같아서 시장의 흥망성쇠에 따라 형태와 크기, 색깔을 바꾼다. 고객에 집중하는 브랜드의 성장은 더욱더 많은 사람이 당신이 어떤 사람인지, 무엇을 추구하고, 무엇을 중요시하는지에 빠져들게 하는 역할을 한다. 당신이 누구인지, 누구에게 이야기하고 있는지에 집중하라. 지속적으로 열광적인 고객을 만들기 위해서는, 이 두 가지를 함께 진행하는 것이 중요하다.

고객을 성장시키기 위해서 집중해라. 카멜레온이 되려고 노력하지 마라.

──── 케이스 스터디 ────

당신의 스토리를 만들고 성장시켜라
샤브남 모가라비(Shabnam Mogharabi, 공동 창업가 & CEO)와의 인터뷰

소울팬케이크는 사람들이 '인생의 중요한 문제들에 대해서 계속해서 이슈를 제기'하게 유도한다. 그들은 책을 써왔고, 몇 개의 TV 드라마를 만들었으며, 가장 조회 수가 많은 유튜브 채널 중의 하나를 설립하였다. 만약에 당신이 '키드 프레지던트(Kid President, 역주: 아기 대통령이라는 유튜브 채널)' 중에 하나의 에피소드를 보았다면 소울팬케이크를 기억하고 고마워할 것이다. 초기부터 그들은 전 세계 사람들에게 반향을 불러일으키는 스토리를 만들어 왔다. 소울팬케이크의 공동 창업가이자 CEO인 샤브남 모가라비는 어떻게 그들이 고객들을 확대했는지 그리고 소울팬케이크가 고객들의 마음을 사로잡은 이유에 관해 이야기했다.

Q: 소울팬케이크는 어떤 회사인가?
A: 우리는 약 5년 전에 창립된 회사다. <디 오피스(The Office)>의 미국판에서 드

와이트 슈루트(Dwight Shrute)를 연기한 배우인 레인 윌슨(Rainn Wilson)과 몇몇 구성원들에 의해 설립되었다.

당시 그는 자신이 연기했던 역할로 유명해진 배우였지만, 철학적이고 예술적인 정신을 가진 영혼이기도 했다. 그는 인터넷에는 사람들이 의미 있는 대화를 나눌 수 있는 장이 없다고 생각했다. 온라인에는 쓰레기 같은 것들이 많았고 그래서 그는 사람들이 의미 있는 대화를 나눌 수 있는 장소가 필요하다고 느꼈다.

그래서 우리는 소울팬케이크라는 회사를 설립하기로 했고, "인생의 큰 문제를 곰곰이 생각해라(Chew On Life's Big Questions)."라는 슬로건을 만들었다. 가장 큰 목표는 사람들이 의미 있는 대화에 참여해 인생의 경험에 적극적인 참여자가 되어, 평소에 잘 이야기하지 않는 것들에 관해 나누는 것이 어떤 의미를 가지는지 알아내는 것이다.

Q: 듣기만 해도 멋진 이야기다. 성장 스토리에 대해서 조금 더 이야기해 달라.
A: 우리는 레인 윌슨이 오프라 윈프리의 '소울 시리즈' 쇼에 출연할 예정이었던 3월에 웹사이트 론칭을 계획했다. 우리는 그즈음에는 웹사이트를 완성하고 싶었기 때문에 모든 콘텐츠를 기획하고 웹사이트의 백엔드 개발 및 기술적인 부분 등 모든 작업을 시작했다.

그때 웹사이트의 오른쪽에 비어 있는 부분이 있었다. "이 공간을 어떻게 하지?"라고 자문했고 사람들이 직접 질문할 수 있는 공간을 만들어 보기로 했다. 우리는 그것을 '질문 집합소(Question Collective)'라고 불렀다. 처음에는 목소리와 톤만으로 질문과 콘텐츠를 올릴 생각이었지만, 사람들에게 그들 자신의 질문을 올릴 수 있는 공간을 제공하게 되었다. 레인의 인터뷰 직후 24시간 동안 엄청난 트래픽이 있었는데, 대부분의 사용자가 질문 집합소에 글을 올리고 있었다.

'질문 집합소'에 적극적으로 질문을 올리는 사용자들이 실제로 우리의 핵심 고객이 되었는데 정말 흥미로운 일이었다. 우리는 즉시 질문 집합소를 사이트의 메인으로 만들었고 더 많은 질문을 가장 좋은 자리에 위치시켰다. 이후 사용자들의 질문뿐만 아니라 톤을 설정하기 위한 질문들도 모두 상호 연결시켰다.

Q: 그 핵심 전제를 바탕으로 책도 출간하고, 오프라 윈프리와 함께하고, 놀라운 영상들을 제작였는데 어떻게 그 모든 것들이 가능했나?

A: 소울팬케이크닷컴을 개설한 후 약 1년 반 뒤에 책을 출간했다. 그리고 그것은 우리가 수립한 소울팬케이크의 미션, 정신, 미적 감각, 그리고 목소리를 다른 플랫폼에서 콘텐츠화 할 수 있다는 것을 보여주었다. 웹사이트 밖으로 나가보는 것은 정말 큰 변화였다. 오프라 윈프리는 소울팬케이크 책을 보고 무척 좋아했다. 그녀는 TV에서 새로운 네트워크를 막 시작하려던 참이었고 "당신들의 작업이 너무 좋다. 내가 방송에서 사용할 수 있도록, 이 책의 내용을 담은 짧은 영상을 만들어 줄 수 있나?"라는 요청을 했고, 우리는 당연히 수락했다. 그때가 바로 우리가 소울팬케이크의 제작 자회사를 시작했을 때였다. 그 후 3년간 우리는 프로덕션 미디어 회사로 발전했고 우리의 미션은 약간 변화되었다. 우리는 여전히 사람들이 인생의 큰 질문들을 끈질기게 던지고 인생의 경험을 발견하도록 격려하고 있다. 동시에, 사람들의 기운을 북돋아 주고 영감을 주되 저급하지 않은 방식으로 고무적이며 예술적인 콘텐츠를 만들어내는 것이 우리의 목표이자 사명이다.

모든 사람이 기쁨을 느끼고 영감을 받고 싶어 하지만, 사람들은 강제로 떠먹여 주는 듯한 내용을 원하지는 않는다. 여기서 우리의 스위트 스폿(Sweet Spot, 역주:

최적의 장소)을 발견했다. 우리는 마음을 열게 하며 기분 좋게 하면서도 자신을 바보처럼 느끼지 않을 법한 내용을 만든다.

Q: 사람들이 삶에 대해서 생각하고 참여하도록 독려하는 접점이 무엇인지를 찾는 데 있어 '왜'라는 질문에 집중하는 것 같다. 고객들은 당신이 어떤 가치를 추구한다고 생각하는가?

A: 즐거움이다. 다시 말해 즐거움이 가진 힘이자, 우리 삶에서 즐거움이 갖는 중요성이다. 왜냐하면 모두가 항상 즐거워지고 싶기 때문이다. "나는 즐거움을 느끼고 싶지 않아. 나는 희망을 품고 싶지 않아."라고 말하는 사람은 없을 것이다. 모든 사람은 기쁨을 느끼고 싶어 하고 그들 안에서 불꽃 튀는 감정을 느끼고 싶어 한다. 특히 지난 5년에서 10년 사이에 우리 사회는 매우 냉소적이고 무관심한 사회가 되었다. 어느 순간부터 신경 쓰지 않는 것이 쿨하게 여겨지고 기쁨과 긍정이 반체제적인 것이 되었다고 생각한다. 행복하고 거리낄 것 없이 기분 좋은 감정을 느끼도록 만드는 콘텐츠와 메시지 크리에이터로서 고객들이 우리에게 기대하는 것은 바로 우리의 목소리를 내는 것이라고 생각한다. 우리는 종종 즐거운 반란을 일으키고 있다고 말한다. 이것이 실제 우리가 하고자 하는 것이다.

우리는 아주 재미있고 다채로우면서 유치하다고 느껴지지 않을 만한 선에서 반란을 일으킨다. 하지만 당신이 우리 콘텐츠를 보았을 때 기분 좋고 행복하며 마음을 열 것이라고 생각하기에 당당하다.

Q: 열정적이고 강력한 핵심 커뮤니티가 즐거움에 관한 생각을 가지고 발전해 왔다. 왜 이것이 큰 반향을 불러일으켰다고 생각하는가?

A: 두 가지 이유가 있다. 첫 번째는 우리가 목소리를 내는 방식이다. 우리 자신을 너무 심각하게 생각하지 않는다. 우리가 하는 모든 것은 존경받지만 그 안에는 여전히 유머와 재미가 존재한다. 사람들은 "아, 이건 정말 멋지다. 이것에 관해 이야기하는 것도 멋지다."라고 평가하는데, 이는 사람들이 우리의 목소리와 미적 감각, 그리고 접근 방식에 반응한 것이라고 생각한다.

두 번째로, 론칭하는 시점의 고객이 어떤 사람이 될 것인지를 이해하려고 노력했다. 우리가 계속 읽어내고자 했던 것은 35세 미만 인구의 많은 사람이 자신을 종교적인 사람이 아닌 영적인 사람으로 묘사하고 있다는 점이었다.

우리들이 염두에 두고 있는 이들은, 그들이 누구인지, 그들의 삶에서 목적이 무엇인지, 그리고 그들이 삶에서 찾고자 하는 의미가 무엇인지를 고민하는 사람들이었다. 그들은 종교적 패러다임, 특정 철학적 방향성에 그들의 존재적 방향성을 휘둘리지 않았다. 기본적으로 "나는 의미를 찾고 있고 나에게는 내가 알지 못하는 영적인 무언가가 있다."라고 말했다.

우리는 의미와 목적을 찾는 고객들에게 서비스를 제공하고 싶었다. 우리는 그들이 질문할 수 있는 공간을 제공했지만 어떤 대답도 하지 않았다. 참여하고 있는 모든 대화와 영감을 바탕으로 스스로 답을 찾으면 된다. 하지만 자신을 옥죄는 질문들을 한 뒤에 답을 얻게 될 것이다.

Q: 그래서 결국 관계에 대한 논의로 다시 돌아왔다. 신뢰, 존경, 그리고 이러한 대화에 참여하고자 하는 의지 말이다. "브랜드란 정말 무엇인가의 핵심에 닿는 것이며, 그것은 관계다."라고 할 수 있는가?

A: 전적으로 동의하고, 우리가 참여했던 모든 플랫폼에서 확인한 바이다. 관계란

쌍방향의 것이고 고객들은 우리에게, 우리는 그들에게 말할 것이다. 그리고 우리는 고객들과의 커뮤니케이션이 쌍방향이어야 한다고 주장한다.

하지만 그보다 더 중요한 것은 고객들이 그 관계에 대한 오너십을 가지고 있다는 것이다. 웹사이트에서 커뮤니티와 책과 같은 콘텐츠의 저작권을 통해 그들 스스로가 브랜드의 오너인 것처럼 느끼게 되었다. 우리가 커리큘럼을 짜는 것과 같은 방법으로, 자발적으로 책을 계기로 만나거나 독서 모임, 혹은 대학 동아리 활동을 했었고, 그것을 그들만의 경험으로 만들었다. 우리는 사람들이 참여하고 싶어 하며, 소울팬케이크의 브랜드 홍보대사가 되기를 원한다는 것을 유튜브 채널에서도 발견할 수 있었다.

그것이 실제 활동으로 이어졌기 때문에 더욱더 놀라웠다. 그들은 우리를 위해서 행동했다. 우리가 TV쇼를 만들고 있다고 발표했을 때, 그들은 자신들의 TV쇼를 갖게 된 것처럼 느꼈다. 그들 스스로가 얼마나 투자를 했는지를 보는 것만으로도 놀랐고, 그래서 100% 믿을 수 있었다.

Q: 무엇인가가 진행되고 있다는 사실을 어떻게 알 수 있는가? 무엇이 사람들로 하여금 열정적인 지지자가 되도록 돕고 있는지, 혹은 반대로 작용하고 있지 않은지를 어떻게 테스트하고 측정하는가?

A: 유튜브의 장점은 매우 강력한 시스템을 통해 분석 결과를 볼 수 있다는 것이다. 우리는 사용자들이 어디에서 의견을 나누고 있는지, 얼마나 콘텐츠에 참여하고 있는지, 무엇을 공유하고 있는지, 공유하지 않는지를 볼 수 있다. 그것을 통해서 그들이 우리 콘텐츠에 머무르고 있는지, 공유하고 있는지 아니면 다른 콘텐츠로 이동하고 있는지를 볼 수 있다. 그들이 뿌려 놓은 작은 빵 부스러기를 따라가

면 되는 것이다.

그들이 참여하는 이유가 단지 의견을 듣는 것뿐만 아니라 우리에게 요구하는 것을 듣기 때문이라고 생각한다.

Q: 진정한 의미의 메시지 풀(Pull) 기법을 실행하고 있는 것으로 보인다.
A: 그렇다. 그들이 원하는 것을 제공하면 그들은 지지할 것이며, 이는 놀라운 일들로 연결될 수 있다. 예를 들어, 우리는 '나의 마지막 날(My Last Days)'이라는 시리즈를 만들었다. 그 시리즈에 나오는 몇몇 사람들은 아주 어린 나이에 말기 질환을 앓고 있었다. 생각해 보면 매우 무거운 주제다. 이 젊은이들이 불치병을 앓고 있지만, 우리의 접근 방식은 사실 매우 즐겁고 희망적이다. 왜냐하면 단지 죽음을 준비하는 사람들의 목소리로 전달될 뿐, 살아가는 것에 관한 시리즈이기 때문이다.
그래서 우리는 정말 사람들이 어떻게 삶을 변화시키고 포용하는지에 대한 8개의 에피소드를 만들었다. 그들이 어떻게 죽을지 아는 사실에 근거해서 말이다. 여덟 번째 에피소드는 잭 소비엑(Zach Sobiech)라는 십 대 소년을 다루었다. 그는 17세였고 의사들로부터 골육종(역주: 뼈에서 발생하여 유골조직 및 골조직을 만드는 악성 종양) 진단을 받아, 6개월의 시한부 인생을 살고 있었다. 잭은 음악가였기에 그의 가족에게 음악을 연주하면서 작별 인사를 하려고 했다. 이것을 에피소드로 만들어서 유튜브에 올렸는데 천백만 회 정도의 엄청난 조회 수를 기록했다.
놀라운 댓글들이 많았고 그중 절반이 "내가 어떻게 잭을 도울 수 있을까? 그가 죽으면 안 되는데, 골육종을 막고 연구비를 더 지원받으려면 어떻게 해야 할까?"와 같은 내용이었다. 사람들은 돕고 싶다는 댓글을 달고 있었다. 우리는 거기서 대화를 멈추면 안 된다는 것을 알게 되었다. 이 영상을 보고, 댓글을 달고 어떻게든 참여하고 싶어 하는 천백만 명의 사람들이 있었다. 그래서 그 기회를 만들었다.

우리는 후속 비디오를 찍어 고객들과 가족, 친구들은 물론 그 영상을 트위터에 올린 셀럽들에게 잭이 '클라우드(Clouds)'라고 부르는 노래의 립싱크 영상을 보내 달라고 부탁했다. 이 모든 영상을 모아서 잭의 노래에 맞춰 노래하는 크라우드소싱 비디오를 만들었고, 잭을 돕고 싶다면 골육종 펀드에 기부하라고 요청했다.

잭의 노래 덕분에 골육종 연구에 75만 달러의 기금을 모았다. 우리는 만약 무엇인가를 절실히 원하고, 그 무엇인가에 열정적이라면 그것을 실질적인 행동으로 연결시킬 수 있다는 사실을 배웠다.

Q: 놀라운 스토리다. 그리고 열정적인 고객이 어떤 효과를 불러일으킬 수 있는지에 대한 놀라운 증거라고 생각된다.

A: 맞다. 그 일화는 고객의 말을 듣고, 그들이 원하는 것을 주면 그들이 나서서 지지한다는 사실을 보여주었다. 분석 결과 이상의 일을 했을 때 생긴 결과는 정말 놀라웠다.

Q: 마지막 질문이다. 레인과 오프라를 시작으로 이러한 셀럽들과 함께할 수 있게 된 것은 놀라운 성과였다. 하지만 단순히 셀럽들과의 관계만으로 효과가 있을 거라고 생각하지는 않는다. 당신들은 그것을 진정한 가치를 지닌 것으로 바꾸었다. 잠재 고객과의 관계 구축에 대해 조언을 해 준다면?

A: 첫 번째는 듣고, 듣고, 듣고, 또 들으라는 것이다. 우리는 무엇보다 소울팬케이크를 통해 경청의 중요성을 배웠다. 이는 웹사이트를 개설하면서 질문 집합소로 즉시 방향을 바꿨던 이유다. 우리가 잭의 이야기에 후속 영상을 넣은 이유이기도

하다. 바로 유튜브 밖으로 핵심 콘텐츠를 가져올 수 있었던 이유다. 이 모든 것이 고객들이 그들이 원하는 것을 말해 주고 우리가 그것에 답하기 때문이다. 고객들이 원하는 바를 듣는 것이 가장 가치 있다.

이 방식을 따르기 위해서는 피드백을 받을 때 전략을 변경하고 조정할 수 있어야 한다. "이것이 우리 회사의 방식이다."라는 말에 너무 집착하지 마라. 변화할 수 없고 빠르게 고객의 요구에 부응할 수 없다면, 정말로 빠르게 쓸모없는 존재가 될 것이다.

둘째로, 고객들로부터 받는 피드백과 당신의 관점, 즉 당신의 미션 사이의 균형을 맞춰야 한다. 변화하거나 고객의 말을 들을 때, 당신은 항상 무엇을 추구하는지 알려주는 렌즈를 통해 필터링해야 한다.

우리의 미션은 창조적이고 즐거운 콘텐츠를 만드는 것이다. 이는 바로 우리가 모든 것을 투영하는 렌즈이다. 그리고 이 미션과 관계가 없다면 하지 않을 것이다. 질문 집합소로 방향을 바꾸고, 후속 비디오를 만들고, 다른 플랫폼을 원한다는 고객의 말에 답할 때도, 미션에 맞추어 조정한다. 당신이 존재하는 이유가 가장 우선되어야 한다. 이것이 바로 사람들이 끌리는 강력한 메시지이기 때문이다.

영향력을 성장시켜라

혁신 스펙트럼을 떠올려보라. 시장에서 적합성을 찾게 되면 혁신에서 안정으로, 지속성으로 향하는 것이다. 멀리 나아갈수록 브랜딩 활동은 더욱 전통적인 방식이 된다. 《브랜드는 어떻게 성장하는가(How Brands Grow)》의 저자 바이런 샤프(Byron Sharp)는 성장을 심리적 접근성과 시장에서의 접근성 관점에서 바라보았다.[56] 그는 성장을 위한 두 가지 핵심 요소로 광범위한 분배(물리적 접근성)와 차별화된 기억 구조(상징요소)를 제안한다.

물리적 접근성은 당신과 고객 간의 공간적인 거리를 의미한다. 비록 이론적으로는 인터넷이 기업과 고객 사이의 거리를 좁혔지만, '찾아오세요(Come to me)' 전략은 항상 충분하지 않다. 그 때문에 단지 웹사이트를 개설하고 사람들이 나타나기를 기대하기에는 사람들은 이미 너무 많은 메시지와 선택지에 휩싸여 있다.

고객에게 먼저 다가가야만 한다. 디지털 세상이나 실제 세상에서 잠재적인 고객들은 어디에 있는가? 그들이 쏟아져 나오는 곳은 어디에 있는가? 그들은 어떻게 대화하고자 하는가? 어떻게 하면 우리가 그들의 세계에 가장 잘 나타날 수 있을까? 8월 중순에 데스밸리(Death Valley, 역주: 미국 네바다주의 사막)에서 스노 부츠를 팔려고 한다면 광고판이 얼마나 멋진지 또는 당신의 스토리 얼마나 놀라운지는 중요하지 않다. 적절한 장소에 있지 않기 때문이다.

고객이 있는 곳을 찾고, 그곳에서 그들을 만나서 연결할 수 있는 고객 리스트를 키우고, 영향력을 발전시켜 확장하기 위해 노력하라. 가장 성공적인 성장은 시장 카테고리에서 가장 먼저 떠오를 때 발생한다.

예를 들어, 내가 '인터넷 검색'이라고 하면 [_____]을(를) 말할 것이다. 내가 '온라인 쇼핑'이라고 하면 [_____]을(를) 말할 것이다. 내가 '패스트푸드'라고 하면 [_____]을(를) 말할 것이다. (구글, 아마존, 맥도날드). 이 세 기업은 부인할 여지도 없이 가장 먼저 떠오른다. 당신이 성장하고, 고객의 관점에서 가장 먼저 떠오르기는 쉽지 않지만 불가능하지도 않다. '온라인 파일 공유'라고 했을 때는 2008년에 설립된 드롭박스라고 답할 가능성이 높다.

고객들의 마음속에서 '차지하고 싶은' 단어나 구절을 떠올려 보라. MVB에서의 초기 작업에서 떠오른, 최소한 하나 이상의 단어나 문장일 것이다. 성공적인 확장을 위해서 고객들이 오랫동안 기억할 수 있도록 계속해서 최상의 방법을 찾고, 테스트하고, 반복하고, 배워야 한다. 새로운 상징요소들과 고객들과의 연결고리를 맺기 위한 선택은 고객이 당신에 대해 형상하는 기억에 직접 영향을 미친다. 훌륭한 기억 구조는 매우 명확하고 쉽게 확장할 수 있어야 한다.

문화를 키워라

기업 내부에서는 팀의 육성이 중요하다. 이는 곧 최고의 인재를 양성하고, 기존 직원들을 혁신에서 실천으로 변화시키는 것이다. 가치 제안과 밀접한 사람들을 열정적이고, 의욕적이며, 재능 있는 그룹의 사람들로 만드는 것이다.

이것이 바로 문화다.

문화는 의도적인 브랜딩과 브랜드 성장의 기본 요소다. 문화는 조직이 스스로와 관계 맺는 방식이다. 직원들은 서로 어떻게 대화를 나누는가? 이들은 어떻게 협업하는가? 그들은 그룹으로서 무엇을 가치 있게 여기는가? 그들은 어떻게 일을 해내는가? 브랜드의 관점에서 보면 CEO에서 납품 트럭 운전자에 이르기까지의 내부 구성원이 기업과 맺는 관계다.

새로운 팀원의 성장이 필요한 만큼, 감성적 가치의 성장 또한 필요하다. 성장하는 스타트업은 직원들에게 많은 것을 요구한다. 시간, 자원, 기술, 유연성, 성장성뿐만 아니라 기회비용 측면에서도 그러하다. 직원의 경우 기존 기업에서 일하는 것에 비해 스타트업에서 일하는 것의 기회비용은 막대할 수 있다. 안정적인 수입과 가변적인 수입, '9 to 5'의 근로시간과 항상 일하는 것, 그리고 고용 안정과 실직과 같은 위험들은 당신의 직원들에게 실제적이며, 당신에게 최고의 직원을 뽑는 것과 그들을 놓칠 수밖에 없는 것 사이의 간극을 만나도록 한다.

보통 성장하는 스타트업의 공동 창업자와 벤처 캐피탈리스트(VC)들은 스톡옵션, 투자 기회, 성과 보상, 혹은 다른 종류의 금융 혜택을 제공함으로써 직원들의 잠재적 시장 가치와 성장하는 스타트업에서 그들이 만들어낼 가치의 격차를 줄이고자 시도한다.

이러한 접근법에 본질적으로 잘못된 것은 없지만, 약속된 보상은 종종 팀에 합류시키기 위해 최고 인재들을 설득하기에는 충분하지 않다. 영리한 직원들에게 스타트업의 성공률은 그들이 짊어질 리스크에 대한 대가를 받을 가능성이 매우 희박하다는 것을 말해 주기 때문이다.

그럼에도 불구하고 급여와 주식은 가치 있는 인센티브가 될 수 있다. 20세기에는 기업의 리더들과 기업들은 이러한 요소들이 유일한 동기가 되는 것처럼 운영했다. 그들은 최고의 직원들을 유인하려면 더 많은 돈을 지불해야 한다고 믿었다. 하지만 21세기의 직장은 다른 규칙들로 운영되고 있다. 더 이상 급여, 주식 또는 미래의 재정적 인센티브만이 직원들이 기업에 구성원이 되도록 하는 유일한 변수는 아니다.

대신, 작업 공간이 현대적인 맥락 속에서 진화함에 따라, 가장 재능 있는 사람들을 조직으로 끌어들이는 데 문화, 가치, 사회적 영향과 같은 요소들이 중요해졌다. 이러한 요인은 브랜드에도 내재해 있다. 이는 기존 직원과 미래의 직원 모두가 당신의 스토리에 참여해서 그 일부로 남아있기를 원하도록 만들기 위해 노력해야 한다는 것을 의미한다.

직원들도 고객들과 마찬가지로 자신들이 믿고 이해하는 것의 일부가

되고 싶어 한다. 그들은 자신들의 개인적 열망에 도달할 수 있도록 돕는 것에 동참하고 싶어 한다. 그들은 더 큰 비전을 위해 일하고 싶어 하는 것이다. 그리고 모든 숙련된 개발자 또는 스타 마케터들이 당신이 만들고자 하는 조직에 적합한 것은 아니다. 세계에 투영하는 당신의 스토리에 집중된 노력을 쏟는 것이 문화 성장의 맥락에서 의도적인 브랜딩의 가장 중요한 이유다.

최고 수준의 인재를 확보하고 스타트업에서 일하는 위험을 감수하도록 설득하려면, 직원들과 만나는 모든 접점에서 명확한 의사를 표현하는 문화를 만들어야 한다.

자포스 내부의 존경받는 문화를 설계한 토니 셰이는, 자신의 접근 방식에 대해 이렇게 말했다. "우리는 시간, 돈, 자원을 세 가지 주요 분야에 투자하기로 했다. (브랜드를 구축하고 입소문으로 퍼질) 고객 서비스, (핵심 가치를 형성하도록 할) 문화, 그리고 (궁극적으로 성장으로 이어질) 직원 교육과 개발. 오늘날까지도 브랜드, 문화, 성장이 장기적으로 가질 수 있는 유일한 경쟁력이라는 것을 믿는다. 다른 모든 요소들은 누구나 베낄 수 있고, 그렇게 될 것이다." [57]

기억하라. 셰이는 신발이 아니라 행복을 팔려고 한다. 이를 성취하기 위한 높은 기준을 고려할 때 이 문장 자체는 너무나 쉬워 보인다. 하지만 이는 셰이의 주장일 뿐만 아니라, 그들이 실제로 행하는 것이기도 하다. 자포스는 이 메시지를 외부와 내부에 전달하고 전파하는 데 열광한다. 사람들은 자포스를 위해 일하고 싶어 하고 그곳에서 일하는 것을 좋아한다. 그리고 그들 문화의 성장은 크고 작은 기업들의 모델이 되어왔다.

자포스는 내부 스토리의 힘을 보여주었다. 얼마나 강하게 자신의 이야기를 표현할 수 있는지는 내적·외적으로 당신의 능력을 확장하는 데 영향을 미친다. 신발을 팔려고 하는 평범한 온라인 상점과 행복을 파는 자포스 중 어느 곳에서 일하겠는가?

고객들이 당신의 제품이 고품질인지, 당신과 연결되어 있는지, 시간과 비용 그리고 에너지를 쓰고 싶어 하는지에 대한 발언권을 가지고 있는 것처럼, 직원들은 당신이 수립한 문화가 좋은지에 대해 발언권이 있다. 한 친구가 가족 친화적인 문화를 가진 회사에서 일했다. 그는 그러한 문화는 가족 친화적인 정책이나 계획 덕분이라기보다 가족적인 삶이 얼마나 중요한지를 이해하기 덕분이라고 생각했다.

그가 몇 년 후에 회사를 옮겼을 때, 새 회사가 사무실에 무료 탁아소를 보유했고 가족적인 삶을 장려하기 위한 구체적인 정책을 시행하고 있었고 스스로 '가족 친화적인' 회사라고 불렀음에도, 그 회사의 문화는 완전히 반대라는 것을 알았다. 매니저들은 근무시간 중에 자신의 아이들을 보러 가는 사람들을 경시했고 이로 인해 모든 정책이 가족 친화적인 문화를 만드는 데 아무런 도움을 주지도 못했기 때문이다. 문화를 만들어나가기 위해서 유연하게 바꿀 수 있는 계획이나, 표면적인 수준의 정책은 없었다. 문화는 창업가의 가치를 바탕으로 설립된 조직의 깊은 사회적 요소이며, 그들이 선택한 사람들과 함께 발전한다.

3~10명 정도의 인원이 회사 문화 전체를 구성하는 초기 단계 스타트업의 경우 회사가 성장하기 시작했을 때 개개인의 입장을 파악하기는 어렵다. 현재 보유한 스토리에 집중하고 거기에서 확장해야 한다. 임원진과의 대화 시간에 브랜딩과 문화에 대해 대화를 나누고, 당신의 스토리가 복도에서 나누는 대화처럼 일상에서 등장할 수 있는 환경을 조성하라.

자신이 누군지 파악하고 자신의 행동을 그것과 일치시키면, 새로운 직원들은 물론 현재의 직원들이 금전적인 보상 없이도 당신과 함께할 강력한 이유가 만들어질 것이다.

11장

영속하는 브랜드

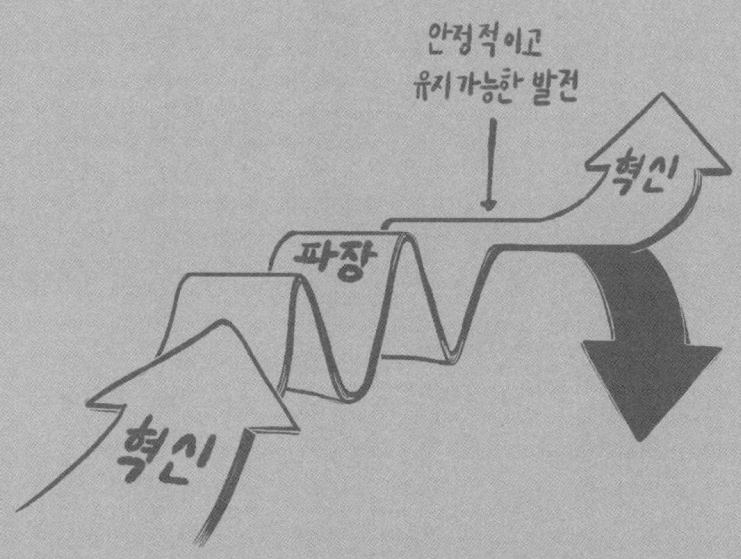

대기업, 린을 품다

기술의 진화, 업종 간의 파괴적 혁신, 복잡성, 고객의 깊이 있는 지식 및 시장 이해도가 높은 경쟁사 등은 모두 대기업 임원들을 조마조마하게 만든다. 경쟁사들이 예상치 못한 대규모 시장 침투를 시도할 뿐만 아니라, 스타트업과 신기술이 하룻밤 사이에 시장 판도를 근본적으로 바꿀 수도 있다. 우리는 여러 산업이 동시에 붕괴하고 있는 전례 없는 엄청난 불확실성의 시대에 살고 있다. 기업에 속해 있는 직원과 고객 모두에게 신기술이 적용됨에 따라 변화는 가속화된다.

우리는 우리가 어디로 가고 있는지 제대로 모른다. 오로지 규칙이 바뀌었다는 것만 알고 있을 뿐이다.

하버드 대학교 경영대학원 석좌교수인 클레이튼 크리스텐슨이 그의 저서 《성공기업의 딜레마》에서 지적했듯이, 대기업들은 전통적으로 실행에 집중해왔다. 그 결과 혁신하는 능력을 잃게 되었다.[58] 이에 대기업들은 린 혁신 방법론을 통해서 혁신하는 구조를 제시하고 이러한 문제들을 해결하였다.

린 혁신은 제품 개발에서뿐만 아니라 세일즈, 마케팅, 운영, 법무 그리고 UX 디자인과 같은 다른 비즈니스 영역에서도 확산되었다. 린 제품 혁신을 통한 변화가 기업의 다른 분야의 변화로 이어지게 된 것이다.

린 혁신 방법론이 제품 혁신을 더욱 강화하고 기업 전체에 확산되면서 기존 브랜드 모델은 새로운 사고를 처리하기에 적합하지 않은 것으로 밝혀졌다. 이러한 괴리감은 가치를 대규모 고객층에 전달하는 데 어려움을 초래하게 되었다.

스타트업의 브랜드 개발 방식을 변화시키는 것처럼, 린 브랜딩을 대기업에서 기존 브랜드를 혁신하는 다양한 방법으로 사용하고 있다. 첫째, 기존 시장에서 빠르게 움직이는 것이 현재의 우선순위인(혁신 스펙트럼의 지속적인 측면) 대기업의 경우, 린 브랜드 기법으로 더 빠르게 움직이고, 빠르게 실험을 실행하고 기존의 관계를 강화할 새로운 아이디어를 찾을 수 있다. 둘째, 파괴적이고 획기적인 혁신을 이루기 위한 수행 방법으로 린 스타트업의 린 브랜드 기술을 사용한다. 마지막으로, 브랜드 운영방식에 체계가 잘 잡힌 기업도 린 브랜딩 기법을 사용하여 브랜드를 완전히 바꾸기도 한다. 이는 기존 시장은 물론 기존 관계를 점진적으로 혁신하기보다 관계를 근본적으로 재정의해야 할 때 발생한다.

이 세 가지 시나리오를 통한 브랜드 개발은 유사하면서도, 근본적인 차이점이 있다. 린 브랜드 기술을 성공적으로 구현하기 위해서 대기업 또는 역사가 오래된 기업은 그 유형에 관계없이 4가지 프로세스 혁신이 필요하다.
- 혁신을 향한 의지를 정의하라.
- 고객의 참여를 유도하라.
- 브랜드와 제품 포지셔닝 사이의 병렬식 혁신을 수행하라.
- 핵심 브랜드와 기존 고객과의 관계를 보호하는 실험을 하라.

혁신을 향한 의지

브랜드 혁신을 실천하기 위해서는 먼저 혁신의 의지가 있는지부터 판단해야 한다. 혁신 의지는 목표하는 몇 가지 요소들에 집중한다. 기존 시장에 대한 혁신인가, 돌파구로서의 혁신을 목표로 하는가? 만약 기존시장이라면, 논의해야 할 브랜드 요소는 무엇인가? 기업이 말하는 모든 스토리를 뛰어넘으려 하는가? 아이덴티티 중 어떤 요소를 브랜드 상징요소로 만들려 하는가? 당신은 정확하게 모를 수도 있지만 이미 어디서부터 시작해야 할지에 대한 가설을 가지고 있다.

"우리가 전하는 스토리를 x로 바꾸면 고객들은 z 방식으로 행동할 것이다." 행동 결과(z)를 분석하고 이를 반복해라.

기업의 어느 부분이 혁신해야 하고 어떤 부분이 동일하게 유지되는지 이해함으로써, 끊임없이 반복되는 개발 사이클을 진행하는 동안의 가설, 실험 및 학습을 훨씬 더 잘 구성할 수 있다.

계획은 역순으로 진행된다는 것을 기억해야 한다. 1) 학습할 내용을 우선 파악하고, 2) 검증된 학습 효과를 얻기 위해 측정하는 방법을 알아내고, 3) 실행하고 측정을 하기 위해 무엇이 필요한지를 파악한다.

목적과 의도가 분명하다면 안전망을 제거할 수 있어야 한다. 동일한 결과를 얻고, 동일한 크리에이티브 전략을 취하고, 이미 알려진 방법에서 벗어나 실행하는 것이 두려워진다면, 아직 당신은 안전망 위에서만 움직이고 있는 것이다.

안전망은 무엇이 가능한지가 아니라, 그것이 무엇인지 알려줄 뿐이다.

기존 시장의 안전망을 제거하기 위해서는, 기존 브랜드에 대한 혁신을 통해 시장에서의 감성적 가치에 대한 새로운 통찰력을 발견하는 것이 중요하다.

"만약 OO하게 되면 어떤 일이 일어날까" 혹은 "OO한다면"과 같은 질문에서 시작하자. "스토리가 더 간결하게 전달될 수 있다면?", "만약 고객과 나누는 대화를 변화시킨다면 어떤 일이 일어날까?", "특정한 세분화된 시장에서 더 큰 인사이트를 가지고 있다면?"

어렸을 때 이 질문은 우리에게 꽤 자연스러웠다. "만약 내가 이것을 씹는다면, 진흙 파이를 통째로 먹는다면, 물구나무서기를 온종일 한다면 어떤 일이 일어날까?" 그러나 나이가 들면서 이런 질문은 특히 사업 환경에서는 훨씬 더 혼란스럽고 위험한 것처럼 보인다. 사실, 위험은 더 크고 과장돼 보인다. 그러나 혼란스럽고 겉보기에 위험해 보이는 질문을 던지는 것이 바로 브랜드 혁신을 이끌어내고 궁극적으로는 진정한 돌파구가 된다.

소수의 고객을 새로운 방식으로 참여시켜라. 인사이트는 고객과의 직접적인 커뮤니케이션에서 비롯된다는 점을 기억해야 한다. 고객을 구성하는 다양한 시장 세그먼트를 이해해야 브랜드가 이미 가지고 있는 감성적 영향력을 배우고 학습하는 데 도움을 줄 것이다. 그런 다음 기존 관계를 벗어난 외부에서 실험해라. 기존 고객의 작은 집단을 활용하고, 모든 실험이 가설에 기반하여 이루어지게 하면서 제안된 브랜드의 영향을 반복적으로 측정하라.

새로운 시장(또는 돌파구)을 위해 안전망을 깨고 나가려면 지저분하고 겉보기에 위험해 보이는 아이디어의 영역에서 실험해야 한다. 이 영역에서 일하려면, 현재 고객과 맺고 있는 관계에 대해 전혀 생각하지 않는 것이 좋다. 더 큰 질문을 던져야 한다.

엄격하고 신속한 규칙에 얽매이지 마라. 이전에 효과가 있었던 것들만 생각하면 안 된다. 그것은 가고 싶은 곳으로 데려가지 않고, 오직 이미 가본 적이 있는 곳만 알려줄 것이다. 안전망을 벗어나 미지의 영역을 탐구하기 시작할 때, 관습적인 기존 브랜딩의 영역에서 브랜드 혁신의 기회로 전환하게 된다.

스펙트럼의 끝으로 갈수록, 투자수익률(ROI, Return of Investment)은 더 적어질 것이다. 따라서 초기에는 혁신 실험에 비용이 적게 들지만 이를 여러 번 반복적으로 실험을 해야 한다.

무엇이 실질적으로 '돌파구'가 될지 미리 알지 못한다. 기존 시장에서 일하든 알려지지 않은 시장에서 일하든, 대부분 대기업에는 혁신이 어떻게 이루어져야 하는지를 결정하는 확실한 투자 수익 또는 기타 재무 지표와 단계별 검증 프로세스(Phase-Gate Process)가 있다. 린 브랜드 혁신

은 혁신 의지를 명확하게 표현할 수 있는 한 이러한 구조에 아무 문제없이 적용될 수 있다.

고객의 참여를 유도하라

혁신 의지가 분명해지면 고객의 참여를 유도해야 한다. 크건 작건 어떤 기업에서든 브랜드를 시작하거나 리노베이션 하는 것은 고객의 참여에 달려 있다. 고객 피드백은 필수적이며, 기업들은 고객을 자신의 제품과 브랜드 혁신 노력에 어떻게 통합할 것인지 배워야 한다. 해당 분야의 전문가 의견이나 빅데이터 또는 구매 의사결정을 하는 소수에게만 의존해서는 안 된다. 지속적인 고객 참여는 진화하는 브랜드를 검증하는 중요한 척도다.

기존 시장에서는 고객과 상호 작용하는 전통적 수단이 효과적이다.

여전히 시장을 인구통계자료가 아닌 고객과의 직접적인 관계로 구분해야 하지만, 고객의 반응 또한 액면 그대로 받아들일 수도 있어야 한다. 다시 말하자면 그들의 말을 믿을 수 있어야 한다.

새로운 시장(또는 혁신적인 시장)에서는 고객이 하는 말을 항상 믿을 수는 없다. 그들은 당신이 탐구하고 있는 관계의 맥락을 아직 이해하지 못한다. 이것이 바로 설문 조사와 포커스 그룹에 의존하기보다 행동 측정 실험을 하는 이유다.

고객을 참여시키는 법을 배우는 것은 기업이 갖추어야 하는 가장 필수적인 기술이다. 중요한 것은 혁신할 때 방법론 자체를 먼저 생각하지 말아야 한다는 점이다. 설문조사와 포커스 그룹 인터뷰 등의 도구적인 방법은 잊어버리고, 실제 고객들과 의미 있는 대화를 나누면서 서로 더 많은 것을 이해할 수 있도록 해야 한다. 저 사람들은 누구인가? 무엇이 그들의 행동을 이끄는가? 그들의 삶에 어떤 영향을 미칠 수 있는가?

일주일에 한 번, 고객을 직접 초대하여 다양한 혁신팀이 그들과 함께 시간을 보낼 수 있도록 계획해야 한다. 또는 팀을 직접 '현장'에 파견하여 고객과 원활한 유대 관계를 구축할 수도 있다. 궁극적으로 어떠한 방식으로 고객을 참여시키든 간에, 혁신 노력이 성공할 수 있도록 그들이 직접 참여할 수 있게 다양한 접점을 만들어야 한다.

병렬적인 혁신

제품팀이 점점 더 독립적으로 움직이며 속도, 실험, 발견에 최적화된 새로운 작업 방식을 채택하게 되면서, 브랜드팀은 이러한 속도를 맞추기 위해 노력해야 한다. 사내 브랜드팀과 아웃소싱 브랜딩 대행사의 '명령 및 제어' 패러다임은 새로운 혁신 생태계 안에서 모두 사라지는 중이다. 이러한 변화 속에서 기존의 채널, 사고방식, 우수 사례도 혼란을 겪는다.

게다가, 기존의 브랜드 개발 방식은 실제로 기업의 다른 부분에서 지속적인 혁신에 좋지 못한 영향을 미칠 수 있다. 만약 제품 혁신팀이 시장 진출을 위해 장기 사이클의 워터폴 브랜딩 프로세스(Waterfall Branding Process, 역주: 과거 제조업에 최적화된 방식으로 선형적인 작업 순서와 그에 따른 분업화로 시간과 비용의 최적화를 추구하는 방법. 시작과 끝이 이미 계획되어 순간순간 변화하는 니즈나 시장의 요구에 즉각적인 대응이 어려움. 애자일 방법과 반대되는 개념)에 의존하고 있다면 시작부터 실패할 것이다. 혁신을 지속하기 위해 내부 브랜드 개발팀은 제품팀과 협력하여 기업의 혁신 노력을 지속하는 동시에, 사업 전체를 아우르는 의미로서의 브랜드를 정의할 때 자체적인 목소리를 유지하는 작업을 병행해야 한다.

기존 시장에서는 린 브랜드 실무자들은 제품 개발에 관여하지 않고도 자유롭게 브랜드 구성 요소를 실험할 수 있다. 물론 그들의 궁극적 목표는 일치해야 하지만 실험은 분리될 수 있다.

새로운 시장에서는 린 브랜드 실무자들이 하나의 점진적 흐름을 만들어 제품팀과 브랜드팀의 작업 흐름을 조정한다. 제품팀이 지속적으로 최소 구현 가능 제품(MVP)을 만들고, 측정하고, 학습하는 과정에서 브랜드팀은 지속적으로 최소 실행 가능 브랜드(MVB)를 개발하고, 측정하고 학습해야 한다. 통합적인 실행이 가장 합리적이라고 판단될 경우, 제품팀과 브랜드팀은 실험 진행 과정에서 공동 작업을 하거나 실험을 하나로 통합할 수도 있다. 린 브랜드 기법의 적용해서 두 팀의 작업을 통합함으로써, 두 팀 모두가 가능한 한 많은 검증된 학습 결과를 얻을 수 있도록 노력해야 한다.

브랜드 '소유자'는 내부의 린 스타트업이 허가를 받지 않고 혁신적인 실험을 실행할 수 있는 가이드라인을 마련해야 한다. 최적화된 방법으로, 실험의 결과를 극대화하기 위해 브랜드 개발팀 내부에 인사이트, 메시지, 포지셔닝을 연구하는 혁신팀을 운영한다.

이러한 유형의 병렬적 혁신(Parallel Innovation) 노력은 고객에게 제공하는 가치와 이를 전달하는 속도에 상당한 영향을 미친다. 기존의 방식이 제품 혁신에서부터 마케팅 실행에 이르기까지 긴 시간이 소요되었다면, 린 브랜드 기술을 적용하면 기업이 고객에게 가치를 제공하는 데 걸리는 시간을 많이 줄일 수 있다.

고객과의 핵심 관계를 보호하라

대부분 대기업에서는 기업과 핵심 고객 간의 관계가 견고하다. 코카콜라, 포드, GE, 나이키, 켈로그, 버드와이저와 같은 브랜드들은 시장에서 이미 문화적 상징으로 자리 잡았다. 사람들은 이 회사들과 깊고 진실한 관계를 맺고 있다. 그러나 앞서 말했듯이, 이러한 관계가 앞으로도 변함없이 유지되리라는 것을 의미하지는 않는다. 오늘날처럼 초연결의, 소셜 미디어에 열광적인 세상에서는 수십 년이 걸려 구축된 관계가 단 몇 분 만에 끝날 수도 있다.

기존 기업은 이미 돈을 지불하고 제품과 서비스를 구매하고 있는 고객들에게 필요한 실험을 진행함으로써 브랜드 리스크를 초래할 수 있다. 그렇기에 고객이 열광하는 핵심 브랜드 요소를 보호하는 것이 더욱 중요해진다.

새로운 혁신으로 인해 고객과의 핵심 관계를 위험에 빠지게 해서는 안 된다. 그러나 거의 모든 대기업은 지속적인 혁신을 통해 계속해서 증가하는 외부 위협에 대처할 필요가 있다는 것을 잘 알고 있다. 하지만 혁신에 대한 필요성과 지원팀에서 발생되는 비효율성은 혁신팀과 지원팀 사이에 긴장을 조성할 수 있다.

브랜드 매니저는 이러한 긴장을 완화하기 위해 혁신을 저해하지 않으면서 핵심 브랜드에 대한 잠재적인 부정적 영향을 제거할 수 있어야 한다. 이는 이미 알려진 브랜드 플랫폼을 통해 실행하는 것과 완전히 새로운 방법을 개발하는 것의 차이를 인식하는 것이다.

새로운 탄산음료나 스마트폰 모델과 같은 대량 생산 제품을 브랜딩할 경우, 린 브랜딩 방법을 적용하면 핵심 브랜드를 위태롭게 하지 않고도 여러 시장에서 MVB 테스트를 확장할 수 있다. 의도적이고 지속적 측면의 MVB 테스트는 핵심 브랜드 요소를 보호한다.

새로운 브랜드가 다른 관계들과 조화를 이루고 있는지 자문해 봐야 한다. 기존 브랜드를 강화하고 있는가? 고객이 원하는 바를 충족시키기 위해 우리가 하고 있는 다른 전반적인 목표에 부합하는가? 그렇다면 그것은 당신이 말하고 있는 스토리(사업과 브랜드의 존재 이유)와 기존 브랜드를 향상시킬 수 있다. 그렇지 않다면 분리되거나 독립적인 브랜드가 될 필요가 있거나 아마도 기존의 관계에 맞게 재평가되어야 할 것이다.

예를 들어, 게토레이가 스포츠음료 보조제와 관련한 새로운 제품군을 출시했을 때, 고객과의 핵심 관계를 확장하고 강화했다. 새롭게 출시된 제품들은 고객들이 더 나은 운동선수가 되도록 돕고자 하는 게토레이의 사업과 브랜드의 존재 이유인 기존 스토리와 일치했다. 그럼에도 불구하고 게토레이가 운동복의 범주에 들어가려면, 새로운 제품이 기존의 고객 관계에 어떻게 들어맞는지 진지하게 실험해야 한다.

브랜드를 '고객이 기대하는 핵심 요소'와 '그 기대를 나타내는 표면 요소'라는 두 부분으로 생각해야 한다. 일반적으로 대화와 최소한의 프로토

타입으로 기대치를 먼저 제대로 파악한 다음, 기대 수준, 고객 요구사항 및 관계가 검증된 후 표면 요소에 투자하는 것이 덜 위험하다. 이를 통해 핵심 관계를 손상하지 않고 유지하면서 혁신적인 방향으로 실험을 진행할 수 있는 모든 위험요소를 제거해야 한다.

독립된 브랜드 실행 조직의 필요성

브랜드 혁신을 향한 과정은 모든 기업마다 다를 것이다. 일반적으로 기업 내에 있는 기존 팀을 변형시키는 것은 크게 효과적이지 못하다. 대규모로 운영되는 제품, 유지해야 할 매출과 브랜드가 있으며 이미 얽혀있는 이해 관계자가 많기 때문이다. 혁신을 위한 전략 중 하나는 대기업 내에 독립된 브랜드 실행 조직을 구축하는 것이다.

독립된 브랜드 실행 조직은 일반적으로 핵심 스타트업팀을 구성하는 개발, 제품 관리, 디자인 및 마케팅 기술을 보유한 사람들로 구성된 독립 사업부다. 이 조직에 대한 지원은 사업영역에 대한 전문 지식과 피드백 그리고 리소스 및 기존 고객에 대한 접근 가능 범위에서 비롯된다. 노드스트롬(Nordstrom, 역주: 미국의 고급 백화점 체인), 인튜이트(Intuit, 역주: 중소기업, 스몰 비즈니스와 개인 사업자를 위한 재무, 회계, 결제 등 금융과 관련한 소프트웨어를 개발하는 미국 기업), 마스터카드(Mastercard), 웰스 파고(Wells Fargo, 역주: 미국에서 4번째로 큰 은행으로 다국적 금융 서비스를 제공하는 기업), 인텔(Intel), 퀄컴(Qualcomm), 포드(Ford)

와 같은 회사는 모두 내부 혁신을 위해 이러한 접근법을 사용했다.

대기업은 독립된 브랜드 실행 조직을 통해 사업적으로 충분히 감당할 수 있는 범위 내에서 제품, 제품 브랜딩 및 브랜드 구축이 모두 포함된 실험을 신속하게 실행할 수 있다. 린 방법론은 적은 자본을 가지고 아이디어를 고객에게 빠르게 테스트해야 하는 환경에서 태어났다.

대기업 내에서 독립된 브랜드 실행 조직을 확장하여 활용하면 핵심 브랜드를 보호하는 동시에 린 원칙을 신속하고 지속적으로 구현할 수 있다.

창고, 트럭 및 웹 인프라에 10억 달러를 투자한 웹밴과 가능한 한 가장 가벼운 전자 상거래 사이트와 재고 없이 시작한 자포스의 차이를 생각해 보자. 두 회사는 1999년에 설립되었지만 웹밴은 10억 달러의 투자금 손실을 안고 2년 만에 파산했다. 반면 자포스는 2009년 아마존에 약 12억 달러에 인수되며 6천만 달러를 투자한 투자자들에게 큰 수익을 안겼다.

자포스는 무엇을 다르게 했는가? 자포스는 린 스타트업 방법으로 최소 구현 가능 제품(MVP), 최소 실행 가능 브랜드(MVB)를 빠르게 출시하여 고객과의 관계를 구축함으로써 오프라인 신발 소매점과 같이 신발을 판매하면서 최고의 고객 서비스에 중점을 두는 그들의 사업 목적(사업을 하는 이유)이 효과가 있다는 것을 입증했다. 이와는 대조적으로, 웹밴은 성장과 성공을 지속할 수 있는 고객들과 강력한 관계를 구축하기 전에 대규모의 광범위한 투자를 먼저 진행했다.

당신의 회사가 자포스 같은 성공을 거둘 수 있다고 상상해 보라. 독립된 브랜드 실행 조직의 확장은 최소 실행 가능 브랜드를 빠르게 실행하게 하고, 자동화된 테스트의 결과를 수용하고 지속적인 검토를 가능하게 한다. 그리고 스프린트 방법론, 페르소나 매핑, 그리고 개발-측정-학습의 사이클 실험과 같은 스타트업에 실행하는 프로세스를 구현할 수 있게 한다. 충분한 리소스를 보유한 대기업은 종합적인 관점에서 이러한 것들을 구현하기에 충분하다.

독립된 브랜드 실행 조직은 전체 브랜드를 한순간에 위험에 빠뜨리지 않고 기업이 스타트업처럼 혁신할 수 있게 한다. 이 방식은 이 실험에 참여한 고객들에게 접근할 수 있는 권한을 기업 내부의 스타트업 조직에 부여함으로써 다양한 채널, 리소스 및 플랫폼을 통해 고객 참여를 유도할 수 있다.

새로운 제품을 지속적으로 출시하는 기업에 독립된 브랜드 실행 조직은 완벽하게 통합되고 연속적인 혁신을 이끌어내는 최상의 병렬 혁신 방법이다. 스타트업과 마찬가지로 기업은 새로운 제품과 제품군을 새로운 가치를 창출하고 발견할 기회로 생각해야 한다.

디즈니 애니메이션 <토이 스토리>의 성공은 전례가 없는 것이었다. 비평가들이 역대 네 번째로 높은 평점을 주고, 관람객이 줄지어 몰려들었다. 1995년, 미국에서 <토이 스토리>보다 더 많은 티켓을 판매한 영화는 없었다. 그러나 <토이 스토리>는 월트 디즈니 애니메이션 스튜디오가 만들지 않았다. 그 당시 거의 알려지지 않은 스타트업인 픽사가 최초의 컴퓨터 애니메이션 기능으로 새로운 지평을 열었고, 그동안 디즈니가 강력한 유대관계를 맺지 못했던 젊은 성인 타깃들과 새로운 관계를 형성하는 계기가 되었다.

디즈니에 <토이 스토리>의 배급은 컴퓨터 애니메이션을 통한 완전히 새로운 제품의 탄생을 의미했는데, 이는 독립된 브랜드 실행 조직의 확장 개념인 픽사에 의해 비롯되었다. 그러나 픽사가 하룻밤 사이에 성공한 것은 아니었다. 그들은 몇 편의 단편 영화, 상업광고 그리고 니켈로디언(Nickelodeon, 역주: 5센트 동전인 니켈로 입장할 수 있는 미국의 초기 영화관)과 <세서미 스트리트(Sesame Street, 역주: 미국의 유·아동 TV 프로그램)>의 3D 단편을 만들면서 컴퓨터 애니메이션의 얼리어답터를 강력한 추종자로 만들었다.

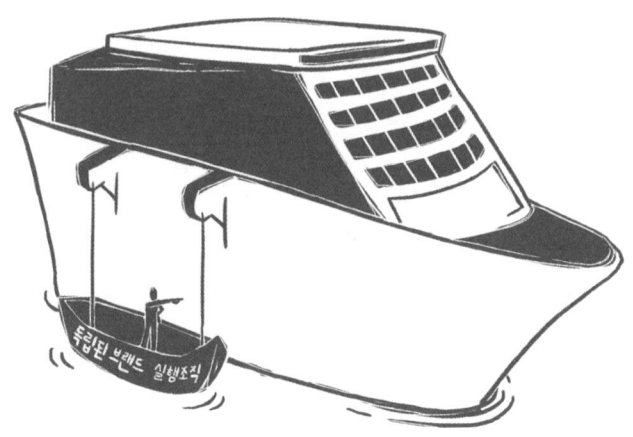

리-브랜드: 규모가 큰 기업에서 린의 적용

전사적인 '리브랜딩'을 통해 혁신을 시도하는 기업의 경우, 린 브랜드 기법을 적용하는 변수는 규모다. 일반적으로 리브랜딩을 진행할 경우 빅데이터 분석, 포커스 그룹 형태의 시장 조사, 그리고 전통적인 브랜드 에이전시들을 활용했다. 현시대에 빅데이터와 포커스 그룹과 같은 전통적인 모델은 진정한 혁신을 위한 방법을 찾는 유일한 기법은 아니다.

대신, 린 브랜드 기법을 구현하는 것은 새로운 '브랜드'가 사용될 규모에 맞춰져야 한다. 제이씨페니(JCPenny, 역주: 미국이 최대 백화점 중 하나)는 빅데이터 트렌드를 반영하여 최근 리브랜딩을 시도했지만 결국 실패했다. 그들은 외부로 보이는 상징 요소에 수백만 달러를 투자했으나 그들의 접근 방식에는 고객들과의 소통이 빠져있었다.

갭(GAP)의 부활은 또 다른 이야기다. 이들의 성공은 패션 블로그와의 파트너십을 통해 얻은 검증된 학습에 의해 가능했다. 다양한 패션 블로그의 고객들을 대상으로 한 최소한의 실험을 통해 학습한 내용을 기반으로, 수년간의 매출 감소 후에 의미 있는 반등을 할 수 있었다.

린 브랜딩을 통한 리브랜딩은 빠르게 실행하고, 테스트를 자동화하며, 피드백을 통해 아이디어를 검증하게 한다. 아울러, 지속적으로 MVB를 구축하여 가능한 한 최대한 가까이 고객에게 다가갈 수 있다.

기업에 린 브랜딩을 적용할 때 핵심은 제품 혁신과 브랜드 혁신을 연결하는 방법을 찾는 것이다. 고객은 제품과 브랜드를 별도의 개체로 인식하지 않고 하나의 총체적인 가치를 제공하는 것으로 인식한다. 린 브랜딩은 제품과 브랜드 두 측면에 투여된 노력이 고객에게 매력적이고 가치 있게 결합되는 강력한 방법을 제공한다.

린 브랜딩은 실험하고 혁신을 수용하며 검증된 학습에 따라 움직이는 문화를 만들고 육성하는 데 도움이 된다. 대기업은 자원과 자본 면에서 누구보다 유리할 수 있지만 독립적인 스타트업에 발생하지 않는 어려움에 직면해 있다. 린 브랜딩은 기존 브랜딩 작업에 연결성과 접근성을 높이며 궁극적으로 기업에 더 큰 가치를 제공할 수 있도록 도와준다.

12장

린 브랜드 스택

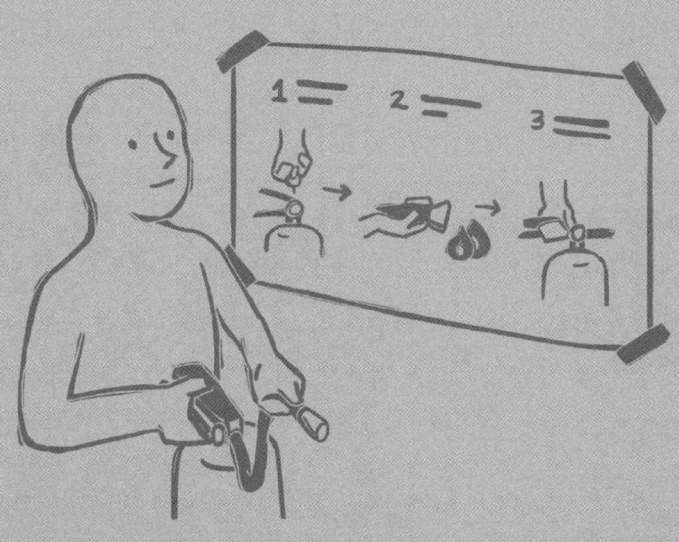

이론과 도구, 도구와 이론

브랜드 개발에 도움이 되는 거창한 이론이나 도구는 상당히 많다. 서점에는 브랜드 개발의 과정과 아이디어를 알려주는 다양한 책들로 가득하다. 인터넷상에는 수많은 케이스 스터디, 기기, 방법론, 전문적인 조언들이 넘쳐난다. 스타트업에 어떤 아이디어와 도구가 고객들과 지속 가능하고 열정적인 관계를 형성하는 데 도움이 되는지가 필요하다.

브랜드를 개발할 때도 DIY(Do It Yourself) 가이드와 전문적 조언을 맹목적으로 받아들이지 않는 것이 좋다. 1990년대 후반 많은 로고를 어려움에 빠져들게 했던 '스우시(나이키의 로고) 일화'나 2009년 웹 2.0 트위터의 모방자들이 겪었던 어려움을 떠올려 보라. 대부분의 경우 트렌드를 따르는 것은 장기적으로 큰 영향력이나 감동을 주지 못하며 예측 가능한 뻔한 결과를 초래한다.

진정한 가치를 발견하고 창조하기 위해서는 브랜드 형성(이론)에 접근하는 방식에서 확고한 기반과 적용 가능한 도구가 있어야 한다. 또한 둘 사이의 교차점을 인식하는 방법도 배워야 한다. 즉, 접근 방식과 활용할 도구는 불가분의 관계다.

린 브랜드 프레임워크는 사람들과 수립한 관계의 토대를 형성하기 위한 방법론을 제공한다. 하지만 모든 방법론과 마찬가지로 어떤 체계는 체계의 작동을 돕는 도구에 의해 뒷받침된다. 지금까지 각각의 장에서 이 책의 아이디어를 적용하고 사용하는 방법을 제시했다. 사무실 밖에서의 활동에서부터 자기 성찰적인 활동에 이르기까지 브랜드 개발이 성공으로 이어지기 위한 제안을 한 것이다.

또한 린 브랜드로의 여정을 도울 구체적인 도구들을 제시했다. 좀처럼 업데이트되지 않고, 만들어지는 데 오랜 시간이 걸리며, 장기적인 방안으로는 거의 사용되지 않는 광범위한 '브랜드 전략 계획'과 달리, 이 도구들은 고객들의 가치 발견에 도움을 줄 것이다.

린 브랜드 스택

린 브랜드 스택(Lean Brand Stack)은 빠르게 집중하고, 가능한 한 많은 것을 배우고, 관객들과 열정적인 관계를 구축할 수 있도록 도와주는 도구들이다. 스택에는 페르소나 그리드, 최소 실행 가능 브랜드 캔버스, 실험 맵, 가치 흐름 매트릭스 등 네 가지 기본 도구들이 포함되어 있다.

스택은 이 책에 수록된 아이디어를 실제로 적용하는 데 도움이 될 것이다. 이는 기업의 열정적인 고객을 만드는 리소스로 활용되고, 자신의 가치 제안을 이해하고 개선하는 데 도움이 되는 진단 도구로 사용될 수 있다. 앞서 설명했던 네 가지의 도구는 개발-측정-학습의 사이클 내에서의 연속적인 순환을 통해, 의도적으로 하나의 스택으로 구성했다. 스택을 활용해서 팀, 이사회 또는 도움이 될 수 있는 다른 누군가와 함께 브랜드 개발 작업을 할 수 있을 것이다.

스택이 포함하고 있는 도구들은 완성해야 할 과업 그 자체가 아니라, 과업을 위한 발판에 불과하다는 것을 기억해라. 스택은 브랜드 아이디어를 빠르게 스케치하고, 새로운 실험을 하고, 결과를 측정하도록 도울 것이다.

모든 과업을 수행하면서 전반적인 효과를 내기 위해 도구를 바꾸지 마라. 린 브랜드 프레임워크의 전체적인 목적은 감성적 가치와 그 가치가 누구를 위해서 만들어지는지를 발견하는 것이다. 이를 발견하는 데에는 다양한 방법이 있다. 그것이 바로 방법론을 적용하는 데 너무 기계적으로 되지 않으면서 이를 수용해야 하는 이유다. 각각의 기업의 여정은 다르게 진행될 것이기 때문이다.

실행하는 모든 실험, MVB 그리고 각각의 학습 내용이 당신의 가치 제안에 열정적인 고객을 형성할 수 있도록 이끄는 것이 중요하다. 이제, 각 도구에 대해 자세히 살펴보고 린 브랜드 스택을 가장 잘 사용하는 방법에 대해 알아보자.

린 브랜드 스택 파일은 http://leanbrandbook.com 에서 내려받을 수 있다(역주: 한국어 버전은 https://cafe.naver.com/theleanbrand 에서 내려받을 수 있다).

페르소나 그리드

페르소나 그리드(Persona Grid)는 고객에 관한 것이다. 말을 걸고 있는 고객에 대해 학습하는 정보를 간단하고 빠르게 요약하는 방법을 제공한다. 그리드는 관찰과 해석이라는 두 기법을 사용하여 고객의 요구를 이해하고 당신이 집중하는 고객의 범위를 좁히도록 설계되었다. 그리드 왼편에는, 고객을 관찰할 수 있는 것에 초점을 맞추어라. 그들의 삶과 일을 분석하여 페르소나의 특징을 밝혀내라. 그리드 왼쪽에 있는 '표정(Looks)'과 '삶(Life)' 박스를 사용하여 고객에 대한 데이터를 수집하라.

그들은 어떻게 생겼는가?
그들은 어디에 사는가?
그들은 결혼했는가, 혹은 싱글인가?
그/그녀의 하루는 어떠한가?

그리드의 오른쪽에는 고객들로부터 해석할 수 있는 것에 초점을 맞추어라. 직관과 공감을 이용해 무엇이 고객을 움직이는지 이해하려고 노력하라. 그리드 오른쪽에 있는 '좋아하는 것들(Likes)'과 '사랑(Love)' 박스를 모두 사용하여 고객의 캐릭터에 대한 직관적인 데이터를 수집하라.

그/그녀의 열망은 무엇인가?
그들의 가장 강력한 믿음은 무엇인가?

그들은 심심할 때 무엇을 하는가?
그들은 무엇이 되고 싶어 하는가?
그/그녀의 성격은 어떠한가?

페르소나의 표정, 삶, 좋아하는 것, 사랑의 조합은 실제 고객의 고려사항을 대화 내용에 추가함으로써 MVB를 둘러싼 결정에 중심을 잡는 데 도움이 될 것이다. 또한 개발 프로세스를 활용하여, 고객을 테스트하고 우선순위를 지정할 수 있는 빠르고 저렴한 방법을 제공한다. 각각의 페르소나 유형에 대해 별도의 그리드를 사용하고 작업 중인 모든 다양한 코호트 그룹에 필요한 만큼의 페르소나를 생성해야 한다.

페르소나 그리드를 가장 가치 있게 사용하려면 실제 인물을 찾아 페르소나가 존재하는지 확인해야 한다. 이 사람들은 당신의 가설, MVB, MVP을 테스트하고, 검증하거나, 무효화하는 사람들이 될 것이다. 고객에 대한 새로운 학습 내용을 바탕으로 다시 페르소나 그리드로 돌아와, 각각의 박스를 새로운 통찰로 업데이트하라. 시간이 지나면, 성장을 위해 더욱더 가치 있는 정보를 만들어 내는 고객들의 선호, 열망, 행동에 대한 더 명확한 그림을 볼 수 있을 것이다.

정기적으로 페르소나를 다시 보아야 한다. 삶의 경험이나, 새로운 변화에의 노출 아니면 일시적인 변덕으로 인해 사람들은 변한다. 항상 고객을 깊이 들여다보고 그들을 실시간으로 이해해야 한다.

페르소나 그리드

포착하고, 시험하고, 관련성 높은 고객의 데이터를 업데이트하라.

페르소나의 이름 :

좌 기술 : 분석 + 관찰 초점 : 고객의 특징 목표 : 밝혀내기	우 기술 : 직관 + 해석 초점 : 고객의 캐릭터 목표 : 이해하기
표정 외모 - 고객을 대표할 수 있는 이미지나 사진을 넣어라. - 가능하면 제품을 사용할 곳을 보여주는 이미지도 포함하라. (직장, 집, 놀이 등)	**좋아하는 것들** 성격특성 - 공통적인 특성을 작성하라. - 재미 또는 휴식을 위해서 무엇을 하는가? (활동 또는 취미) - 가장 좋아하는 웹사이트, 잡지, 블로그 등은 무엇인가? - 관련 있는 다른 사고방식, 가치관 또는 행동을 작성하라.
삶 인구 통계 자료 - 그들의 하루는 어떠한가? - 그들이 사는 곳은 어디인가? - 교육 수준 및 배경? - 결혼 또는 연애 상태? 자녀는? 애완동물은? - 최근 하는 일 또는 직업 환경을 설명하라. - 이전 직무 경험 또는 이력 - 친구, 직장 동료는 어떠한가?	**사랑** 열망 - 가장 강한 신념과 의견은? - 이루고 싶은 것, 향상시키고 싶은 것은? 어떻게 그들을 도와야 하는가? - 누구를 또는 무엇을 우상으로 여기는가? 그들은 누가 되고 싶어 하는가? 어떻게 그들을 도와야 하는가? - 그들이 원하는, 기대하는 경험의 종류는? 무엇이 그들을 기쁘게 하는가?

최소 실행 가능 브랜드(MVB) 캔버스

MVB 캔버스는 MVB 작업을 시작할 수 있도록 하는 도구다. 브랜드가 최소한의 노력과 최소한의 개발 시간으로, 개발-측정-학습의 사이클을 경험할 수 있도록 도와 준다.

캔버스는 개발을 위한 도구이자, 여러 번 반복하여 의도적으로 브랜드를 개발하려는 노력을 뒷받침하는 진단 도구의 역할을 한다.

캔버스를 활용하여 처음 얻은 결과에 머무르지 마라. 다양한 반복 작업을 통해서 도구를 사용해 가장 최고의 결과를 얻어라. 가장 뛰어난 결과를 만드는 길을 찾을 수 있도록 대안을 떠올리고, 비교하고 또 대조하라. 빈칸을 채우는 것만으로는 한 걸음도 나아갈 수 없다.

MVB 캔버스는 크게 인쇄하거나 화면에 투사해서 사람들이 각각의 요소들을 함께 떠올리고, 가설을 세우고, 토론하는 것이 가장 효과적이다. 캔버스로 작업을 시작할 때 각각의 칸 안에 해당하는 아이디어에 대해 포스트잇을 사용하는 것이 좋다. 아이디어는 유동적이어야 하는데 포스트잇을 활용하면 아이디어가 유연하게 유지될 수 있다.

또한 아이디어를 표현할 만한 단어와 도면, 사진 또는 기타 시각적 이미지를 사용할 것을 권장한다. 컬러, 모양, 그림, 낙서 그리고 스케치는 아이디어의 이해를 심화시키고, 큰 그림을 보는 시야를 키워준다. 마지막으로, MVB 캔버스를 지속적으로 활용하면 새롭거나 성공적인 브랜드를 체계적으로 이해하는 데 도움이 된다.

MVB 캔버스
당신의 MVB를 개발, 실험, 반복하라.

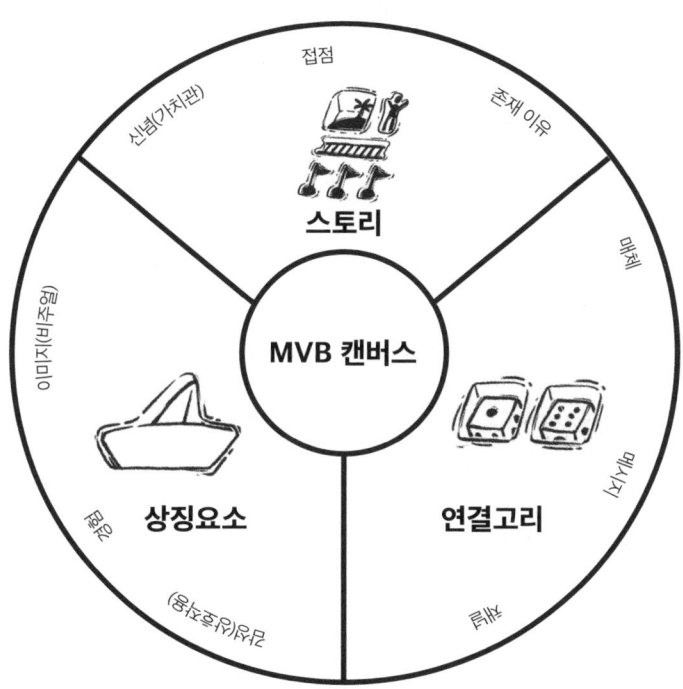

필수 항목

항목 :
회사명 :
페르소나 구분:
날짜 :
반복횟수:

디자인 : 제레마이어 가드너, 디 코프랜드 페이션스(Dee Copeland Patience)
린 브랜드 | LeanBrandBook.com | #린브랜드 #TheLeanBrand
버전 1.0 | Copyright ⓒ2014 제레마이어 가드너 | All Rights Reserved

캔버스 구성

스토리

스토리는 당신의 스토리를 의미한다. 창업가로서의 당신이 누구인지, 그리고 스타트업으로서의 당신이 누구인지, 왜 사람들이 당신과의 관계에 관심을 가져야 하는지를 말한다. 이는 당신이 어떤 문제를 해결하려 하는지, 이 문제를 해결하려는 이유가 무엇인지를 정의하는 특별한 접점이다.

상징요소

상징요소에는 당신의 스토리가 투영되어 있다. 존 디어의 초록색 트랙터와 코로나(Corona)의 라임을 기억하는가? 스토리를 투영하고 당신이 누구인지를 통해 사람들을 끌어모으는 상징요소를 찾는 것이 목표다. 멋진 상징요소는 감성적 가치를 투영하고 고객과 맺는 관계를 반영한다.

연결고리

연결고리는 공유된 가치를 만들어가는 여정에 사람들이 참여할 수 있도록 적극적으로 요청하는 것이다. 무엇을, 어디에서, 어떻게 말하는지에 대한 밑그림을 그림으로써 연결고리는 사람들이 어떻게 반응하는지에 영향을 미친다.

MVB 캔버스 사용하기

스토리에서 시작하라. 캔버스의 스토리 칸에 포스트잇, 그림, 낙서, 단어, 이미지, 그리고 당신이 가진 그 무엇이든 사용해서 창업 스토리에 대해, 스타트업으로서 무엇을 추구하는지, 고객과의 접점이 무엇인지 그리고 무엇이 되고 싶은지에 대해 밑그림을 그려라. 그러고 나서 이 모든 아이디어를 당신이 누구인지를 가장 잘 보여주는 하나의 설득력 있는 스토리로 좁혀 보라. 이 스토리는 당신이 고객과 구축하고자 하는 관계를 반영하는 하나의 단어, 단락 혹은 몇 문단일 것이다. 스토리에 대한 아이디어를 캔버스에 반영했다면 상징요소로 이동하라.

캔버스의 상징요소 부분에는 앞서 정의한 스토리를 가장 잘 투영한다고 믿는 단어, 이미지, 그리고 상징요소의 샘플까지도 사용하라. 잡지에서 사진을 오리거나, 수집해 오던 비즈니스 카드를 붙여도, 그 상징요소 자체를 캔버스에 붙여도 좋다. 어떤 상징요소가 가장 고객을 잘 끌어들이리라 생각하는가? 어떤 상징요소가 가장 열정적인 방식으로 스토리를 표현하는가? 어떤 상징요소가 기업으로서의 당신을 가장 잘 나타내는가? 이 상징요소란 MVB를 활용하여 반복적으로 테스트해야 한다.

마지막으로 캔버스의 연결고리 항목으로 넘어가자. 어떻게 고객과 관계 맺고 싶은 열망을 가장 잘 전달할 수 있을까? 무엇을 말해야 할까? 어떻게 그것을 말할 것인가? 어디에서 연결고리에 대해 전달할 것인가? 톤이나 목소리, 만들고 싶은 콘텐츠, 그리고 잘 적용할 것이라고 생각하는 매체에 대해 생각하라. 스토리를 가장 잘 이야기할 수 있는 구체적인 예시, 구체적인 채널, 그리고 구체적인 단어를 사용하라. 그리고 고객들에게 MVB를 활용하여 반복적으로 테스트해 보고 싶은 하나의, 경쟁력 있는 연결고리로 결정해라.

반복적인 MVB를 시험하기 위해서 도구는 개발-측정-학습 사이클을 활용하라. 8장에서 설명한 감성적 가치 측정 지표를 사용하여 각 구성 요소가 고객들에게 어떻게 영향을 미칠지를 구체적으로 측정하고 싶을 것이다. 사람들이 상징요소를 환영하는가, 혹은 무시하는가? 스토리를 널리 퍼뜨렸는가, 실패했는가? 고객이 당신과 함께하고자 하는가 혹은 관계 맺음에 실패했는가? 어떤 항목에 대해서 반복적으로 테스트해 보아야 하는가? 무엇을 더 확장하고 싶은가?

첫 번째 실험으로부터 얻은 결과를 활용해서 새롭게 캔버스를 그리고 가설을 세우고 다음 MVB 실험을 추적할 수 있다. 이렇게 하면 MVB 캔버스는 동시에 아이디어의 밑그림을 그릴 수 있는 도구이자, 연속적인 실험, 학습 그리고 반복을 통해 고객과의 관계의 성장을 측정할 수 있도록 하는 진단의 도구이기도 하다.

실험 맵

실험 맵(Experiment Map)은 제품-시장-브랜드 적합성을 찾을 때 경험할 수많은 실험 사이클을 문서화하기 위해서 디자인되었다. 실험 맵은 시간에 따른 여정을 문서화하고, 팀 구성원, 투자가, 자문, 그리고 심지어 당신 스스로와 성과에 관해서 이야기하기 쉽게 만들어준다. 우리는 수백 개의 실험을 진행했고 결과는 모두 만족스러웠다.

실험 맵은 실험을 기록하는 것에 초점을 맞춘다. 이것은 특히 워크숍이나, 해커톤, 부트 캠프, 액셀러레이터와 같은 이벤트에서 유용하다. 이는 또한 존재하는 제품을 발전시키는 데 매우 유용하고, 빠른 성장을 위해서 개발-측정-학습의 사이클을 사용할 때도 유용하다.

이것은 진행하는 과정에 따라 스티커를 붙일 수 있는 포스터 프린트 형태로 디자인되었다. 포스터의 특성는 다양한 이유에서 가치가 있는데, 실험에 대해서 단순한 구조를 제공하고, 새로운 실험을 할 때도 규칙에서 벗어나지 않도록 해준다.

각각의 칸으로 내려가면서 내용을 기록하는데, 이는 나중에 스토리에 적용할 때 쉽게 접근할 수 있도록 돕는다. 실험 맵의 사용은 새로운 구성원들이 빨리 따라잡기 쉽게 만들고, 성장을 눈에 보이는 방식으로 측정할 수 있도록 한다.

실험 맵의 사용

먼저 믿고자 하는 가정을 수립하고, 그다음 이러한 가정을 검증하기 위한 핵심 가설을 세워라. 가설을 바탕으로 측정 가능한 행동과 타깃을 포함하여, 이후 실행할 잠재적 실험을 문서로 만들어라.

실험이 끝난 후에, 결과와 새로 얻은 학습 내용과 통찰에 대해 기록하는 것을 잊지 마라. 그리고 이 새로운 데이터를 다음의 결정을 내리는 데 사용하고, 또 그 과정을 반복하라. 각각의 실험을 기록한 실험 맵을 통해 성장 과정을 확인할 수 있다.

모든 내용을 포스트잇에 쓰고 그에 해당하는 칸에 붙여라. 작은 크기의 포스트잇은 답을 간결하게 만들고 문제를 작은 부분으로 나누어 볼 수 있도록 도와준다. 모든 실험을 한눈에 보면 다양한 인사이트를 서로

린 실험 맵

시간의 흐름에 따라 눈에 가장 잘 띄는 방식으로 추적하라.

시작

믿음의 도약 가정
증거 없이도 사실이라고 받아들여지는 것

지금 상황에서 근거가 가장 부족한, 당신의 생각에 가장 위협적인 가정을 쓰시오.

3X3 스티커를 각 상자에 붙여라.
각 루프열 아래로 이동하라.
시간 경과에 따라 당신의 진행 상황을 기록하라.

루프	루프	루프	루프
✓	✓	✓	✓

가설
믿음의 도약 가정에 대한 구체적이고 측정 가능한 설명

우리가 X한다면, 고객의 Y%가 Z의 방식으로 행동할 것이다.

실험
가능한 빨리, 가설을 검정하는 데 필요한 최소치를 작성하라.

단순하게 확인하고 학습하지 마라. 당신의 생각을 검증하는 데 중요한 실제적 행동뿐 아니라, 뜻밖의 순간을 잡기 위한 방법을 포함하라.

행동
말보다 행동이 중요하다.

가설과 연관된 진짜 고객의 행동을 측정하라.
가능한 한 '화폐'의 교환을 장려하라. 조사는 하지 말고!

타깃
최소 성공의 문턱에 이르다.

만약 사실이라면, 그리고 수행하고 있는 실험과 관련 있다면 팀을 흥분시킬 수 있을 만큼 높은 숫자를 선택하라.

가능한 한 빠르게 최소한의 비용으로 실험을 수행하라. 실험을 수행하라 실험을 수행하라 실험을 수행하라 실험을 수행하라

실제 결과
통찰력은 고객을 생각하는 방식이나 우리의 생각에 따라 변한다.

실험을 통해 실제 측정한 것을 기록하고 새로운 행동과 뜻밖의 일에 주의를 기울여라.

왜?
관찰한 행동은 무엇인가?

관찰 가능한 행동, 생생한 피드백과 당신이 처음으로 목격한 반응을 기록하라. 그것은 실제 결과에 영향을 미칠 것이다.

새로운 인사이트
통찰력은 고객을 생각하는 방식이나 우리의 생각에 따라 변한다.

특이한 발견은 물론, 실험을 통해 알게 된 새로운 정보를 기록하라.

새로운 증거는 무엇인가? 학습한 내용을 논의하라. 학습한 내용을 논의하라. 학습한 내용을 논의하라. 학습한 내용을 논의하라.

결정
다음 단계로 가라 – 앞으로 전진하라

경과에 따라 당신의 증거에서 추세를 찾아라.
모든 해답을 갖고 있는 실험은 없다. 반복? 보존? 회전?

이 결정은 당신의 증거에 기반하는가? 다음 루프로 이동 다음 루프로 이동 다음 루프로 이동 다음 루프로 이동

버전 2.0 | Copyright © Moves the Needle | All Rights Reserved | www.MovesTheNeedle.com

루프 ✓	루프 ✓	루프 ✓	루프 ✓	루프 ✓	루프 ✓	루프 ✓	루프 ✓	루프 ✓
실험을 수행하라	실험을 수행하라	실험을 수행하라	실험을 수행하라	실험을 수행하라	실험을 수행하라	실험을 수행하라	실험을 수행하라	실험을 수행하라
학습한 내용을 논의하라	학습한 내용을 논의하라	학습한 내용을 논의하라	학습한 내용을 논의하라	학습한 내용을 논의하라	학습한 내용을 논의하라	학습한 내용을 논의하라	학습한 내용을 논의하라	학습한 내용을 논의하라
다음 루프로 이동 ↺	다음 루프로 이동 ↺	다음 루프로 이동 ↺	다음 루프로 이동 ↺	다음 루프로 이동 ↺	다음 루프로 이동 ↺	다음 루프로 이동 ↺	다음 루프로 이동 ↺	다음 루프로 이동 ↺

4부 : 지속적 반복

연결하고 개선 과정을 확인할 수 있다.

가치 흐름 매트릭스

　모든 성공적인 기업은 열정적인 고객을 만들기 위해서 몇 단계를 필수적으로 거쳐야 한다. 가치 흐름을 통해 고객의 최종 가치를 전달하는 과정을 직접 확인할 수 있다. 고객들은 당신이 누구인지 알아야 하고 당신에게 제공하고자 하는 가치에 흥미를 느끼고 신뢰해야 한다. 또한 구매하는 것에 확신하고 그 구매가 가치 있으리라 희망을 품고 그 가치 제안에 만족해야 한다. 이를 통해 당신과 당신에게 제공하는 가치에 대해 열정적인 고객이 된다. 가치 흐름 매트릭스(Value Stream Matrix)는 당신을 정의하고 가치를 찾아가는 노력을 추적할 수 있는 도구다.

　스타트업의 계획에 상관없이 할 일은 어떤 가치가 생성되는지, 누구를 위해서 생성되는지, 그리고 그것이 상상하는 사업을 뒷받침할 만큼 큰 시장을 가지고 있는가이다. 기존의 콘셉트와 실제 결과물 간의 간극에 생각을 통해 근본적인 변화를 만들 것이다. 고객과 어떻게 관계를 맺어 나갈지에 대한 초기의 가정이 틀렸다고 판명될 수 있다. 하지만 그것은 잘못된 게 아니다. 그것은 기업들이 고객에게 가치를 어떻게 전달할지를 배우는 방식이다. 목표는 최소한의 노력으로 기업이 성공하기 위해 무엇이 근본적으로 필요한 것인지를 배우는 것이다.

　가치 흐름 매트릭스는 포스트잇을 붙일 수 있는 출력 가능한 형태로,

발견한 가치 흐름을 추적할 수 있도록 디자인되었다. 각각 흐름의 단계(인식, 흥미, 신뢰, 확신, 희망, 만족, 열정)에서 고객이 다음 단계로 나아가기를 원할 것이다. 당신은 그들이 다음 단계로의 진전하기 위해서 구체적인 행동을 취하기를 바랄 것이다. 기업으로서 고객들이 행동을 취할 수 있도록 이끌 만한 무언가를 하거나 가지고 있어야 한다. 각각의 단계에서 취할 수 있는 다양한 대응책을 생각하기는 어렵지 않지만 가장 중요한 목표는 무엇이 최선인지를 찾는 것이다.

가치 흐름 매트릭스를 사용하여 최상의 시나리오에 대한 답을 찾고, 실험 맵을 활용한 실험과 검증을 통해 이 시나리오를 검증해야 한다. 그 시나리오가 실제로 기능할 수 있도록 해라. 그리고 페르소나 그리드를 활용하여 고객이 당신을 처음 접하고 당신과의 관계에서 마침내 열정적으로 되는 '이상적인' 방법을 찾아라. 기억하라. 고객은 가치 흐름 과정에서 한발 더 나아갔다는 것을 보여주기 위해 행동을 취할 것이다. 달리 말하자면, 고객이 어떻게 다음 단계로 나아갔는지를 확인하기 위해 고객의 움직임을 측정할 필요가 있다. 이는 간단한 분석으로 가능할 수도 있지만 때때로 더 큰 노력을 필요로 한다. 어떤 경우에도 가장 최적화된 가치 흐름을 찾기 위해서 반드시 가치 흐름 매트릭스에 그 결과를 기록하라.

가치흐름 매트릭스

가치 흐름을 발견하라, 추적하라, 반복하라.
매트릭스나 세분화 : _____ 날짜 : _____
조직 : _____

- 성장동력 → 열정
- MVP → 만족
- 전환 → 확신
- 신뢰
- 유입 → 흥미
- 확보 → 인식

각 단계별 : 고객 행동 / 조직 행동 → 결과 → 결과

디자인 : 브렌든 쿠퍼, 제레마이어 가드너
린 브랜드 | LeanBrandBook.com | #TheLeanBrand
Moves the Needle | All Rights Reserved | www.MovesTheNeedle.com
버전 1.0 | Copyright © 2014 Moves the Needle | All Rights Reserved | www.MovesTheNeedle.com

그게 아니라 이것, 이게 아니라 그것

삶의 대부분이 그러하듯 린 브랜딩은 선택의 연속이다. 선택에 따라 고객들과 연결될 수도, 동시에 그 관계가 잘못되었다고 이해하게 될 수도 있다. 브랜드 개발의 어떠한 선택도 일방적이지는 않다.

예를 들어 자신을 이단아라 칭한다면 주류가 아니라고 말하는 것이다. 자신을 파랑이라고 하면, 초록, 노랑, 검정, 보라 등이 아니다. 어떠한 결정도 진공 상태에서 만들어지지 않는다. 모든 결정은 고객들과의 소통에서 나온다. 당신은 그것이 아니라 이것이며, 이것이 아닌 경우에는 그것이다.

가치의 발견과 전달은 고객과의 관계를 결정하는 렌즈가 되어야 한다. 만약 어떻게 가치를 창출해야 하는지 이해하지 못했다면 당신은 죽음의 계곡으로 빠르게 여행하게 될 것이다. 브랜드 생성에 관한 모든 결정은 가치 창출의 렌즈를 통해서 필터링되어야 한다. 결정은 고객과 맺고 있는 관계, 회사의 비전, 보유하고 있는 자원, 만들어나가고 있는 환경을 고려한 것이어야 한다.

스타트업이 해야 할 일은 학습에서 시작한다. 그래서 결정은 실험과 반복을 통해서 검증된 학습 결과에 근거해야 한다는 것을 기억해라. 배운 것 위에 서서 그것을 통해 성장하라.

린 스타트업 운동

지난 몇 년간 린 스타트업 운동은 상당한 관심과 인기를 끌었다. 이 운동은 커뮤니티 이벤트, 스타트업 보육 기관, MBA 프로그램, 대기업 그리고 전 세계의 신흥 스타트업에 영향을 미쳤다. 인기뿐만 아니라 효과도 있었다. 소셜 임팩트 커뮤니티에서부터 최첨단 테크 기업까지 다양한 분야의 수많은 성공 스토리를 만들어냈다. 린 스타트업 커뮤니티는 산업, 아이디어, 문화를 발전시키기 위해 일하는 놀라운 혁신가로 가득하다.

린 브랜드 방법론은 스타트업이 린 스타트업으로서 이미 적용하고 있는 활동과 아이디어들을 브랜드 개발에 통합할 수 있는 토대를 제공함으로써 린 스타트업 운동을 확대했다.

린 스타트업과 린 사업가가 혁신적인 제품을 만들기 위한 방법론과 테크닉을 제공한다면, 린 브랜드는 혁신적인 관계 개발에 초점을 맞춘다. 린 스타트업, 린 사업가, 그리고 린 브랜드가 제안하는 아이디어와 실행을 결합을 통해 가치 주도형 시장에 필요한 혁신, 창조, 그리고 가치 개발을 위한 플랫폼을 제공한다.

성장 과정에서 핵심 요소는 개발-측정-학습의 사이클을 통해 가설을 '현실적' 환경에서 입증하는 능력이 될 것이다. 에릭 리스는 이러한 이점을 강조하며 "린 스타트업은 그들이 성장했을 때, 린 원칙을 바탕으로 운영의 효율성을 극대화할 수 있도록 자리매김하게 된다. 그들은 린 원칙에 따라서 운영할 수 있는 방법을 찾아내고, 그들의 상황에 꼭 맞는 프로세스를 개발하며, 린 기술을 사용한다."라고 말했다. 린 씽킹(Lean

Thinking)의 혜택은 막대하며 그 원칙을 중심으로 생성된 커뮤니티는 베테랑 전문가, 야망 있는 기업가 같은 사람들을 위해 사용 가능한 풍부한 자원을 제공한다. 이미 그 움직임의 일부라면 잘하고 있는 것이며 만약 그렇지 않다면 린 스타트업 운동에 동참하길 바란다.

린 브랜드 활동

린 브랜드 커뮤니티는 그 자체로서 스타트업, 크로스 해커, 에이전시, 브랜드 전문가, 기업가, 마케터, 혁신적 임원들 그리고 기업들이 새로운 가치 주도형 경제에서 브랜드 개발에 대해 기존 사고방식을 전환하기 위해 함께 참여하고 있는 활동이다.

이 책에서 우리는 브랜드 혁신에 대한 새로운 패러다임을 탐구했다. 하지만 그 아이디어들은 브랜딩에 접근하는 방식을 재설계할 수 있도록 돕는 의미로 제시된 의견일 뿐이다. 모든 의견이 그렇듯이 구체적인 환경, 시나리오, 상황 또는 시장에서 적용될 수도 있고 아닐 수도 있다.

브랜딩, 비즈니스 모델, 마케팅, 제품 엔지니어링, 디자인, 생산, 유통, 투자, 고객, 직원, 시장, 기술, 채널 그리고 기타 등등의 것은 현실 세계에서는 모두 상호 연관되어 있다. 그중 하나를 추출해 독립된 것처럼 다루면서 성공을 기대해서는 안 된다.

브랜드 개발에 초점을 두는 이유는 당신이 고객과 맺는 관계가 만들어내는 잠재 가치를 탐구하기 위함이다. 브랜딩은 자산이 아닌 실행이다.

이것이 브랜드 개발을 지속적인 브랜드의 관점에서 생각해야 하는 이유다. 지속적인 브랜드는 날마다 그리고 매일 살아있고, 성장하고, 움직이며, 모양을 바꾸며 진화한다.

린 브랜드 커뮤니티는 신앙이나 경직된 이데올로기로 자리해서는 안 된다. 단순히 린 브랜드 원칙을 기업에 적용하는 것을 넘어서서 전체적인 생태계, 접근법, 프로세스 그리고 브랜딩 그 자체를 바꾸는 것이 되어야 한다. 이를 위해서 우리는 린 브랜드 개발에 대해서 지속적으로 배우고 발전시켜야 한다. 이는 우리가 개발을 하기 위해 들인 노력의 득과 실에 대해서 공유해야 한다는 의미다. 이는 서로의 성공을 위한 원동력이 되고 그 과정에서 지지자가 되어야 한다는 의미다. 이것이 진정한 린 브랜드 활동이 보여주는 방식이다.

마지막 한마디: 선의를 위해 옳은 일을 하자

브랜드는 시장에서 영향력을 보여주는 강력한 도구다. 사업, 회사, 스타트업 등이 사람은 아니지만 이들을 구성하고 창조해내는 것은 사람들이다. 이들 기업에 귀속된 사람들이 행동하고, 생각하고, 느끼고, 소통하고 실행하는 바가 곧 사업이 전체적으로 어떻게 행동하는지를 정의한다. 얼마나 많은 브랜드 활동이 관계, 정서, 인간적인 감정에 의존하는지를 고려한다면, 이를 이해하는 것은 정말 중요하다.

브랜드는 사업에 참여한 사람들의 특성과 성격이 자연스럽게 반영되어야 한다. 또한 감정이나 관계에서 소요 비용에 대한 고려 없이 고객과 타깃 군을 조정하기 위해 사용되는 솔직하지 못한 비즈니스 전략이 되기도 한다. 사업적인 면뿐만 아니라 브랜딩 측면에서도 옳은 일을 해야 한다. 브랜딩은 특히 감성적이기 때문에 잘못 사용되었을 때 사람들에게 영향을 미치고, 생각을 바꾸고, 갈취하는 도구로 사용될 수 있다. 안타깝게도, 브랜딩을 사용해서 고객들을 비도덕적인 방향으로 조종해 한몫 챙기려 드는 회사들 역시 스토리를 가지고 있는 경우가 있다.

반대로, 브랜드가 옳은 일을 위해 사용되었을 때 이는 세상에 긍정적인 영향을 끼치는 기회를 만들 수 있다. 비록 이런저런 일들로 힘들 때도 있겠지만 고객을 돕고, 이끌고, 세상을 이롭게 하기 위해 그들이 만든 관계를 사용해서 놀라운 스토리를 만들 것이다.

스타트업의 세계에서 돈 버는 방법을 찾는 데에만 집중하는 수많은 기업이 존재한다. 그들은 "이것이 사람들의 삶을 의미 있는, 더 나은 방향으로 만들 수 있을까?"라는 질문 대신 "사람들이 이것에 대해 지불할 것인가?" 혹은 "이것으로 내가 이윤을 추구할 수 있을까?"라는 질문에 집중하면서 기회를 노린다. 이윤을 추구해서는 안 된다는 말이 아니다. 이윤은 우리가 혁신가, 게임 체인저(역주: 판을 뒤흔드는 사람), 창조자로서 추구해야 할 훨씬 더 큰 그림의 일부에 불과하다.

어려운 지점은 경제적인 활동과 사회적 가치의 균형을 맞춰 그것이 제로섬 게임이 아니라는 것을 증명하는 동시에 사회에 이익을 주는 기업이라는 존재 가치를 확립하는 힘든 결정을 해야 하는 것이다.

볼테어의 말을 빌리자면 "모든 사람은 자기가 하지 않은 모든 옳은 일에 대해 죄가 있다." 모든 면에 있어서, 옳은 일을 하라.

역자 후기

우승우

브랜드 컨설턴트로 오랫동안 일했다. 대부분의 고객은 대기업이나 글로벌 기업이었고 프로젝트의 규모도 수천만 원을 훌쩍 넘는 경우가 많았다. 브랜드와 관련한 A부터 Z까지의 전략을 제시하거나 3년 후, 5년 후의 중장기 계획을 수립하는 등 컨설팅의 결과가 실제 시장과 고객에게 적용되기까지는 꽤 많은 시간과 노력이 필요했다.

스타트업에 몸담으면서 본격적으로 린(Lean) 개념을 접했다. 불필요한 것은 모두 제거하고 꼭 필요한 것만으로, 작고 빠르게 실행하자는 린의 개념이 브랜딩에도 적용될 수 있을지 궁금했다. 브랜딩은 일관성이 중요하고 오랜 시간 꾸준하게 만들어 가야 한다는 생각이 강했기 때문이다. 하지만 《린 브랜드》를 번역하면서 브랜딩이야말로 린 개념에 잘 어울린다는 것을 알게 되었다.

공동 역자인 차상우 대표와 창업을 준비하면서 다양한 활동을 함께 했다. 어쩌면 브랜드와 관련한 다양한 활동들이 자연스럽게 창업으로 연결되었다고 할 수도 있겠다. 브랜드와 관련한 의미 있고 재미있는 비즈니스를 하자는 생각에서 《창업가의 브랜딩》이라는 책을 쓰고 Be my B라는 커뮤니티를 시작했고 아보카도라는 브랜드 플랫폼을 런칭했다. 《린 브랜드》에서 소개된 프로세스와 사례들이 신기하리만큼이나 우리의 브랜드를 만들어 가는 과정과 너무나 닮아 있었다.

카카오나 배달의 민족, 야놀자나 토스처럼 우리의 일상을 바꾸고 세상의 변화를 이끌고 있는 스타트업들의 처음을 떠올려 보자. 지금은 탄탄하고, 고도화되어 보이는 그들의 제품이나 서비스도 시작은 상상하기 힘들 정도로 작고 미약했다. 그들이 밟아온 성장 전략의 핵심은 과연 무엇이었을까? 모르긴 몰라도 과도한 전략과 오랜 준비 과정을 거치기보다 적절한 가설을 세워 빠르게 실행했고, 시장과 고객의 피드백을 바탕으로 최적의 솔루션을 찾아 완성도를 높였을 것이다. 바로 이 책에서 말하는 린 브랜딩이다. 지속 가능한 브랜드를 만들기 위해 린의 접근법이 필수임을 많은 기업들이, 성공한 브랜드가 보여주고 있다.

"나만의 브랜드. 린으로 시작하자."

차상우

꽃길만 걷지 않았다. 대기업, 글로벌 브랜드 컨설팅 펌, 그리고 창업. 지나온 과정을 보면 큰 어려움 없이 운 좋게 여기까지 온 것처럼 보이기도 한다. 하지만 지나온 하루하루는 '가시덤불을 헤치고 한걸음씩 걸어왔다.'에 더 가깝다. 그리고 험난함은 오늘도 앞으로도 다르지 않을 것이다. 다행인 건 나의 브랜드 아이덴티티인 '끊임없이 갈망하는'과 나름 일치하는 삶을 살고 있다는 것. 그래서 매순간은 어렵지만 매일은 행복이다.

브랜드, 브랜딩이라는 단어를 떠올리면 그저 보기 좋게 꾸미는 활동이라고 생각하는 이들이 많다. 하지만 디지털 세상이 되고 모든 정보를 다양한 접점에서 쉽게 확인할 수 있는 요즘, 사업과 브랜드는 분리되기 어려운 관계다. 오히려 사업을 영속하게 하는 여러 요소 중 가장 중요한 것 중 하나다. 예를 들어 우리 회사를 특정 상징요소와 연결하면 큰 투자 없이도 이 상징요소를 볼 때마다 우리를 떠올리게 할 수 있다. 실제 공동 역자인 우승우 대표와 브랜드 테크 스타트업 더.워터멜론을 운영하고 있는데, 주위로부터 꽤 자주 수박과 아보카도의 사진을 메시지로 받게 된다. '그냥 수박 보니 생각나서 보내.'라는 짧은 문장과 함께.

우리의 경우만 봐도 디지털 시대의 브랜딩은 예쁘고 멋지게 보이기 위해 돈을 쓰는 과정이 아니다. 브랜딩은 콘텐츠 또는 상품 하나하나를 개별적으로 인식시키는 데 드는 시간, 노력, 돈을 감소시키는 것, 즉 비용 최적화의 활동일 수 있다. 《린 브랜드》는 브랜딩에서 불필요한 부분에 집중해 발생하는 기회비용을 최소화하고 가장 중요한 부분에 집중하는 방법을 구체적으로 이야기한다. 이를테면 내 사업이 '지속적 혁신'과 '파괴적 혁신' 중 어느 스펙트럼에 가까운지, 그에 따라 나는 어떤 린 브랜딩 방법을 사용해야 할지 등의 현실적인 적용 방법이다.

'린 브랜드'라는 개념은 구글, 페이스북, 삼성 등과 같은 글로벌 기업 내지는 카카오, 배달의민족, 토스 등과 같은 유니콘 스타트업뿐 아니라 어쩌면 우리의 일상에도 녹아 있다. 우리의 삶은 눈앞에 맞닥뜨린 작은 이슈들을 가장 중요한 것부터 해결하고, 나와 연결된 주변의 모든 것과 끊임없이 관계를 맺어가는 과정이기 때문이다.

일도 삶과 다르지 않다. 일은 머릿속 생각을 빠르게 실행하고 시장과 고객의 피드백을 귀 기울여 듣고 학습하여, 이를 반영한 나름의 해결책을 내어놓는 끊임없는 반복의 연속이다. 나를 대표하는 상징요소를 구축하고 고객과의 관계를 두텁게 쌓아가는 과정이기도 하다. 이 책《린 브랜드》가 많은 이들의 일과 삶을 좀더 나은 방향으로 이끌어가는 길잡이가 되길 바란다.

참고 문헌

Chapter 1

1. Paul Biedermann, McGraw Hil에서 17세에 크리에이티브 디렉터로, 현재는 re:DESIGN에서 크리에이티브 디렉터로 활동.
2. Charlene Li and Josh Bernoff, Authors of Groundswell
3. American Marketing Association. 참조: The MASB Common Language Project. http://www.themasb.org/common-language-project/http://en.wikipedia.org/wiki/Brand
4. Al Ries—Author of The 22 Immutable Laws of Branding and Positioning: the Battle for Your Mind
5. Ann Handley—MarketingProfs Author with C.C. Chapman of Content Rules
6. David Ogilvy, Author of Ogilvy On Advertising
7. GM 문서 전문 확인: "The 69 Words You Can't Use at GM." Corporate Intelligence RSS. 1 May 2014. Web. 15 May 2014. http://blogs.wsj.com/corporate-intelligence/2014/05/16/the-69-words-you-cant-use-at-gm/

Chapter 2

8. AMC'S Mad Men. Mad Men: Season One. Created by Matthew Weiner. Perf. John Hamm, Elisabeth Moss, January Jones, John Slattery, Vincent Kartheiser. Lionsgate, 2008. DVD
9. 이런 시상식은 실제로 "브랜드 지니어스 어워드(Brand Genius Awards)"라고 불린다. 참조: http://www.adweek.com/brand-genius
10. Nilofer Merchant, 11 Rules for Creating Value in the Social Era (Harvard Business Press Books, 2012).
11. Sir Ken Robinson, Out of our Minds (John Wiley & Sons, 2011).

Chapter 3

12. Ries, Eric. The Lean Startup: How Today's Entrepreneurs Use Continuous Innovation to Create Radically Successful Businesses (Crown Business, 2011).
13. The "Toyota Production System." 참조: http://www.toyota-global.com/company/vision_philosophy/toyota_production_system/
14. Shadow Force: a core competency, operational excellence, or key differentiator internal to the business which allows it to outperform the competition (from Cooper, Brant, and Patrick Vlaskovits. The Lean Entrepreneur: How Visionaries Create Products, Innovate with New Ventures, and Disrupt Markets (Wiley, 2013).
15. Simon Sinek, Start with Why: How Great Leaders Inspire Everyone to Take Action (Penguin, Oct, 2009).

Chapter 5

16. Gottschall, Jonathan. The Storytelling Animal: How Stories Make Us Human (Houghton Miffl in Harcourt, 2012).
17. Signorelli, Jim. StoryBranding: Creating Standout Brands through the Power of Story (Greenleaf Book Group, 2012).
18. Simon Sinek, Start with Why: How Great Leaders Inspire Everyone to Take Action (Penguin, 2009).

Chapter 6

19. 참조: "Pepsi Logo Design Brief: Branding Lunacy to the Max." Fast Company. Web. 4 June 2014. <http://www.fastcompany.com/1160304/pepsi-logo-design-brief-branding-lunacy-max>
20. Ferrazzi, Keith, Who's Got Your Back: The Breakthrough Program to Build Deep, Trusting Relationships That Create Success—and Won't Let You Fail (Broadway, 2009)
21. M, Martin, Brand Sense: Build Powerful Brands through Touch, Taste, Smell, Sight, and Sound (Free, 2005).
22. "SoulPancake heart attack"를 검색해 비디오를 보면 미소 짓게 될 것이다.

Chapter 7

23. Field of Dreams. Dir. Philip A. Robinson. Perf. Kevin Costner and James Earl Jones. Universal, 1989.
24. Brogan, Chris, and Julien Smith. Trust Agents: Using the Web to Build Influence, Improve Reputation, and Earn Trust (John Wiley & Sons, 2009).
25. Gene Weingarten, "Pearls Before Breakfast By Gene Weingarten," Washington Post, Sunday, April 8, 2007
26. Business Insider Intelligence. http://www.businessinsider.com/chart-of-the-day-number-of-texts-sent-2013-3
27. YouTube. "Statistics" http://www.youtube.com/yt/press/statistics.html
28. Skype. "Thanks for Making Skype a Part of Your Daily Lives—2 Billion Minutes a Day!" http://blogs.skype.com/2013/04/03/thanks-for-makingskype-a-part-of-your-daily-lives-2-billion-minutes-a-day/
29. "The Neilsen Cross-Platform Report Q4 2012." http://www.nielsen.com/us/en/newswire/2013/zero-tv-doesnt-mean-zero-video.html
30. Radicati Group Inc. "Email Statistics Report, 2012-2016," Radicati.com, April 2012. http://mashable.com/2012/11/27/email-stats-infographic/
31. Mashable. "Did You Know 144.8 Billion Emails Are Sent Every Day?" http://mashable.

com/2012/11/27/email-stats-infographic/
32. Caitlin Johnson, "Cutting Through Advertising Clutter," CBSNews.com 2006. http://www.cbsnews.com/news/cutting-through-advertising-clutter.
33. Louise Story, "Anywhere the Eye Can See, It's Likely to See an Ad," NYTimes, 2007.
34. 하루에 보는 마케팅 메시지에 대한 연구 결과 목록: http://www.hhcc.com/blog/the-elusive-advertising-clutter/
35. McLuhan, Marshall, Understanding Media: The Extensions of Man (McGraw-Hill, 1964).
36. Rogers, E. M., Diffusion of Innovations (5th edition). (Free Press, 2003).

Chapter 8

37. "value." Merriam-Webster.com. Merriam-Webster, 2011. Web. 8 February 2014.
38. Robert B. Woodruff, "Customer value: The next source for competitive advantage," Journal of the Academy of Marketing Science Volume 25, Issue 2, pp 139-153.
39. "Liquid Paper—Bette Nesmith Graham (1922-1980)" http://inventors.about.com/od/lstartinventions/a/liquid_paper.htm
40. Houston, A. "Strategic Insight 9—Is the JSF good enough?" Australian Strategic Policy Institute, 18 August 2004.
41. Michael E. Porter and Mark Kramer, "Creating Shared Value: how to reinvent capitalism—and unleash a wave of innovation and growth," Harvard Business Review, January-February 2011.
42. "Maintenance!" One Quarter of U.S. Consumers Far More Likely to Spread the Word About a Bad Experience than a Good One. Web. 20 May. 2014.
43. "The Top 100 List View." Best Global Brands 2013. Web. 14 Mar. 2014. <http://www.interbrand.com/en/best-global-brands/2013/top-100-listview.aspx>.

Chapter 9

44. Pink, Dan. "Metaphor Marketing." Fast Company 1 Apr. 1998. Print.
45. "Choice, Happiness and Spaghetti Sauce." Malcolm Gladwell: Choice, Happiness and Spaghetti Sauce. TED. Web. 14 Apr. 2014. <http://www.ted.com/talks/malcolm_gladwell_on_spaghetti_sauce?language=en>.
46. Salter, Chuck. "Failure Doesn't Suck." FastCompany. FastCompany, 1 May 2007. Web. 16 Apr. 2014. http://www.fastcompany.com/59549/failure-doesnt-suck
47. "How Many Times Should You Try Before Succeeding—Infographic." Funders and Founders. 28 Nov. 2012. Web. 20 Apr. 2014. http://fundersandfounders.com/how-many-times-should-you-try/
48. A great article by Andrew Chen reflecting on the Techcrunch Bump: "After the Techcrunch Bump: Life in the "Trough of Sorrow"" Andrewchen.co. Web. 27 May 2014.

<http://andrewchen.co/2012/09/10/after-the-techcrunch-bump-life-in-the-trough-of-sorrow/>
49. "2013CF Crowdfunding Industry Reports." Industry Report. Web. 7 Mar. 2014. <http://research.crowdsourcing.org/2013cf-crowdfunding-industry-report>.
50. "Crowdfunding Seen Providing $65 Billion Boost to the Global Economy in 2014 (Infographic)." Entrepreneur. Web. 4 Apr. 2014.
51. "KICKSTARTER." Creator Handbook—Kickstarter. Web. 13 Mar. 2014. <http://www.kickstarter.com/help/school?ref=footer#setting_your_goal>.
52. Neumeier, Marty, The Brand Gap: How to Bridge the Distance between Business Strategy and Design: A Whiteboard Overview (New Riders, 2006).

Chapter 10

53. Arango, Tim, and David Carr. "Netflix's Move Onto the Web Stirs Rivalries." The New York Times. The New York Times, 24 Nov. 2010. Web. 17 May 2014. <http://www.nytimes.com/2010/11/25/business/25netflix.html?pagewanted=1&hp>.
54. Amazon's Corporate Overview for Investors. 참조: http://phx.corporate-ir.net/phoenix.zhtml?c=176060&p=irol-mediaKit
55. @FAKEGRIMLOCK, "Minimum Viable Personality." AVC. Web. 27 Mar. 2014. <http://avc.com/2011/09/minimum-viable-personality/>
56. Sharp, Byron, How Brands Grow: What Marketers Don't Know (Oxford UP, 2010).
57. Hsieh, Tony, Delivering Happiness: A Path to Profits, Passion, and Purpose, (Business Plus, 2010).

Chapter 11

58. Christensen, Clayton M., The Innovator's Dilemma: When New Technologies Cause Great Firms to Fail (Harvard Business School, 1997).

옮긴이

우승우   h@thewatermelon.com

국내 대기업에서 외식, 주류, 매거진 등의 라이프스타일 관련 계열사를 거치며 마케터와 브랜드 매니저로 일했다. 교육 경험 디자인 회사인 더/플레이컴퍼니를 공동 창업한 후 인터브랜드에서 브랜드 컨설턴트로, KFC Korea에서는 CMO, 콘텐츠 스타트업인 72초TV의 CBO로서 브랜드, 비즈니스등의 업무를 담당했다. 현재는 브랜드 테크 기업인 더.워터멜론에서 공동대표로 일하고 있다. 다양한 일상의 모습을 브랜드 관점으로 바라보는 것을 좋아하고 일반 기업은 물론 스타트업, NGO, 공공기관, 학교, 축제, 개인에 대한 브랜딩 작업에 관심이 많다. 주류 속의 비주류를 꿈꾸며 오리지널과 아날로그, 콘텐츠와 미디어, 브랜드와 디자인, 책과 서점, 사람과 여행, 맥주와 야구 등의 키워드를 좋아한다.

차상우   k@thewatermelon.com

고객 접점의 생활문화 기업 CJ 및 장치산업의 B2B기업 LG에서 글로벌 사업전략 담당 및 브랜드 마케터로, 브랜드 컨설팅 회사 인터브랜드에서 컨설턴트로 일했다. 다양한 분야를 거치면서 국내외 폭넓은 영역에서 사업과 브랜드에 대한 전략 수립 및 실행 업무를 담당해왔으며, 현재는 브랜드 테크 기업인 더.워터멜론에서 공동대표로 일하고 있다. 몸으로 먼저 익히고 그 다음 머리로 배운 현업의 경험이 컨설팅 회사는 물론 창업한 지금까지도 브랜드와 사업에 대한 관심을 유지하는 힘이 되고 있다. 끊임없이 갈망하는 삶을 지향하며 사업과 브랜드, 브랜드 전략과 크리에이티브 그리고 사람과의 연결에 관심이 많다. 아울러 꾸준함, 지속성, 쌓임의 힘을 믿는다.

린 브랜드

2쇄 발행	2019년 9월 16일
지은이	제레마이어 가드너
옮긴이	우승우, 차상우
발행인	이희곤
발행처	㈜티엑스티퍼블리싱
주소	경기도 고양시 덕양구 대덕로86번길 42-5 에이동 301호
전화	02-3153-7070
팩스	02-3153-7071
출판신고	2014년 12월 18일 제2016-000136호
ISBN	978-11-954485-3-1 13320

이 도서의 국립중앙도서관 출판예정도서목록(CIP)은 서지정보유통지원시스템 홈페이지(http://seoji.nl.go.kr)와 국가자료종합목록시스템(http://www.nl.go.kr/kolisnet)에서 이용하실 수 있습니다. (CIP제어번호: CIP2019011216)